跟我学修车丛书

跟我学汽车发动机控制系统综合故障检修

主　编　王盛良　马　军
副主编　谌刚华　戴宝德

机械工业出版社

本书从现代汽车发动机电子综合控制角度分析发动机油、电、气的控制，根据故障引起汽车的表征现象、各组成部分的结构特征、工作流程、拆装与调试方法对各组成部分的检修、故障诊断与排除、故障及案例分析进行了综合剖析。

本书在编写时根据各系统的特点，对汽车表征出来的故障现象以力的传递路线、电的流动路线、气的流动路线及液体的流动路线为剖析基础，理清思路，做到有的放矢、对症下手，避免盲目修车、野蛮拆装等。

本书采用“积木法”的原理进行编写，章节编排合理，内容系统连贯，图文并茂，故障分析及实际操作内容多，具有较强的实用性，可作为中、高职汽车类专业教材，也可供汽车从业人员、汽车驾驶人员以及汽车运行管理人员学习参考。

图书在版编目（CIP）数据

跟我学汽车发动机控制系统综合故障检修/王盛良，马军主编. —北京：机械工业出版社，2013.1
（跟我学修车丛书）
ISBN 978-7-111-40674-7

Ⅰ. ①跟…　Ⅱ. ①王…　②马…　Ⅲ. ①汽车—发动机—控制系统—故障检测　②汽车—发动机—控制系统—车辆修理　Ⅳ. ①U472.43

中国版本图书馆 CIP 数据核字（2012）第 293226 号

机械工业出版社（北京市百万庄大街 22 号　邮政编码 100037）
策划编辑：连景岩　责任编辑：连景岩
版式设计：闫玥红　责任校对：杜雨霏
封面设计：鞠　杨　责任印制：乔　宇
北京铭成印刷有限公司印刷
2013 年 2 月第 1 版第 1 次印刷
184mm×260mm · 12.75 印张 · 309 千字
0001—3000 册
标准书号：ISBN 978-7-111-40674-7
定价：35.80 元

凡购本书，如有缺页、倒页、脱页，由本社发行部调换

电话服务	网络服务
社服务中心：（010）88361066	教材网：http://www.cmpedu.com
销售一部：（010）68326294	机工官网：http://www.cmpbook.com
销售二部：（010）88379649	机工官博：http://weibo.com/cmp1952
读者购书热线：（010）88379203	**封面无防伪标均为盗版**

前　言

现代汽车发动机检修不再是凭眼看、手摸或简单的测量就能找出问题，也不再是大拆大卸就能解决问题了。随着人们对汽车安全性能、动力性能、经济性能、可靠性能、环保性能和舒适性能的要求不断提高，现代汽车发动机技术的发展日新月异，已经加入了不少新的功能和元素。汽车发动机不再是机、电的简单组合，而是现代机械技术、电子技术及计算机网络技术等高新科技的结晶。以前的检测与维修方式不仅不能解决问题，甚至还会造成许多新的人为故障，使问题扩大化。现代汽车发动机的检修不仅要借助许多先进的仪器、设备和工具，还要有正确的、严谨的、科学的思维方式作为支撑，才能彻底地、全面地、精准地排除故障，解决问题。这就需要发动机修理技师不仅要懂得发动机的基本结构、拆装调试技术，还要掌握现代汽车发动机检测与维修的新设备、新工具、新仪器的操作技术和完整的、全新的、系统的现代汽车发动机技术理论知识。

现代汽车修理要以科学的理论为主导，要以严谨的思路为准绳，要以准确的数据为依据，要以正确的操作方法为依托，科学的理论体系和严谨的思维路线就是把汽车有形的各系统、各部件通过力的传递路线、气的流动路线、电的流动路线、液体的流动路线来融会贯通；准确的数据来源于现代先进的检测设备和工具，正确的操作方法就是要严格按照汽车的拆装工艺流程和要求进行。

本书的编写遵循的原则是把汽车的结构“积木化”，汽车的工作流程“路线化”，汽车的检测诊断“数据化”，汽车的故障分析“逻辑化”，汽车的拆装调试“工艺化”。

参加本书编写的还有王正红。尽管编者在编写过程中力争做到理论和实践一体化，但还存在不少有待完善的内容，读者在生产实践中如发现问题请及时提出批评指正。

编　者

目　录

第1章　发动机气路综合控制系统的故障及检修

解析要点：

- 发动机气路故障引起汽车的表征现象。
- 发动机气路各组成部分的结构特征。
- 发动机气路的工作流程。
- 发动机气路的拆装与调试。
- 发动机气路各组成部分的检修。
- 发动机气路故障诊断与排除。
- 发动机气路故障及案例分析。

1.1　发动机气路综合控制系统故障引起的发动机表征现象

发动机气路就是指发动机内气体流经及交换的路径，相当于人的“呼吸系统”，是汽车发动机的四大路径之一。发动机气路的综合控制有驾驶人控制、计算机自动控制、气动控制和电动控制等，其工作质量的好坏直接关系到汽车能否正常工作。发动机气路出现的故障主要由“漏”和“堵”引起，会引起汽车出现如下表征现象：

1）发动机无法起动。

2）发动机起动困难。

3）发动机动力不足。

4）发动机运转不良。

5）发动机冒烟和排气管放炮。

6）发动机进气管回火。

7）发动机怠速不稳。

8）发动机怠速熄火。

9）发动机油耗过高。

10）发动机抖动。

11）发动机气流声很大。

12）发动机尾气超标等。

1.2　发动机气路综合控制系统的结构特征分析

发动机气路的基本路径主要由以下几大部分组成：主进气道、旁通气道及真空管道、气缸、排气道，如图1-1所示。

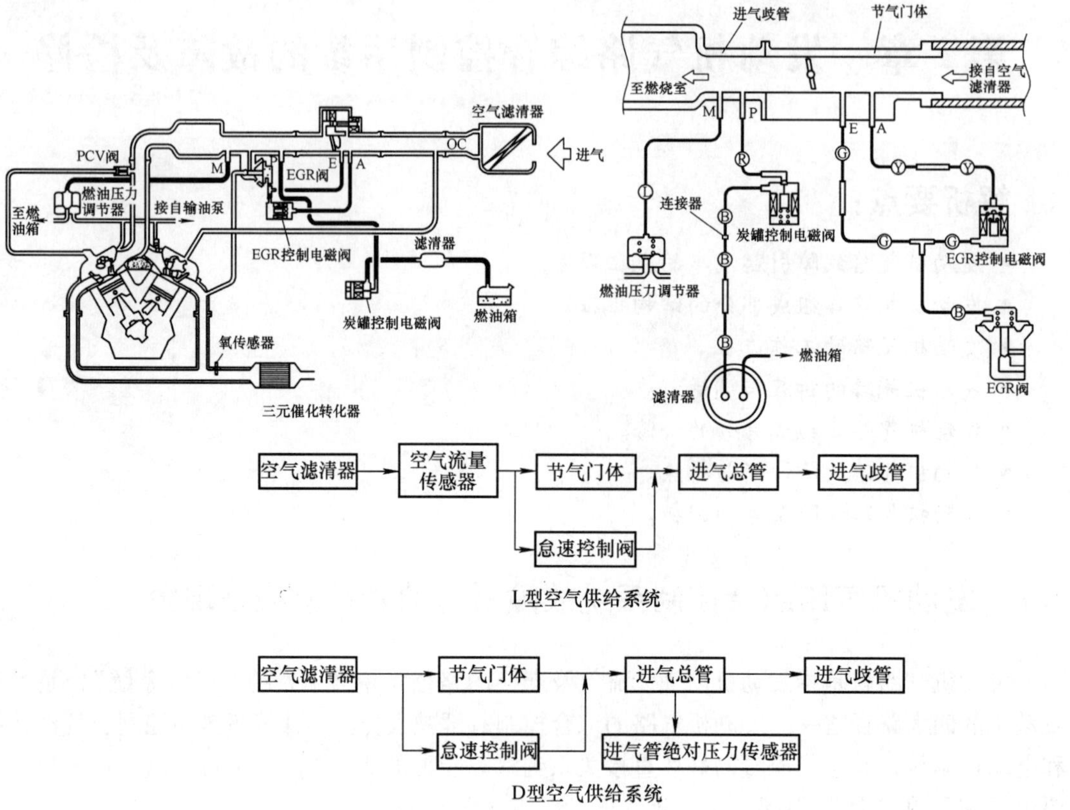

图 1-1 汽车发动机的基本气路图

1.2.1 主气道的结构特征分析

1. 空气进入管结构特征分析

发动机的空气是由汽车前面的中网处进来的，有的发动机有专门的空气引入管，将从中网处流入的空气引进空气滤清器。有些 V 形发动机有两根空气引入管，可以将空气分别引入左右两列气缸。

2. 恒温进气系统结构特征分析

恒温进气系统也称进气温度自动调节系统，它是由空气加热装置(又称热炉)和安装在空气滤清器进气导流管上的控制装置构成的。恒温进气系统多用于化油器式或节气门体喷射式发动机。当发动机冷起动后，在怠速或小节气门开度下工作时，由于温度低，须供给发动机浓混合气以保持其稳定运转。但浓混合气燃烧不完全，排气中 CO 和 HC 较多。若供给稀混合气，虽然可以减少有害气体的排放，但在低温下发动机不能稳定运转。恒温进气系统的功用就是在发动机冷起动之后，向发动机供给热空气，这时即使供给的是稀混合气，热空气也能促使汽油充分汽化和燃烧，从而减少了 CO 和 HC 的排放，改善了发动机低温运转性能。当发动机温度升高后，恒温进气系统向发动机供给未经加热的环境空气。

图 1-2 所示是神龙富康 K2D 型发动机的恒温进气系统，它主要由双金属片温度传感器、真空阀、真空管、热空气进口和冷空气进口等组成。温度传感器感应进气温度，控制真空阀

取自排气歧管上方的热空气或汽车前部的冷空气，真空管与节气门体孔相通。

3. 空气滤清器及共鸣腔结构特征分析

图 1-3 所示是桑塔纳汽车 AJR 发动机的空气滤清器。

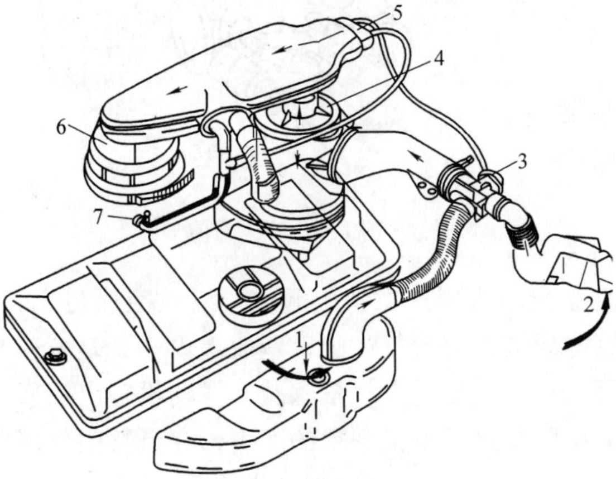

图 1-2　恒温进气系统

1—热空气进口　2—冷空气进口　3—真空阀　4—空气滤清器　5—温度传感器　6—节气门体进气口　7—真空管

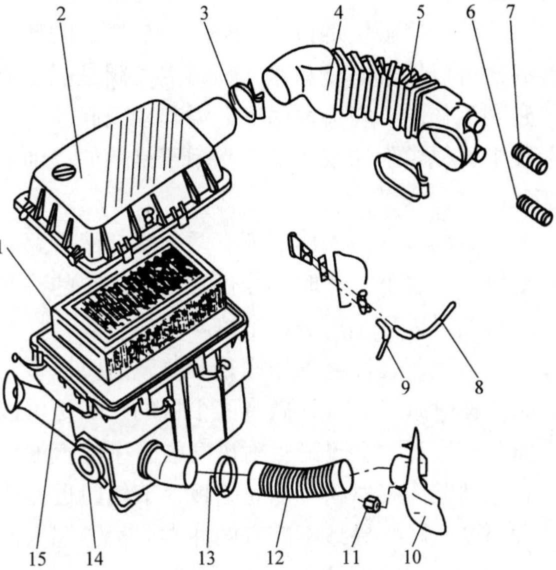

图 1-3　空气滤清器

1—滤芯　2—空气滤清器上部　3、13—夹箍　4—进气软管　5—夹箍(固定与节气门体连接的进气软管)　6—通向怠速调节阀的进气软管　7—曲轴箱排气管　8—真空管(通向节气门体)　9—真空管(通向真空控制阀)　10—热空气导流板　11—固定螺母　12—热空气软管(连接热空气导流板和空气滤清器)　14—真空控制阀　15—空气滤清器下部

AJR 发动机的空气滤清器为恒温式，它通过热空气导流板来收集排气歧管散发的热量，并通过真空控制阀开度的大小，来控制进入空气滤清器热空气的多少，从而保持进入发动机的进气温度为某一恒定值。真空控制阀的开闭由温控开关控制，当进气温度低时，温控开关打开，通向节气门体的真空使控制阀打开热空气道；当进气温度高时，温控开关关闭，截断通向节气门体的真空通道，温控开关关闭热空气道。

空气滤清器内的滤芯一般是纸质的，行驶到一定的里程需要及时保养或更换。有的发动机具有监测空气滤芯堵塞情况的传感器，能让发动机电子控制单元(ECU)监控到空气滤芯的通气情况。

4. 空气软管结构特征分析

空气软管也称为波纹管。在车辆行驶的时候，空气滤清器与发动机的相对位置可能发生轻微的变化，所以空气滤清器与固定在机体上的进气总管就需要用空气软管来连接。

空气软管安装在 L 型发动机空气流量传感器的后方，如果漏气则对发动机的影响很大。有时漏气发生在软管受拉力的时候，检查和分析的时候要特别注意。

5. 节气门体结构特征分析

节气门体的结构如图1-4所示，它安装在进气总管前端，由节气门、节气门位置传感器、节气门限位螺钉、辅助空气阀和缓冲器等组成。

节气门限位螺钉是用来限制节气门的最小开度的，可以用来调整怠速。辅助空气阀是配合怠速电磁阀工作的，它在发动机低温起动及起动后暖机过程中，提供附加空气量，常用于早期的汽油喷射发动机中。

有的节气门阀体下部有两条冷却液管路，当发动机在低温下工作时，经过发动机加热的冷却液通过管路可以防止阀板区结冰。

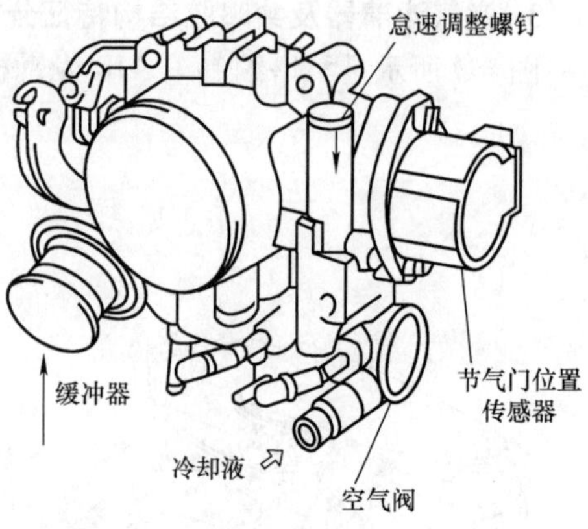

图1-4　节气门体

节气门缓冲器的作用是在急减速时让节气门关闭的速度减慢。这样做有两个目的，一是可以避免发动机减速太快引起进气管真空度过大，而真空度过大会迅速吸附进气歧管中的汽油，这样形成的混合气太浓，造成熄火；二是减速时，驾驶人突然松开加速踏板，节气门迅速关闭，进入气缸的空气量骤减，发动机输出功率大幅度下降，导致不应有的冲击，甚至熄火。为了防止这种不良现象的产生，在节气门外部设有节气门缓冲装置，如图1-5所示。

6. 进气总管结构特征分析

丰田特锐汽车K3-VE发动机的进气歧管由树脂制成，如图1-6所示。该进气管采用了统一长度的进气口，消除了气缸中进气的不平衡，降低了进气温度并减小了空气阻力，进气惯性效应增强，提高了发动机低速和中速运转时的燃油经济性并增加转矩，增强了容积效率。

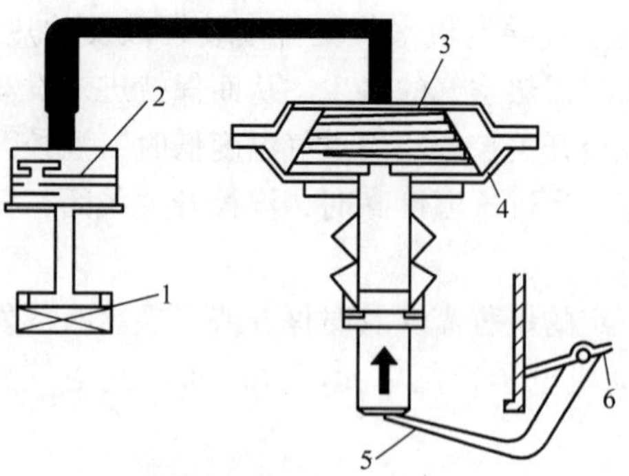

图1-5　节气门缓冲装置

1—空气滤网　2—阻尼孔　3—阻尼弹簧
4—膜片　5—杠杆　6—节气门

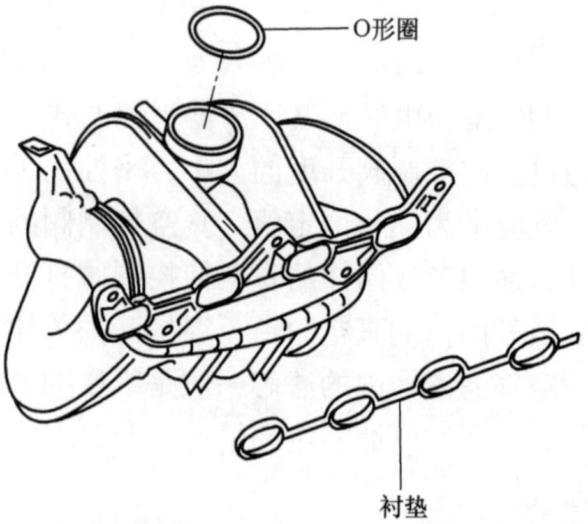

图1-6　丰田特锐K3-VE发动机进气歧管

7. 谐振腔结构特征分析

如图1-7所示，有的汽车为了提高发动机进气的稳定性，保证进气的谐振频率更稳定，在进气歧管上，采用了谐振腔（也称为谐振室）。

8. 燃油喷射空气控制阀（FIA）结构特征分析

本田 V6 发动机的进气系统配备了空气辅助喷射系统（AAI），它在发动机低温时能改善喷油器的燃油雾化性，以便改善发动机性能。如图 1-8 所示，该系统包括一个燃油喷射空气控制阀（FIA）和把空气送到喷油器基座（进气歧管的下部构件）的软管。喷油器基座的通道将空气送入到每个喷油器基座中。阀体中的蜡在温度上升时熔化而体积变大，阀门关闭，如果温度下降就会使阀门打开。

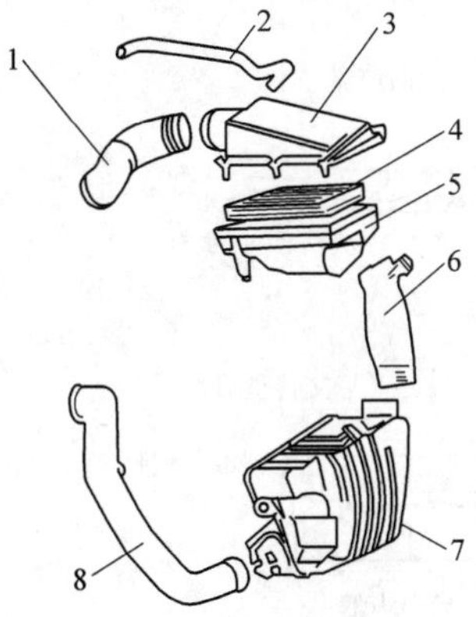

图 1-7　进气谐振腔位置图

1—空气滤清器输出管　2—曲轴箱强制通风（PCV）软管　3—空气滤清器壳体外盖　4—空气滤清器滤芯　5—空气滤清器　6、8—进气管　7—进气空气谐振室

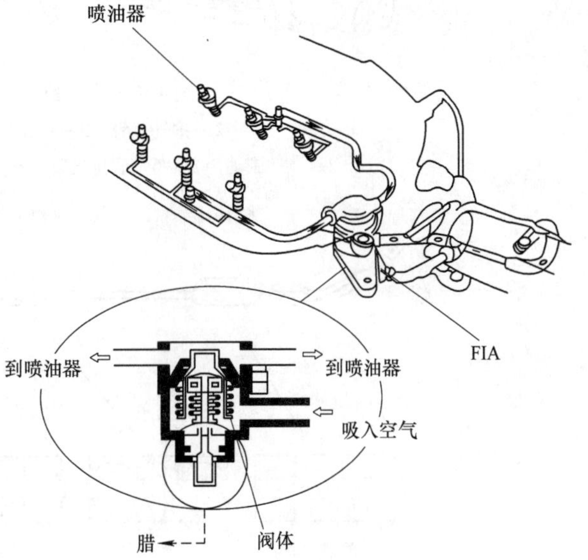

图 1-8　空气辅助喷射系统

9. 气缸及进排气门的结构特征分析

气缸及燃烧室相当于人体的“肺部”，是新鲜气体和废气交换的关键部位。在进气行程中，曲轴带动活塞从上止点向下止点运动，此时进气门开启，排气门关闭，气缸内活塞上方容积增大，使压力小于外界大气压，形成一定真空度，可燃混合气经进气歧管、进气门吸入气缸。可燃混合气体燃烧后生成的废气，必须从气缸中排出，以便进行下一个进气行程。当膨胀行程接近终了时，进气门关闭，排气门开启，曲轴通过连杆推动活塞从下止点向上止点运动，废气在自身残余压力和活塞的推力作用下从气缸中排出，进入大气中，完成一个呼吸循环。

10. 排气消声器结构特征分析

排气消声器的作用是降低发动机排气噪声并消除废气中的火焰和火星。图 1-9 所示为排气管系及排气消声器的结构。

轿车用消声器采用不同的消声流程组合而成。如图 1-10 所示，它由前消声器、中消声器和后消声器以及连接管组成，并焊接成一个整体。

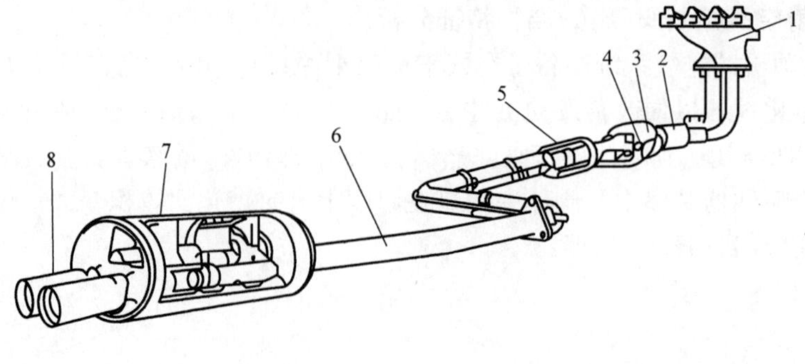

图 1-9　排气管系与排气消声器

1—排气歧管　2—排气总管　3—三元催化转化器　4—排气温度传感器
5—副消声器　6—后排气管　7—主消声器　8—排气尾管

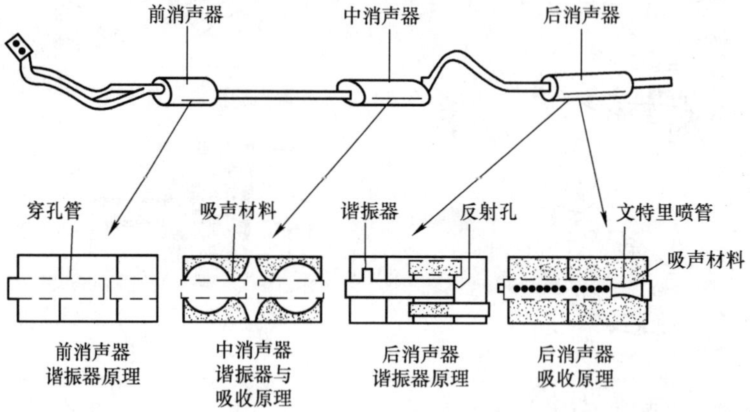

图 1-10　轿车用排气消声器及其消声流程

11. 三元催化转化器结构特征分析

在氧传感器功能良好的情况下，三元催化转化器可同时去除 90% 以上的三种主要污染物(HC、CO 和 NO_x)。其机构如图 1-11 所示，主要由金属外壳和涂有少量铂和铬(催化剂)的陶瓷栅组成。大多数三元催化转化器只有几克催化剂。

三元催化转化器的安装位置如图 1-12 所示，位于排气管中氧传感器和消声器之间。

1.2.2　旁通气道的结构特征分析

1. 曲轴箱通风控制系统结构特征分析

如图 1-13 所示，曲轴箱通风系统由 PCV 阀、通风管、出气管、机油过滤器和加热电阻等组成。PCV 阀位于气门罩盖上。此系统通过空气滤清器把新鲜空气供给曲轴箱。在曲轴箱内，新鲜空气和窜入气缸的混合气相混合，混合后的气体通过缸盖上的出气孔和

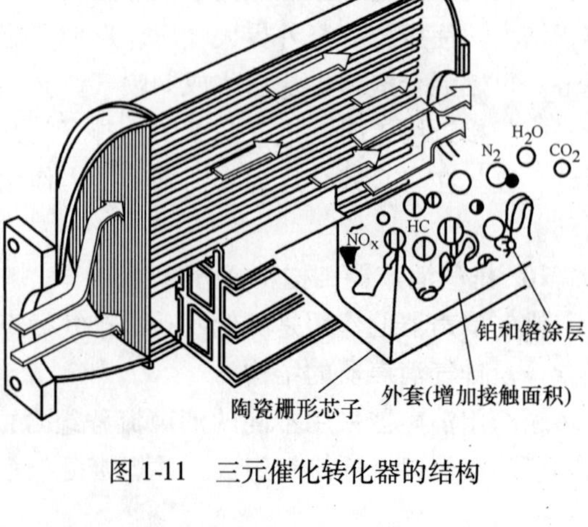

图 1-11　三元催化转化器的结构

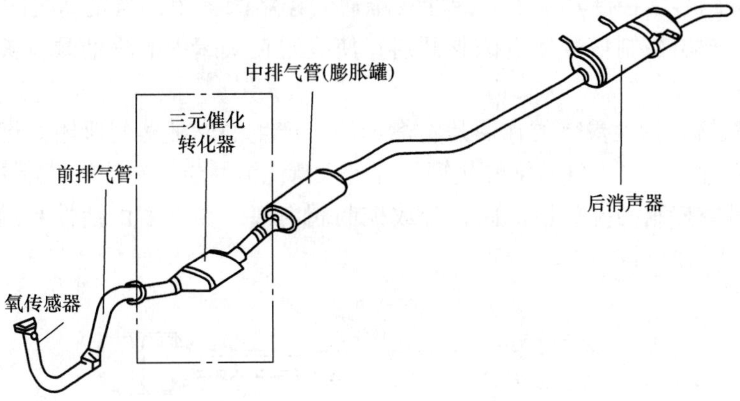

图1-12　三元催化转化器的安装位置

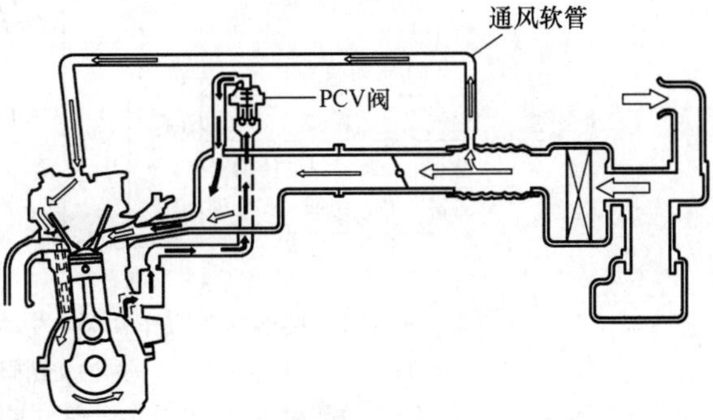

图1-13　曲轴箱通风系统

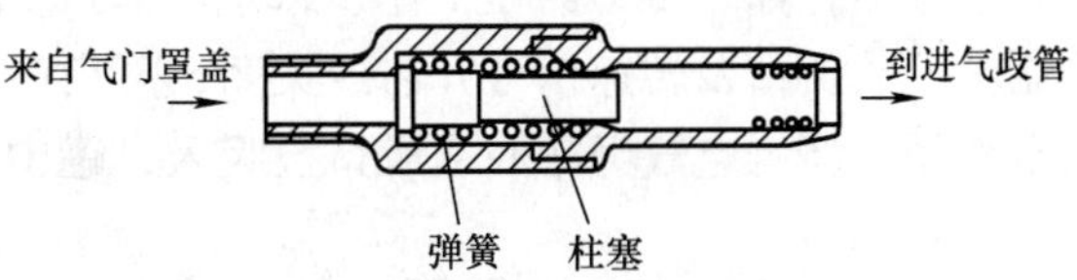

图1-14　PCV阀

PCV阀进入进气歧管。发动机工作时，进气管处的吸力将曲轴箱内的混合气吸入进气管，与新鲜可燃混合气一起进入气缸燃烧。有的发动机曲轴箱通风装置中装有油气分离器。

PCV阀如图1-14所示，它是真空控制的单向计量阀。在真空度大的时候，PCV阀的开度小；在真空度小的时候，PCV阀的开度大。在发动机熄火后，PCV阀应该关闭，否则机油蒸气容易挥发到进气管中。发动机处在冷机状态时，机油蒸气会在节气门孔和节流阀片上堆积并固化，当汽车放置一段时间后，就会导致节流阀片在节流孔内发生轻微黏连现象。为了减少节气门体上的机油蒸气，有的汽车在曲轴箱通风连接管上设置了加热电阻，有的汽车上装有油气分离器。

2. 燃油蒸气排放控制系统(EVAP)结构特征分析

燃油蒸发控制系统主要用于防止油箱内的燃油蒸气溢出进入大气。燃油蒸气通过油箱压力控制阀和蒸气软管被临时存储在燃油蒸发排放控制系统炭罐内。炭罐中的活性炭可以吸附汽油颗粒。在现代汽车上普遍采用由ECU控制的活性炭罐燃油蒸发控制系统。当汽车运行时，在进气管真空吸力作用下，储存在燃油蒸发排放控制系统炭罐内的燃油蒸气经燃油蒸发排放控制系统清污电磁阀、净化出口及进气歧管进入燃烧室，参与燃烧，从而避免了汽油蒸气直接排入大气所造成的空气污染。

如图1-15所示，燃油蒸气排放控制系统主要由活性炭罐、活性炭罐通气控制阀及有关的管路组成。

(1) 活性炭罐通气控制阀　活性炭罐通气控制阀用于控制经活性炭罐通入进气管的空气的通、断和进气量。活性炭罐通气控制阀是一个脉冲式电磁阀，由计算机通过频率一定但脉宽变化的脉冲信号来控制其开度。活性炭罐通气控制阀常闭，当发动机的温度达到60℃时，计算机才会输出控制信号使电磁阀开启，使吸附在炭罐中的汽油颗粒被空气带入进气歧管。

（2）活性炭罐　活性炭罐的作用是将燃油箱中产生的燃油蒸气吸附。燃油蒸气通过单向阀进入活性炭罐上部，空气从活性炭罐下部进入清洗活性炭。在活性炭罐右上方有一定量排放小孔及受真空控制的排放控制阀，排放控制阀内部的真空度由活性炭罐通气控制阀控制，电磁阀受ECU控制。

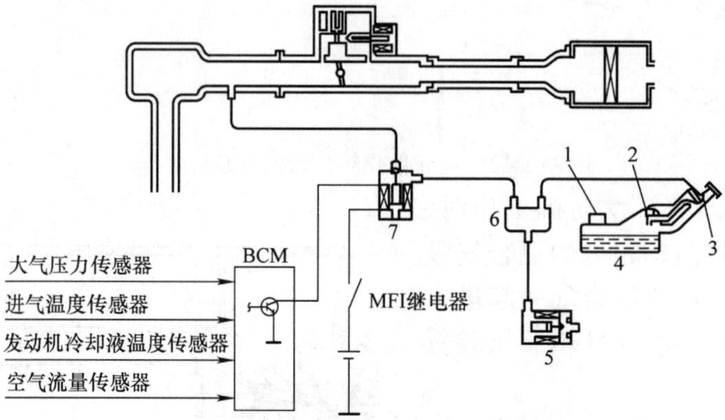

图1-15　长丰猎豹汽车4G64发动机EVAP系统工作流程图

1—油箱压力传感器　2—燃油切断阀　3—燃油通风阀　4—油箱
5—活性炭罐通气控制阀　6—活性炭罐　7—活性炭罐清污电磁阀

（3）活性炭罐清污电磁阀　活性炭罐清污电磁阀的结构与电路如图1-16所示。在汽车行驶过程中，如氧传感器在工作（发动机处于暖机状态），活性炭罐清污电磁阀根据发动机控制单元的负荷及转速信号开启或关闭，开启时间由具体信号决定。开启时由于进气歧管的真空作用，新鲜空气经罐底通风口被吸入，罐中燃油蒸气被送出燃烧。

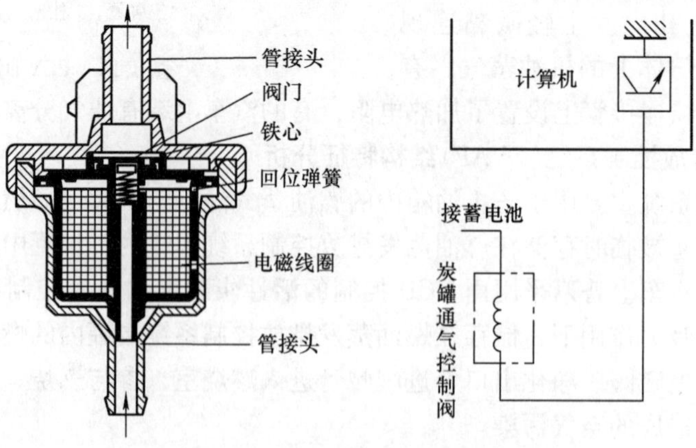

图1-16　炭罐通气控制阀的结构和控制电路

发动机工作时，ECU根据发动机转速、温度、空气流量等信号，控制活性炭罐清污电磁阀的开闭来控制排放控制阀上部的真空度，从而控制排放控制阀的开度。当排放控制阀打开时，燃油蒸气通过排放控制阀被吸入进气歧管。ECU对其输出脉冲方波，通气量与控制脉冲方波的占空比呈线性关系。ECU 根据发动机转速和负荷的状况，改变对活性炭罐清洗的工作时刻和速率。

在部分电控 EVAP 控制系统中，活性炭罐上不设真空控制阀，而将受 ECU 控制的电磁阀直接装在活性炭罐与进气管之间的吸气管中，如韩国现代轿车装用的电控 EVAP 控制系统，ECU 通过活性炭罐清污电磁阀控制从活性炭罐进入进气歧管的燃油蒸气量。

3. 二次空气喷射系统结构特征分析

二次空气喷射系统的作用是利用空气泵将新鲜空气经空气喷管喷入排气道或三元催化转化器中，使排气中的 CO 和 HC 进一步氧化或燃烧成为 CO_2 和 H_2O。图 1-17 所示为二次空气喷射系统构成。

当发动机起动后，计算机不使旁通线圈和分流线圈通电，于是这两个线圈同时把通向旁通阀和分流阀的真空隔断，这时空气泵送出的空气经旁通阀进入大气。这种状态称为起动工作状态，其持续时间的长短取决于发动机的温度。如果发动机温度很低，起动工作状态将持续较长时间。

发动机在预热期间，计算机同时使旁通线圈和分流线圈通电。这时进气管真空度分别经旁通线圈和分流线圈传送到旁通阀和分流阀。空气泵送出的空气此时经旁通阀流入分流阀，再由分流阀流入空气分配管，最后由空气喷管喷入排气道。

当发动机在正常的冷却液温度下工作时，计算机只使旁通线圈通电而不使分流线圈通电，通向分流阀的真空度被分流线圈隔断。这时，空气泵送出的空气经旁通阀进入分流阀，再经分流阀进入三元催化转化器。

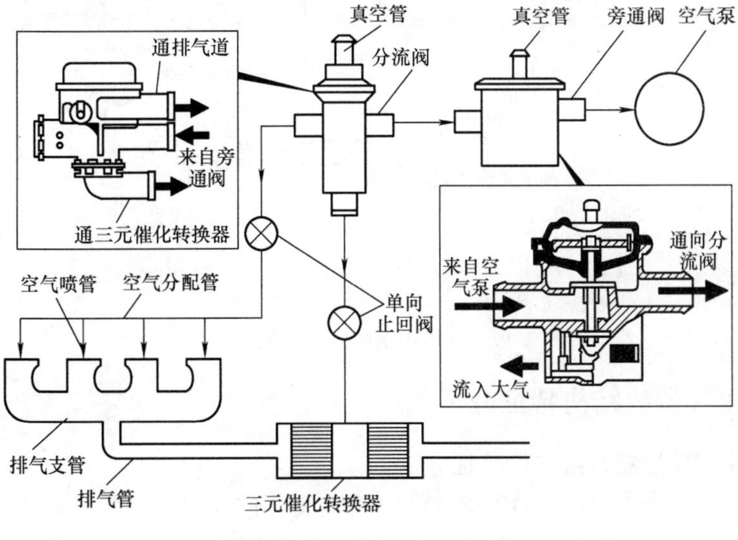

图 1-17　二次空气喷射系统

4. 废气再循环系统(EGR)结构特征分析

废气再循环是指把发动机排出的部分废气回送到进气歧管，并与新鲜混合气一起再次进入气缸参加燃烧，由于废气中含有大量的 CO_2，而 CO_2 不能燃烧却吸收大量的热，使气缸中混合气的燃烧温度降低，从而减少了 NO_x 的生成量。废气再循环是净化排气中 NO_x 的主要方法。在新鲜的混合气中掺入废气之后，混合气的热值降低，致使发动机的有效功率下降。

为了做到既能减少 NO_x 的排放，又能保持发动机的动力性，必须根据发动机运转的工况对再循环的废气量加以控制。NO_x 的生成量随发动机负荷的增大而增多，因此，再循环的废气量也应随负荷而增加。在暖机期间或怠速时，NO_x 生成量不多，为了保持发动机运转的稳定性，不进行废气再循环。在全负荷或高转速下工作时，为了使发动机有足够的动力性，也不进行废气再循环。

（1）开环控制的废气再循环系统　开环控制的废气再循环系统的 EGR 率只受 ECU 预先设置好的程序控制，ECU 不检测发动机各工况下的 EGR 率，无反馈信号。其结构如图 1-18 所示，主要由 EGR 阀和 EGR 电磁阀等组成。

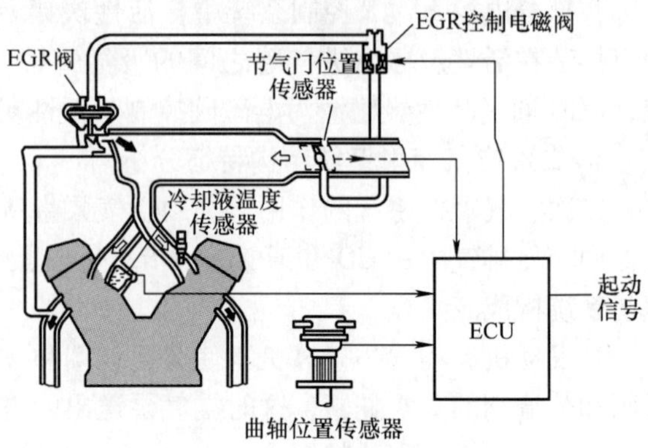

图 1-18　开环控制 EGR 系统

（2）闭环控制的废气再循环系统　在闭环控制的废气再循环系统中，ECU 以 EGR 率及 EGR 阀开度传感器作为反馈信号实现闭环控制，控制精度更高。与开环控制的 EGR 相比，它在 EGR 阀的基础上设置了一个 EGR 阀开度传感器，其机构如图 1-19 所示。

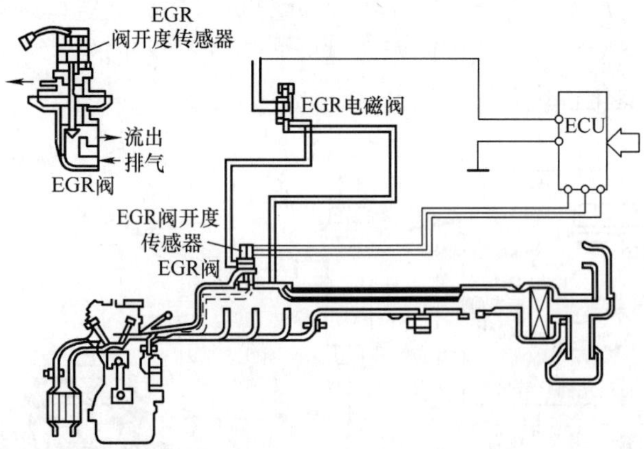

图 1-19　闭环控制的废气再循环系统

1.2.3　带增压气道的结构特征分析

1. 进气惯性增压控制系统结构特征分析

当气体高速流向进气门时，如果进气门突然关闭，进气门附近气流的流动会突然停止，但由于惯性，进气管仍在进气，于是将进气门附近气体压缩，使压力上升。当气体的惯性过后，被压缩的气体开始膨胀，向进气气流相反方向流动，使压力下降。膨胀气体的波传到进气管口时又被反射回来，形成压力波。一般而言，进气管长度长时，压力波长大，可使发动机中低转速区功率增大；进气管长度短时，压力波波长短，可使发动机高速区功率增大。

2. 涡轮增压控制系统结构特征分析

涡轮增压系统对吸入的空气进行压缩，增大了气体密度，以增加平均有效压力，达到提高燃烧效率和整机使用经济性的目的。例如，宝来 1.8T 汽车在三档、发动机转速

2000r/min、节气门全开加速时的绝对压力可以达到 $1.6\sim1.7\times10^5$Pa，这是无增压系统不能相比的。

涡轮增压控制系统由机械部分及控制部分组成。机械部分由进气涡轮、废气涡轮、旁通阀、中冷器(增压空气冷却器)和机械式增压空气再循环阀等组成(图 1-20)；控制部分由增压压力传感器、增压空气再循环电磁阀、增压压力限制阀等组成。涡轮可以分为旁通式涡轮和可调叶片式涡轮，如图 1-21 和图 1-22 所示。

图 1-20　旁通式涡轮实物图

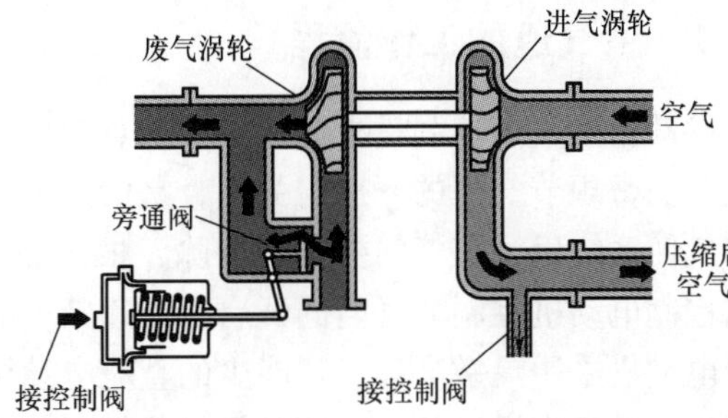

图 1-21　旁通式涡轮流程图

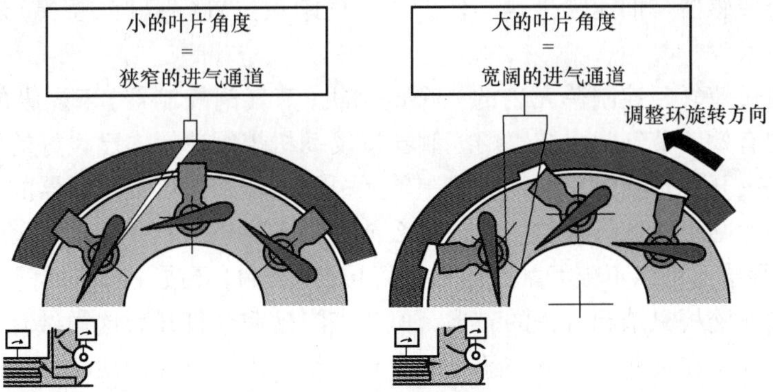

图 1-22　可调叶片式涡轮

涡轮转子的内部结构如图 1-23 所示，转子的工作转速高达每分钟数万转至二十多万转，需要有单独的润滑油供应管路，并为浮动轴承提供油膜支撑。

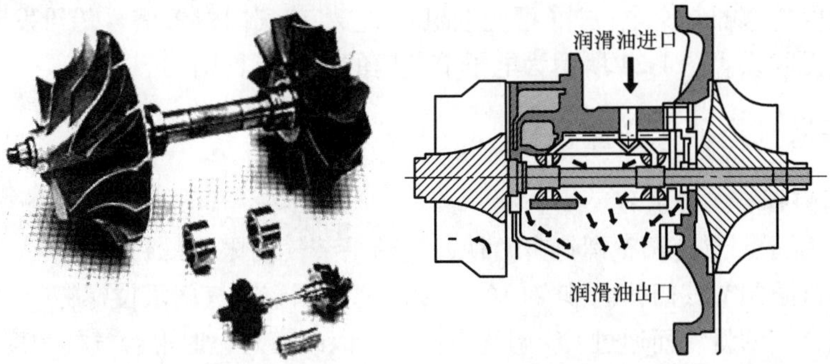

图 1-23　涡轮转子的结构

1.2.4 其他分支气道的结构特征分析

发动机气路除了以上分析的通道外，根据汽车的配置及结构不同，还有不同的真空管路，主要由气动控制阀、真空阀、真空助力器和真空管道等组成。

1.3 发动机气路综合控制系统的工作流程

1.3.1 主气道的工作流程

发动机主气道控制是根据驾驶人的意愿用以调节汽油发动机的进气量，从而调节发动机的负荷。常规节气门的开启与关闭，是由从加速踏板到节气门的一根拉索来控制的，而在电子节气门系统里，节气门拉索被废除，根据加速踏板踩压量的大小，由发动机 ECU 通过节气门控制电动机控制节气门的开启。加速踏板的踩压量由加速踏板位置传感器检测，节气门控制电动机采用灵敏度高、耗能少的直流电动机。在电子节气门系统中，节气门不是通过拉索用加速踏板来操纵的，加速踏板与节气门之间无机械机构相连。

加速踏板位置由两个加速踏板位置传感器(是可变电阻,装在一壳体内)来通知发动机控制单元，这两个传感器与加速踏板是一体的。加速踏板位置(驾驶人意愿)是发动机控制单元的一个主要输入参数。

节气门是通过节气门控制单元内的一个电动机(节气门控制器)来操纵的，在整个转速及负荷范围内均有效。节气门由节气门控制器按发动机控制单元内已设好的程序来控制。在发动机不转，点火开关打开时，发动机控制单元根据加速踏板位置传感器的信息控制节气门控制器，如果加速踏板踏到行程的一半，那么节气门大约也开启一半。发动机运转时(带负荷)，发动机控制单元可以不依靠加速踏板位置传感器而打开或关闭节气门。因此可出现这种情况：尽管加速踏板只踏到行程的一半，但节气门已完全打开。这样做有一优点，即避免了节流损失。该优点在某些工况下，还可减少有害物质排放及降低油耗。

所需要的发动机转矩可由发动机控制单元根据节气门横截面及增压压力的理想配合来产生。如果认为电子节气门仅由一个或两个部件构成，那是完全错误的。准确地说：电子节气门是一个系统，它用于确定、调整及监控节气门位置。节气门控制单元壳体内包含节气门驱动器、节气门驱动器角度传感器 1 和节气门驱动器角度传感器 2。注意不可打开节气门控制单元壳体，角度传感器是个电位计(可变电阻)，它将节气门位置信号传给发动机控制单元，两传感器彼此无联系。图 1-24 所示为电子节气门的工作流程图。

1.3.2 主旁通气道的工作流程

1. 怠速调整螺钉工作流程

如图 1-25 所示，怠速调整螺钉有两种，一种是节气门限位螺钉，一种是 CO 调整螺钉。节气门限位螺钉限制节气门体内节气门的开度。通过调整节气门限位螺钉，可以改变怠速时进入气缸的混合气的量。而通过 CO 调整螺钉，可以改变怠速时混合气的浓度。

2. 怠速辅助空气阀工作流程

除怠速旁通气道外，还有辅助空气阀，它在发动机低温起动及起动后暖机过程中，提供

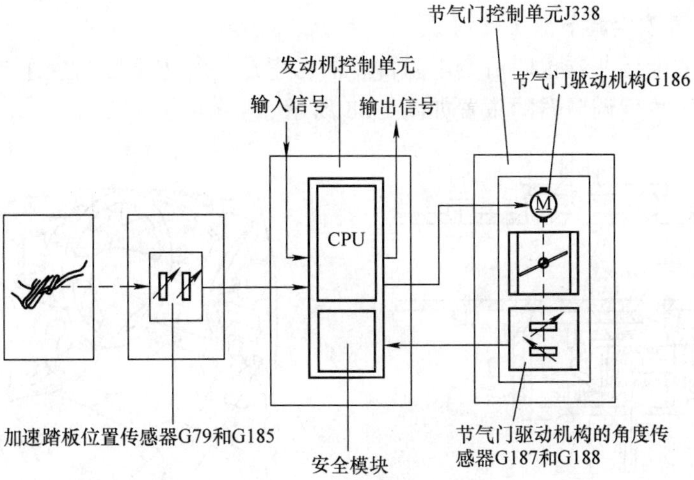

图 1-24　大众车系电子节气门的工作流程

附加空气量，以利于快怠速运转和加速暖机。辅助空气阀常用于早期的汽油喷射发动机。辅助空气阀根据发动机温度，自动改变旁通阀截面积的大小，调节流经旁通道的空气流量，以控制发动机的怠速运转。常用的有双金属片式辅助空气阀和石蜡式辅助空气阀。

双金属片式辅助空气阀的工作过程如图 1-26 所示。当发动机温度低时，节气门关闭，空气经节气门的旁通道、辅助空气阀进入进气总管，吸入气缸的空气量增多，怠速升高为快怠速状态。发动机起动后，在怠速升高的同时，流入电热线圈的电流增加，双金属片受热变形而慢慢将阀门关闭，空气的流入量减少，发动机转速下降。发动机暖机后，双金属片不仅受到加热线圈的加热，而且受到发动机热量的加热，使阀门保持关闭状态，发动机恢复正常怠速运转。

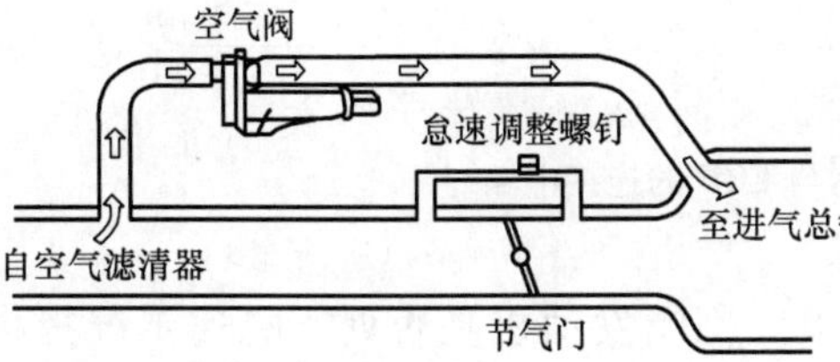

图 1-25　怠速调整螺钉的位置图

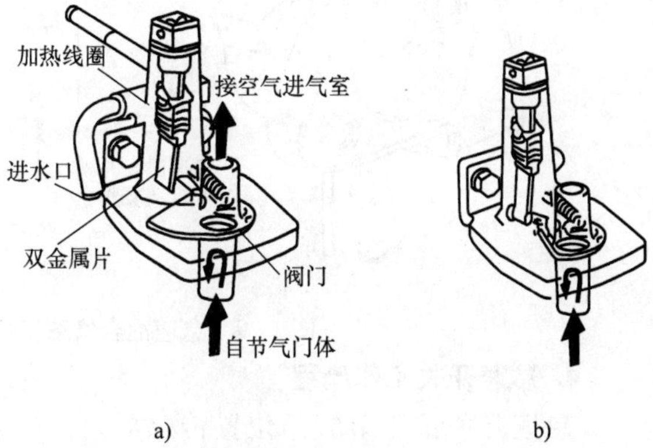

图 1-26　双金属片式辅助空气阀的工作流程图
a）发动机低温时　b）发动机高温时

如图 1-27 所示，石蜡式辅助空气阀在工作时石蜡感温体浸在冷却液中，发动机冷却液温度低时，感温体收缩，带动弹簧左移，内弹簧压缩，外弹簧伸张，阀门打开，增加空气供给，发动机处于怠速、加速暖机状态。当冷却液温度升高时，阀门逐渐关闭，当升高至

80℃时，阀门全部关闭，不再提供附加空气。

3. 怠速混合气浓度调节器工作流程

怠速混合气浓度调节器也叫可变电阻传感器，它是一种用于控制怠速混合气浓度的电阻装置。怠速混合气浓度调节器的位置如图 1-28 所示。

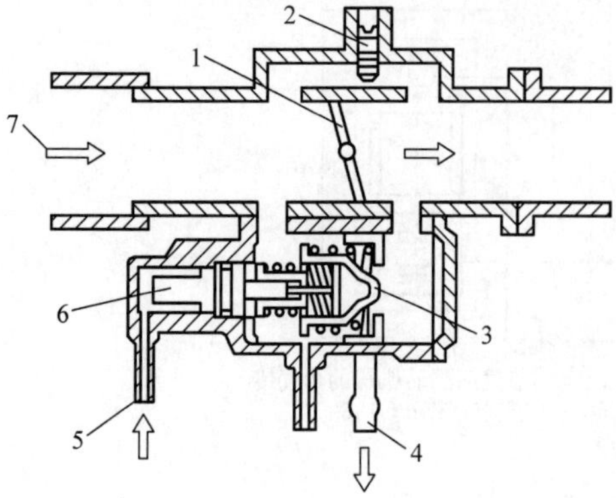

图 1-27 石蜡式辅助空气阀的工作流程图

1—节气门体 2—怠速调整螺钉 3—阀芯 4—冷却液出口 5—冷却液进口 6—蜡盒 7 进气气流

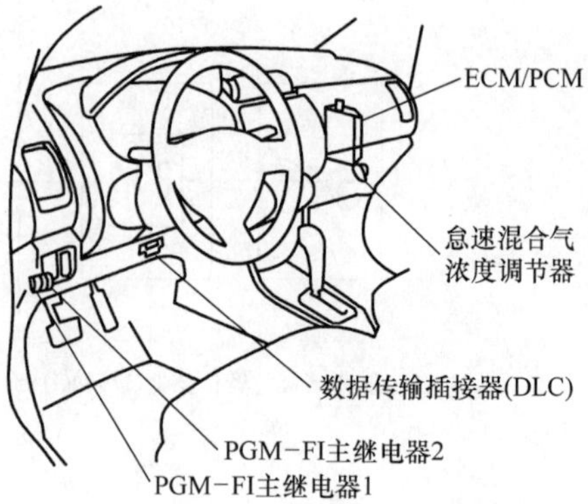

图 1-28 本田飞度汽车怠速混合气浓度调节器

在 D 型汽油喷射系统中，有些使用可变电阻器改变混合气的浓度。旋转怠速混合气调整螺钉使可变电阻器内触点移动，VAF 端输出的电压发生变化。顺时针旋转该螺钉时，VAF 电压升高，ECU 便会使喷油量稍有增加，混合气变浓。皇冠 3.0 轿车怠速混合气浓度调节器与 ECU 的连接电路如图 1-29 所示。

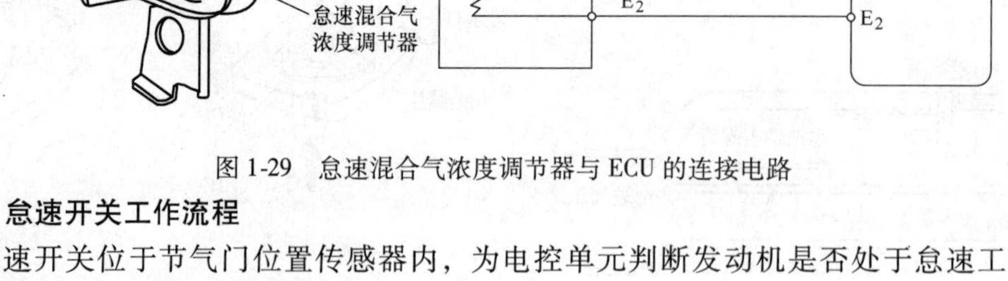

图 1-29 怠速混合气浓度调节器与 ECU 的连接电路

4. 怠速开关工作流程

怠速开关位于节气门位置传感器内，为电控单元判断发动机是否处于怠速工况提供信号。

5. 怠速控制阀工作流程

ECU 根据输入信号控制怠速控制阀(调整器)控制空气旁通道(多数)，或直接控制节气门(直动式或电子节气门)。旁通式怠速控制阀的功能是控制节气门体旁通气道的流通面积，以调节进入发动机的空气量，实现对发动机怠速的控制。旁通怠速控制阀的类型主要有辅助空气阀、旋转电磁阀、步进电动机、占空比控制阀以及辅助用的开关电磁阀等。

(1) 节气门直动式怠速控制装置工作流程　节气门直动式怠速控制装置通过控制节气门的开启程度(图1-30)，控制怠速时的进气量，实现怠速转速的控制。ECU控制直流电动机，直流电动机旋转并通过减速齿轮的角位移转变为传动轴的直线运动，通过传动轴的伸出或退入，调节节气门全闭限制位置，从而调节节气门处空气通道截面积，进而实现怠速转速的控制。

(2) 步进电动机型怠速控制阀工作流程　步进电动机型怠速控制阀由永久磁铁构成的转子、励磁绕组构成的定子、把旋转运动变成直线运动的进给丝杆及阀门等组成，如图1-31所示，它利用步进转换控制，使转子可正转，也可反转，从而使阀芯沿轴向(上、下)移动以达到调节旁空气通道截面积的目的。皇冠3.0轿车发动机就是应用这种怠速阀，该阀有125种不同的开启位置。转子有八对永久磁极，N极和S极在周围相间排列，定子由两个带有16爪的铁心组成，每个铁心上有两组绕组，两绕组的绕线相反，两铁心相差一个爪的差位，构成一个整体安装在外壳上。

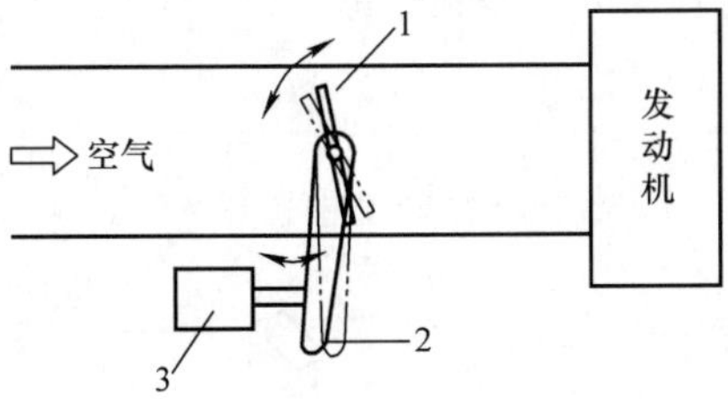

图1-30　节气门直动式怠速控制装置

1—节气门　2—节气门操纵臂　3—直流电动机

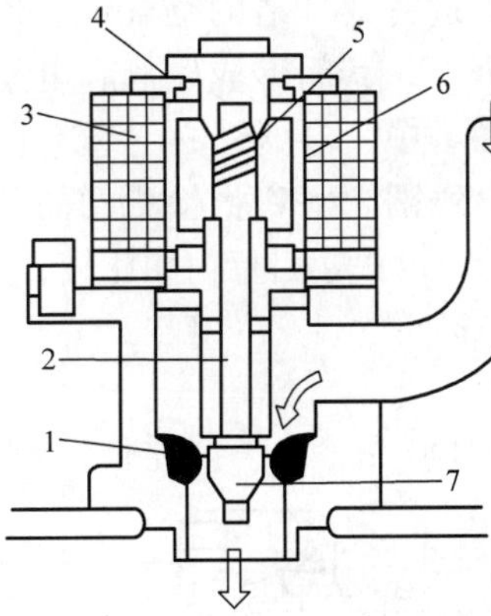

图1-31　步进电动机型怠速控制阀

1—阀座　2—阀轴　3—定子绕组　4—轴承

5—进给丝杆机构　6—旁通空气进口　7—阀

怠速控制阀的主体是一个步进电动机，ECU通过数字化的方波信号，控制阀门的进/退和移动量。图1-32所示为皇冠3.0轿车怠速控制阀电路。

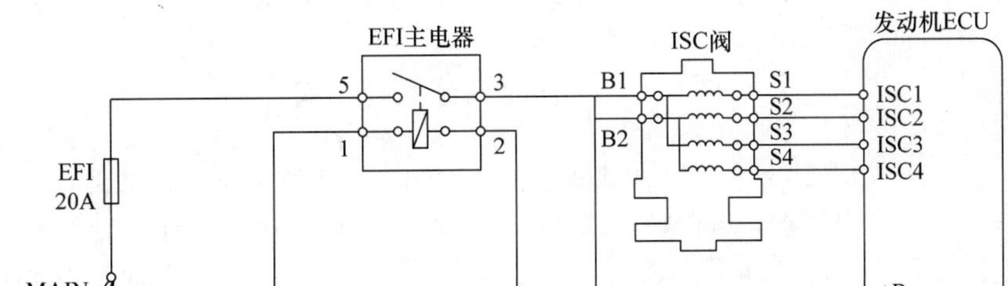

图1-32　皇冠3.0轿车发动机怠速控制阀电路

大多数电喷发动机都采用步进电动机型怠速控制阀，ECU根据发动机的工况，调节步进电动机电磁线圈的通电顺序，使步进电动机轴上的锥阀体旋入或旋出，调节旁通空气道的开度，实现旁通气道进气量的调节，如图1-33所示。

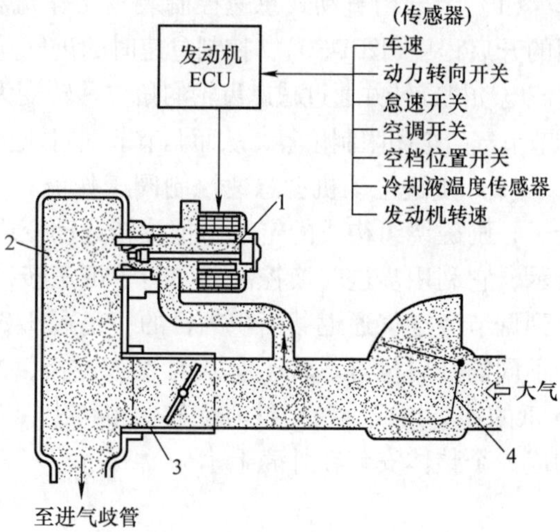

图1-33　步进电动机型怠速控制机构

1—怠速控制阀　2—稳压箱

3—节气门体　4—空气流量传感器

（3）旋转电磁阀型怠速控制阀工作流程

旋转电磁阀型怠速控制阀也称为旋转滑阀，如图1-34所示。它由永久磁铁、电枢、旋转滑阀、螺旋回位弹簧和电刷及引线组成。旋转滑阀固定在电枢轴上，与电枢轴一起转动，用以控制流过旁通气道的空气道。永久磁铁固装在外壳上，其间形成磁场。电枢位于永久磁体的磁场中，电枢铁心上缠有两组绕向相反的电磁线圈。ECU将检测到的怠速转速实际值与储存的设定目标值相比较，并随时校正送至旋转滑阀的驱动信号的占空比，以实现稳定的怠速运行。

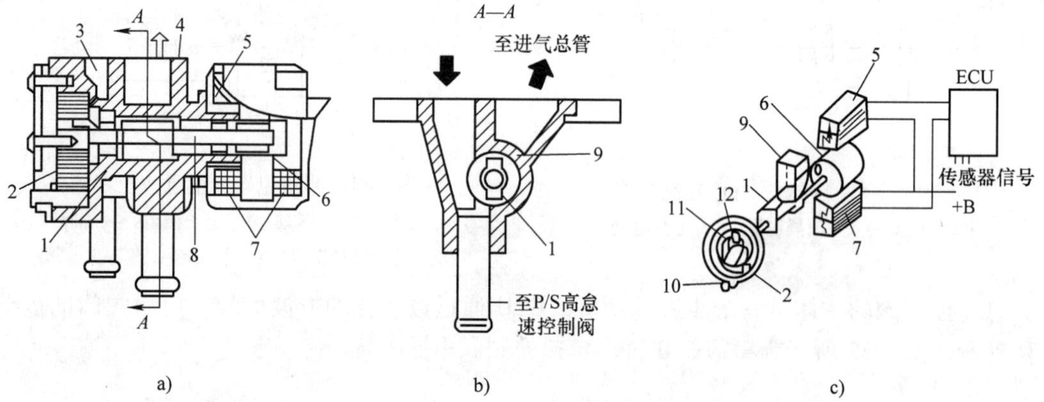

图1-34　旋转电磁阀型怠速控制阀

a）结构　b）位置　c）工作流程

1—阀芯　2—双金属带　3—冷却液腔　4—阀体　5—线圈L1　6—永久磁铁

7—线圈L2　8—轴　9—旁通口　10—固定销　11—挡块　12—杆

（4）占空比型怠速控制阀工作流程　如图1-35所示，占空比型怠速控制阀也称为直动式怠速阀或电磁式怠速阀。它由电磁线圈、阀轴、阀、弹簧等主要部件组成。它利用电磁线圈通电时间的长短产生的吸力，使阀轴在轴向作线位移，从而控制阀门开关的时间，达到调节怠速高低的目的。

（5）开关型怠速控制阀　如图1-36所示，开关型怠速控制阀只有两个位置，即开和关位置，控制比较单一，不精确。开关型怠速控制阀不能单独用来控制怠速，只能配合其他类型的怠速控制阀使用。

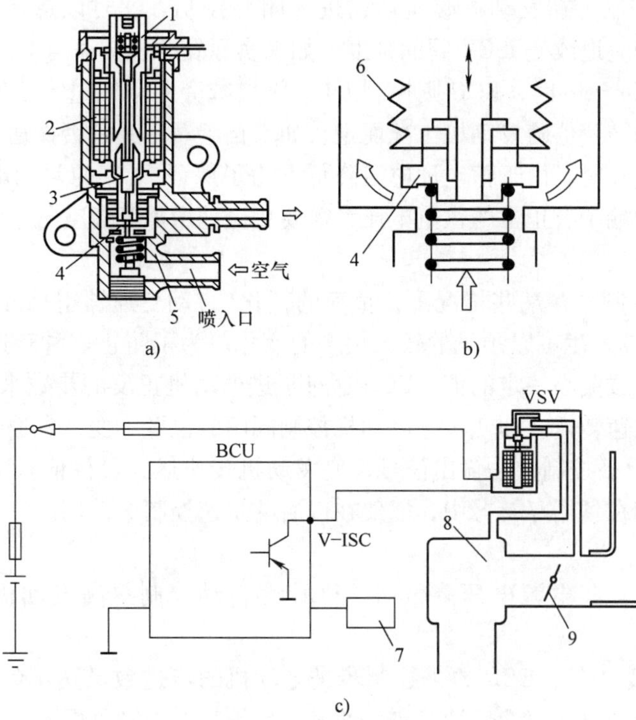

图1-35　占空比型怠速控制阀

a）结构　b）示意图　c）流程图

1—弹簧　2—电磁线圈　3—轴　4—阀芯　5—壳体　6—波纹管　7—传感器　8—进气总管　9—节气门

6. 怠速控制系统的控制方法

不同的怠速控制系统的控制方法不同，下面以步进电动机型怠速控制阀为例，介绍怠速的控制方法。步进电动机调节机构安装在进气总管内，它对怠速的控制主要有以下几种情况。

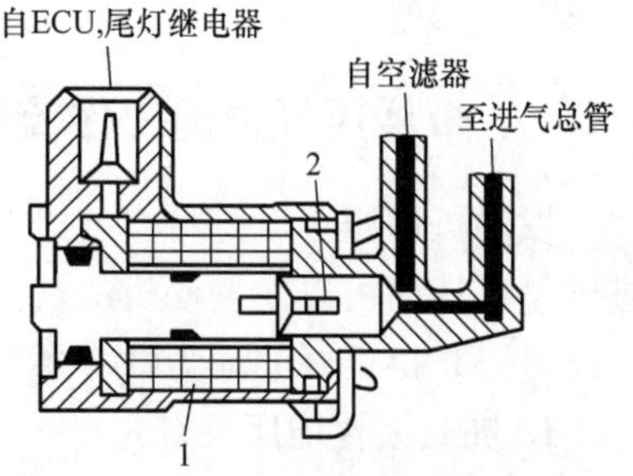

图1-36　开关型怠速控制阀

1—电磁线圈　2—开关阀

（1）初始值设定　由于步进电动机不具有复位功能，因此，当点火开关关闭后，ECU控制电源延时3s关闭，即主继电器由ECU的M-REL端子供电，保持接通状态，待怠速控制阀（ISCV）启动初始位置设定后才断电。ECU控制ISCV阀全开（皇冠3.0轿车怠速控制阀有125步），使步进电动机对怠速控制装置的初始位置进行设定，以保证下一次启动时的工作。

（2）暖机控制　发动机起动时，怠速旁通阀设定在全开位置，以便于发动机起动。起动后，当发动机转速达到一定值时，若ISCV阀仍保持全开状态，则转速会升得过高，ECU将怠速控制阀关小到与冷却液温度相应的最佳怠速转速值。因此，在发动机起动后，ECU首先检测冷却液温度，当冷却液温度过低时，执行暖机控制。所谓暖机控制就是在低温时使怠速控制阀开启量较大，使怠速转速升高，以加速暖机过程。在暖机中，ISCV阀随冷却液温度上升而逐渐关闭，当冷却液温度达到70℃时，暖机（快怠速）控制结束。

（3）稳定怠速控制　在发动机暖机后，进入闭环控制，此时以怠速转速作为反馈量，根据转速的增减来相应地改变ISCV阀的开度。如果实际发动机转速与ECU存储器中存放的目标转速相差超过20r/min时，ECU则控制ISCV阀增减旁通空气量，使发动机实际转速与目标转速相同。目标转速值随发动机工况而定，如空档起动开关是否接通、空调开关是否接通等。当使用电器增多时，由于蓄电池电压降低，为了保证ECU的常用电源线端子和受点火开关控制的电源线端子有正常的供电电压，需要相应地增加旁通空气量，提高发动机的怠速转速。

（4）怠速提前控制　在某些情况下，负荷的变化(自动变速器空档开关、空调开关的通断)会引起发动机转速发生可以预见的较大幅度的变化。为了防止这种转速变化，ECU控制怠速控制阀提前开大或关小一定的值。ECU通过步进电动机正反的步数来决定ISCV阀的位置，调整发动机的怠速转速。即使步进电动机控制阀门的位置不变，怠速转速的初始数值也不同，因此ECU用反馈控制方法输出信号，使发动机转速达到目标值。ECU将此时步进电动机转过的步数存储在备用存储器中，以便在以后的怠速控制中使用。

（5）其他控制

1）由于负荷等引起电源电压降低时，ECU会自动控制提高发动机转速，保证正常供电。

2）随着机件的磨损等，ECU原来控制步进电动机的步进数已达不到原来的控制效果，此时发动机会通过发动机转速的反馈控制，使其达到原来的控制目标值。这种控制方式又称为怠速控制的自适应功能。

步进电动机型怠速控制系统中与冷却液温度、空调工作状态相对应的目标怠速转速都存放在ECU的存储器中。ECU根据节气门开度和车速信号，判断发动机处于怠速运转时，按一定次序使步进电动机内绕组供电，驱动步进电动机调节旁通空气量，使发动机转速达到所要求的目标值。

1.3.3　带增压气道的工作流程

发动机增压，就是将空气进行预压缩，然后再供入气缸。它通过提高进气的密度来增加进气量，从而可以使发动机的功率增加。实践证明，在小型汽车发动机上采用增压技术后，不仅可以获得良好的动力性，燃油经济性也有所提高。

1. 进气惯性增压系统

当进气流高速流向进气门时，如果进气门突然关闭，进气门附近的气流就会突然停止流动，于是使进气门附近的气体被压缩，压力上升。当气流的惯性力消失时，被压缩的气体开始膨胀，向与进气流相反的方向流动，压力下降，膨胀气体的压力波传到进气管口时又被反射回来，形成脉动的压力波。谐波进气增压系统就是利用这一脉动的压力波，在进气管路设计上，使压力波与进气门的开闭相互吻合，使反射回来的压力波能集中在将要打开的进气门旁，在进气门打开时，就会产生增压效果。图1-37所示为进气惯性增压系统流程图。当空气室出口的控制阀关闭时，进气管内的脉动压力波传递长度为空气滤清器到进气门的距离，这一距离较长，适应发动机中、低速工况形成气体动力增压效果。当控制阀打开时，接通真空罐，打开进气增压控制阀。由于大容量空气室的参与，在进气道控制阀处形成气帘，使进气脉动压力只能在空气室出口和进气门之间传播，缩短了压力波的传播距离，以满足发动机高速工况下的气体动力增压要求。

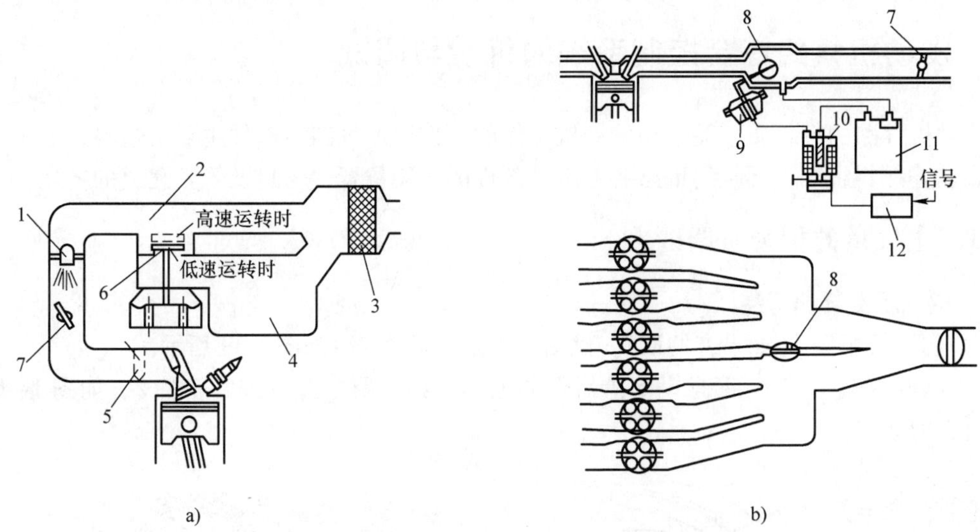

图 1-37　进气惯性增压系统流程

1—喷油器　2—进气道　3—空气滤清器　4—空气室　5—涡流控制气门　6—控制阀
7—节气门　8—进气增压控制阀　9—真空驱动器　10—真空电磁阀　11—真空罐　12—ECU

2. 涡轮增压的工作流程

增压过程如图 1-38 所示，废气流过废气涡轮，使废气涡轮高速旋转，废气涡轮带动进气涡轮以相同速度运转，这样就可以压缩进气管中的空气。在小型汽车发动机上采用涡轮增压或机械增压，当汽车以正常的经济车速行驶时，不仅可以获得相当好的燃油经济性，而且还由于发动机功率增加，可以得到驾驶人所期望的良好的加速性。

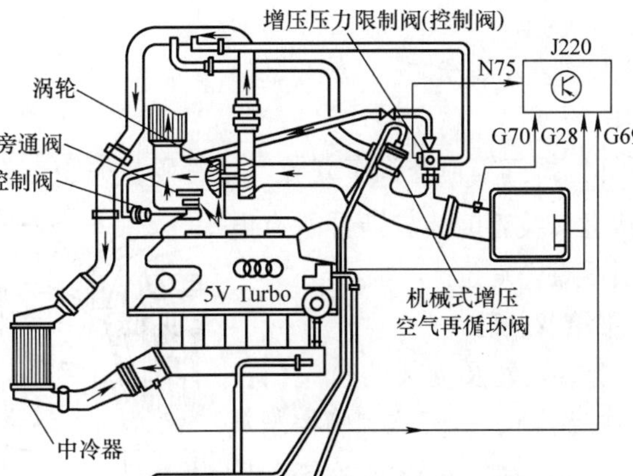

图 1-38　废气涡轮增压系统

1.3.4　其他分支气道的工作流程

发动机其他分支气道主要有真空助力装置、真空阀、曲轴箱通风装置等，这些分支气道流程短，且在相关章节有相应分析，这里不再重复。

1.4 发动机气路综合控制系统的拆装与调试

发动机气路的拆装质量关系到发动机工作的可靠性。气路零部件主要由塑料、电子元器件和金属等材料组成，拆装的重点要考虑零部件的安装位置，密封及管、孔道的畅通。

1.4.1 主气道的拆装与调试

1. 空气滤清器的拆装

1）向上拆下盖1(如果有的话)，然后拆下进气软管2，如图1-39所示。

2）松开卡夹1，向一旁摆动滤清器壳的上体，如需要，拆下进气软管2，如图1-40所示。拆下旧滤芯。

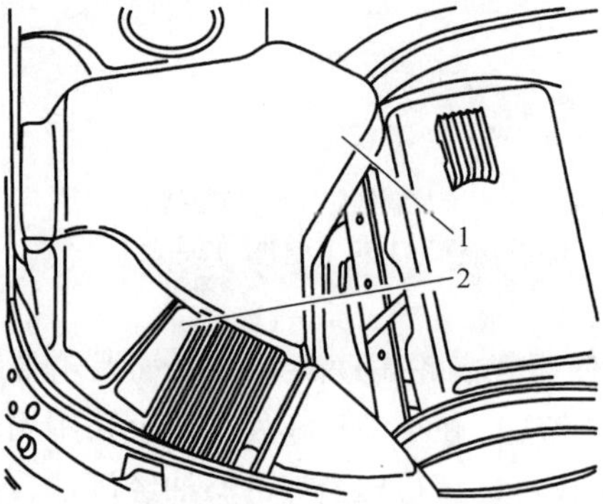

图1-39 拆卸进气软管

1—盖 2—进气软管

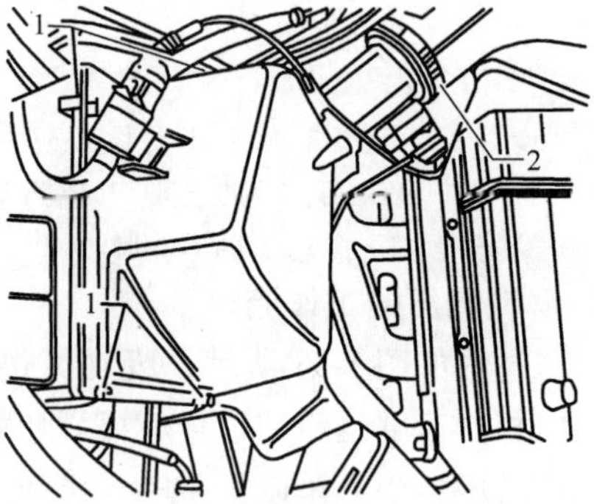

图1-40 松开卡夹

1—卡夹 2—进气软管

3）清洁滤清器壳体，装入新滤芯。

2. 进气歧管的拆装

1）进气歧管的拆卸。拆卸前应查询车载收音机密码，关闭点火开关，断开蓄电池搭铁线，排空冷却液。拆卸进气歧管时，应断开所有电缆及拉索，安装时必须按原样复位。

① 拆卸冷却液膨胀箱及软管。

② 拆开节气门控制单元处及支架的节气门拉索(不拆卸节气门拉索夹持器)，拆开节气门控制单元处的空气软管5，断开通向活性炭罐的真空管1，拉出通向制动助力器的真空管2，如图1-41所示。

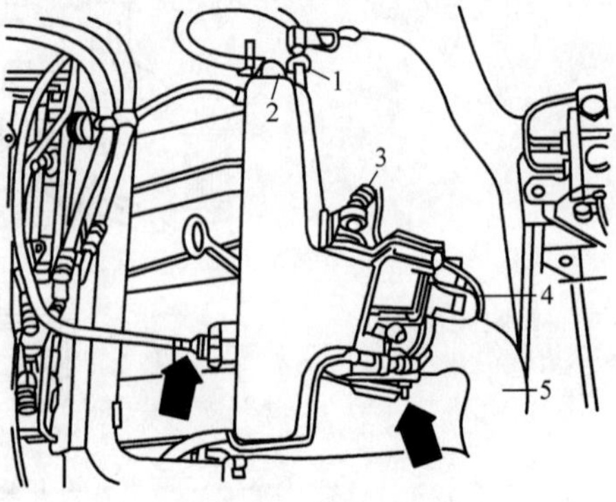

图1-41 拆卸节气门控制单元相关组件

1、2—真空管 3—进气温度传感器

4—节气门控制单元插头 5—空气软管

③ 拆下进气温度传感器及节气门控制单元插头，再从霍尔传感器上拉出插头，如图1-42所示。

④ 拆下燃油歧管紧固螺栓，将真空管拉离燃油压力调节器，如图1-43所示。将带喷油器的燃油歧管从进气歧管上拆下，并置于发动机舱后面的

干净布上。

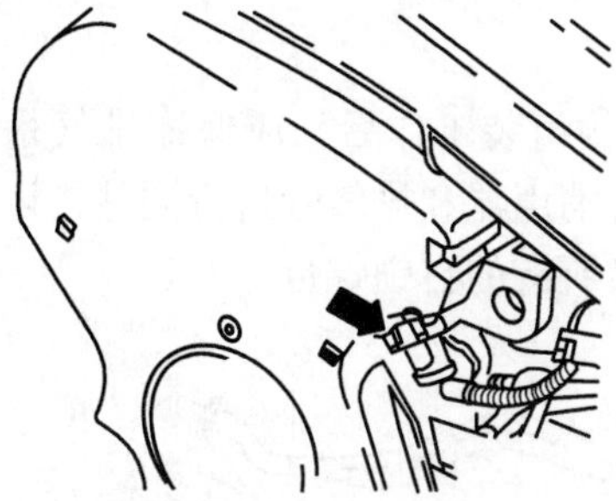

图 1-42　拆下进气温度传感器的插头

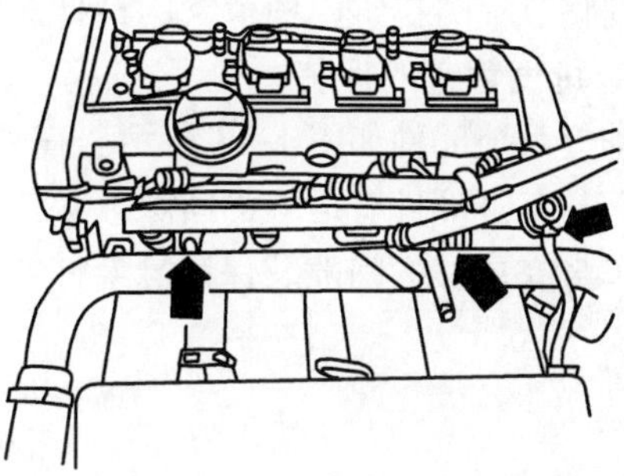

图 1-43　拆卸真空管

⑤ 从上部冷却液管上拆下冷却液软管，从气缸盖后侧的进气歧管及冷却液管法兰拆下下部冷却液管紧固螺栓，如图 1-44 所示。

⑥ 拆开进气歧管处的曲轴箱通风软管 1，拆卸进气歧管支架，如图 1-45 箭头所示。拔出机油标尺，拧开法兰处进气歧管紧固螺栓，折下进气歧管。用干净布堵住气缸盖上的进气口。

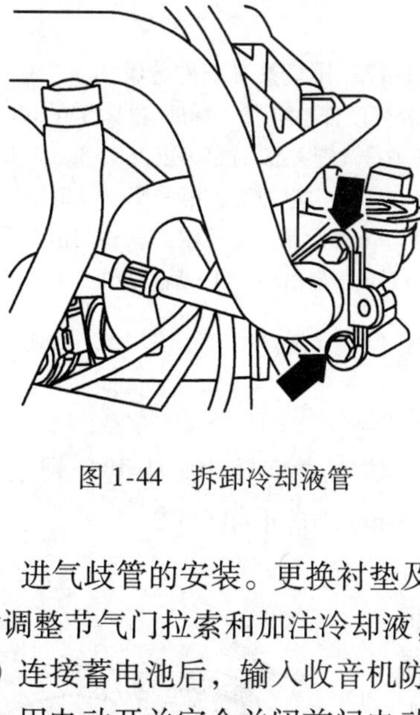

图 1-44　拆卸冷却液管

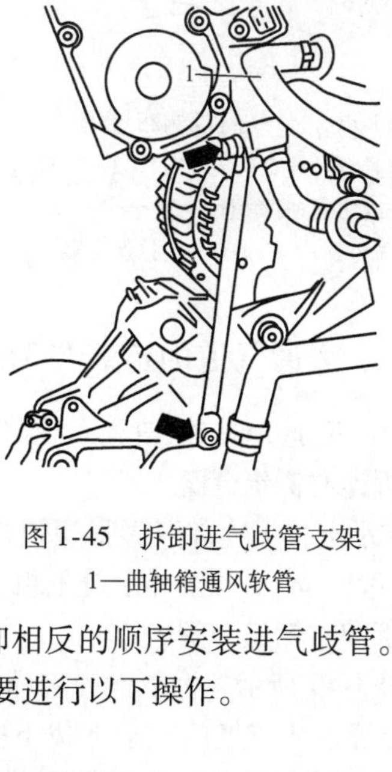

图 1-45　拆卸进气歧管支架

1—曲轴箱通风软管

2）进气歧管的安装。更换衬垫及密封件，按与拆卸相反的顺序安装进气歧管。安装时要注意调整节气门拉索和加注冷却液，安装后应注意还要进行以下操作。

① 连接蓄电池后，输入收音机防盗密码。

② 用电动开关完全关闭前门电动门窗。沿关闭方向操作所有电动门窗开关(至少 1s)，起动单触功能。

③ 调整时钟。

④ 进行节气门控制部件的匹配。

⑤ 查询及删除故障存储。

3. 节气门的拆装

节气门机构如图 1-46 所示。节气门拉索是非常容易弯折的，因此在安装时必须非常仔细。节气门拉索轻度的弯曲会导致在驾驶中断裂，因此节气门拉索一旦弯折就不能再安装。

安装时要注意节气门拉索在各个支承座和紧固点之间保持平直。通过变换支架上的卡板的位置来调整节气门拉索，使节气门杠杆能够达到节气门全开的位置。

4. 排气管道的拆装

排气系统部件如图 1-47 所示。在完成了排气系统的组装工作后，应保证排气系统没有应力，与车身部件有足够的间隙。必要时松开卡箍，对消声器和排气管进行调整，以保证与上部车身有足够的间隙及保证悬架件的负荷均匀。更换所有的自锁螺母。

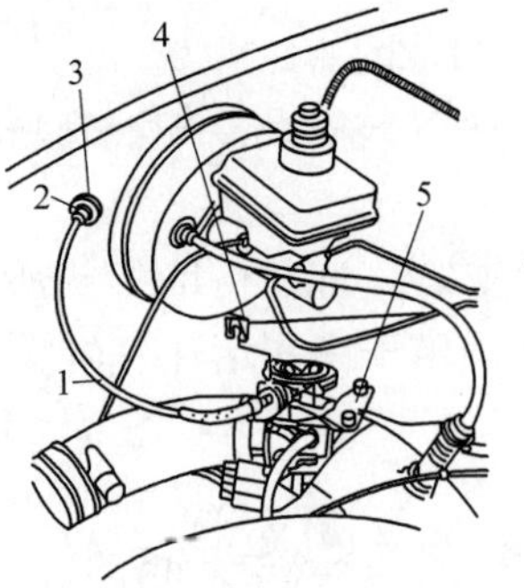

图 1-46　节气门机构布置图

1—节气门拉索(注意安装方向)　2—节气门拉索护套张紧螺母　3—挡片　4—调整锁片　5—节气门拉索支架

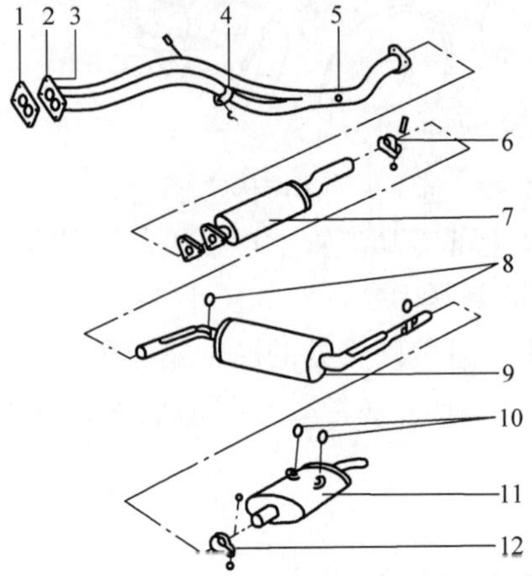

图 1-47　排气系统部件分解图

1—衬垫　2—与排气歧管连接　3—螺母(拧紧力矩 30N · m，拆卸后更换)　4—前排气管夹箍(拧紧力矩 25N · m ± 2. 5N · m)　5—氧传感器　6、12—夹箍(拧紧力矩 35N · m ± 3. 5N · m)　7—前消声器　8—中间消声器吊环　9—中间消声器　10—后消声器吊环　11—后消声器

1. 4. 2　主旁通气道的拆装与调试

下面以奥迪 A6 二次空气系统部件的拆装为例来说明。

1. 拆卸左侧组合阀

从支承上拧下冷却液膨胀罐螺栓。如图 1-48 所示，拔下真空管 1，从组合阀上拧下连接管 2(10N · m)，从缸体上拧下组合阀 3 的螺栓(10 N · m)，拆下组合阀。

2. 拆卸右侧组合阀

如图 1-49 所示，拆下空气流量传感器和导风罩之间的空气导管，从节气门支承上拔下空气导管护罩，拔下活性炭罐电磁阀插头，从支架上拔下活性炭罐电磁阀。拔下空气流量传感器的插头。

向右将空气滤清器上的二次空气泵连接管转 45°并向前拔出，拧下空气滤清器上的螺栓(20N · m)并取下空气滤清器。

如图 1-50 所示，拔下真空管 1，从组合阀上拧下连接管螺栓 2，从缸体上拧下组合阀 3 的螺栓(10N · m)，如需要，从缸体上拧下连接管 4 的支架螺栓(20 N · m)。

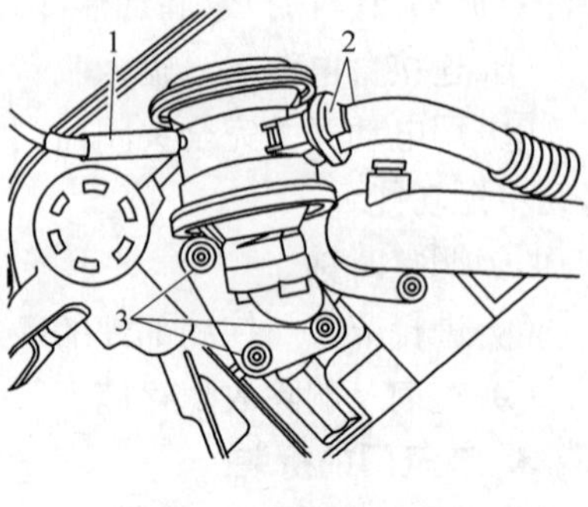

图 1-48　拆卸左侧组合阀

1—真空管　2—连接管　3—组合阀

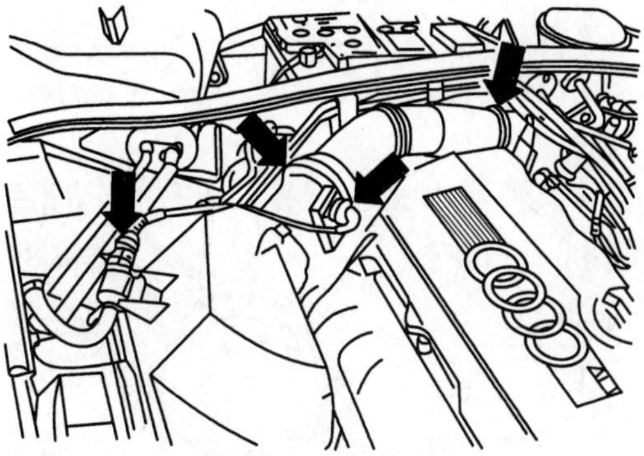

图 1-49　拆卸空气流量传感器和导风罩间空气导管

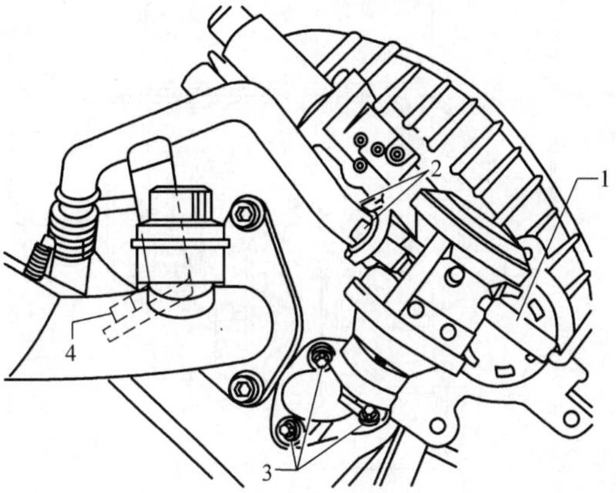

图 1-50　拆卸右侧组合阀

1—真空管　2—螺栓　3—组合阀　4—连接管

3. 拆卸二次空气泵

拆下隔声罩，拆下前保险杠。如图 1-51 所示，拧下风扇边缘前面通向发电机的空气导管并将其拆下，拔下二次空气泵下通向组合阀连接管的卡箍，打开扎带，松开二次空气泵的三个螺栓(螺母不拆下)，从支架上向后拽下二次空气泵，拔下二次空气泵上空气滤清器连接管。将空气滤清器上连接管向右转 45°并向前拔下，拆下二次空气泵。

4. 组合阀和二次空气泵的安装

组合阀和二次空气泵的安装按与拆卸相反的顺序进行。

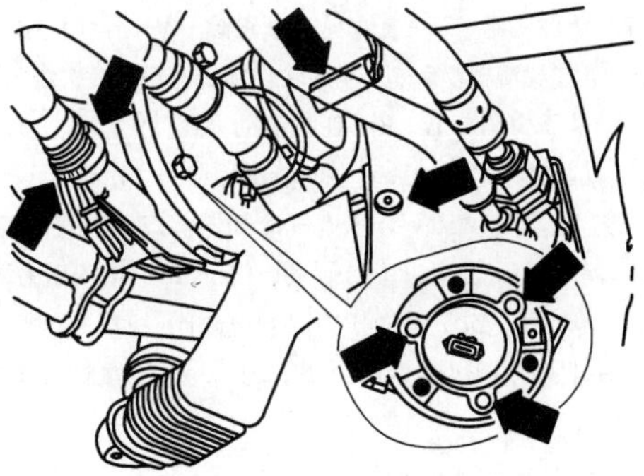

图 1-51　拆卸二次空气泵

1.4.3　带增压气道的拆装与调试

奥迪 A6 发动机增压压力调节装置和真空控制装置如图 1-52 所示。

1. 废气涡轮增压器的拆卸和安装

松开空调压缩机 V 带的张紧轮的固定螺栓，如图 1-53 所示。

如箭头所示，松开并拆下 V 带。

注意：不允许打开空调设备的制冷剂循环管路。

将空调压缩机从支架上拆下并用钢丝挂在车身上。

如图 1-54 所示，拧下废气涡轮增压器的支架 2。拧下废气涡轮增压器上的回油管路 1，并将其放到一侧。松开废气涡轮增压器上的空气导流软管 4 和 5。拧下压力管路的空心螺栓 3。

拆下发动机室盖，拆下空气滤清器盖，拆下进气管。

拔下下列部件上的导线/插头，如图 1-55 所示。

拔下软管连接，将导线挂起并拆下空气滤清器壳体，如图 1-55 箭头所示。

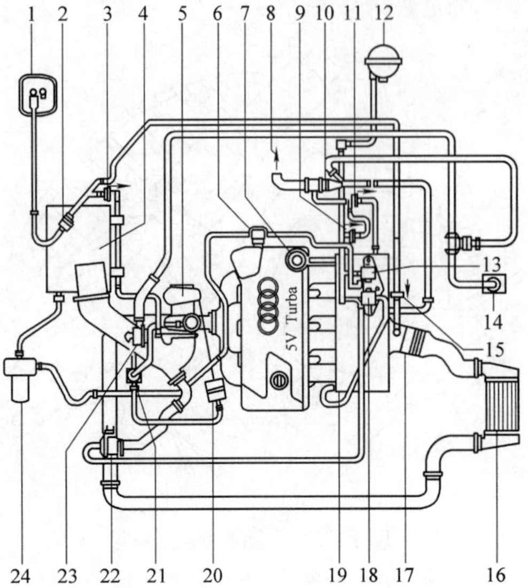

图 1-52　增压压力调节装置和真空控制装置的连接图

1—活性炭罐　2—活性炭罐电磁阀　3—活性炭罐单向阀　4—空气滤清器　5—废气涡轮增压器　6　二次进气组合阀　7—燃油压力调节器　8—到制动助力器　9、11、15—单向阀　10—抽吸喷射泵　12—真空储能罐　13—二次进气阀　14—曲轴箱通风装置　16—增压空气冷却器　17—节气门控制单元　18—涡轮增压器换气阀　19—进气管　20—增压压力调节装置压力传感器　21—增压压力限制电磁阀　22—机械式换气阀　23—曲轴箱通风装置压力调节阀　24—二次进气泵电动机

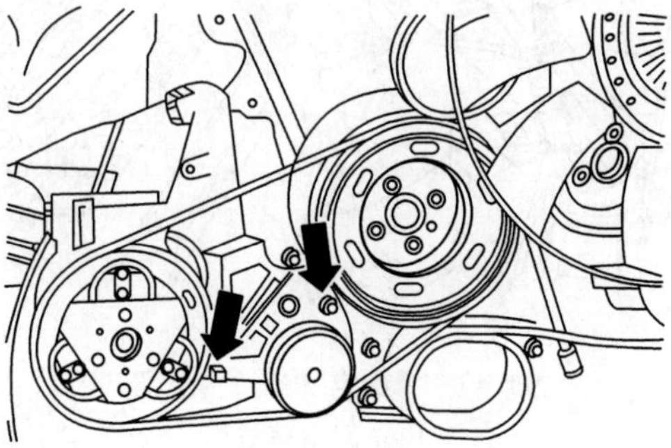

图 1-53　空调压缩机 V 带的张紧轮

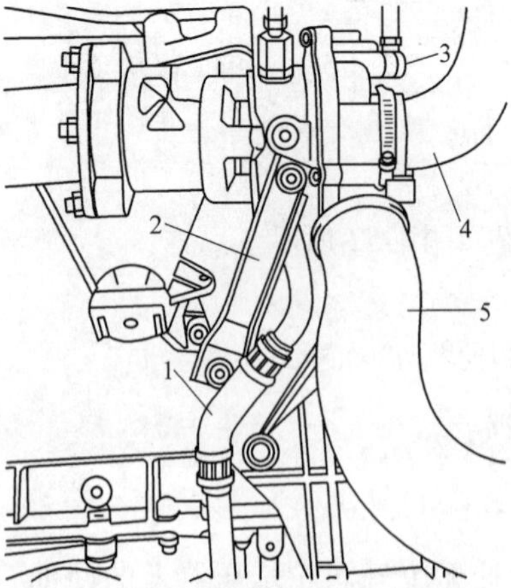

图 1-54　废气涡轮增压器附件拆卸

1—回油管路　2—支架

3—空心螺栓　4、5—空气导流软管

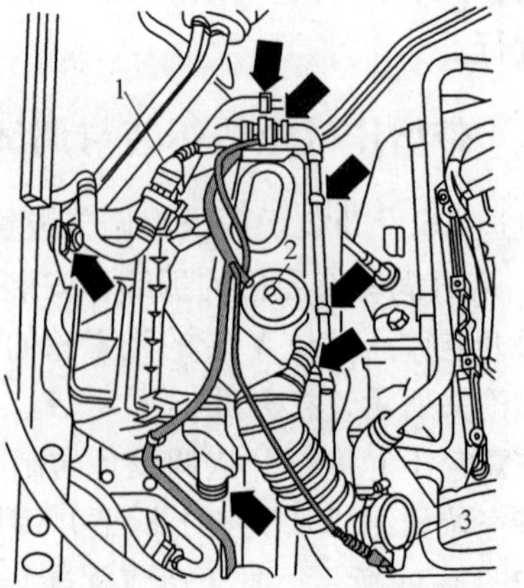

图 1-55　拆线束

1—活性炭过滤器(另外拆下空气滤清器壳体上的活性炭过滤器阀)　2—空气流量传感器　3—增压空气限制电磁阀

拆下二次进气管，拆下气缸盖右边的隔热板，拔下废气涡轮增压器调节阀的增压压力传感器上的软管。

如图 1-56 所示，解开冷却液回流软管上的皮碗。用软管夹 3094 将废气涡轮增压器上的上冷却液回流软管夹起。松开软管卡箍 4 并将冷却液回流软管从连接废气涡轮增压器的管路上拔下。此管路保持拧紧在废气涡轮增压器上。用软管夹 3094 将废气涡轮增压器上的下冷却液回油软管夹起。松开进油管路的螺栓 1 和 3。旋下废气涡轮增压器上的进油管 5。

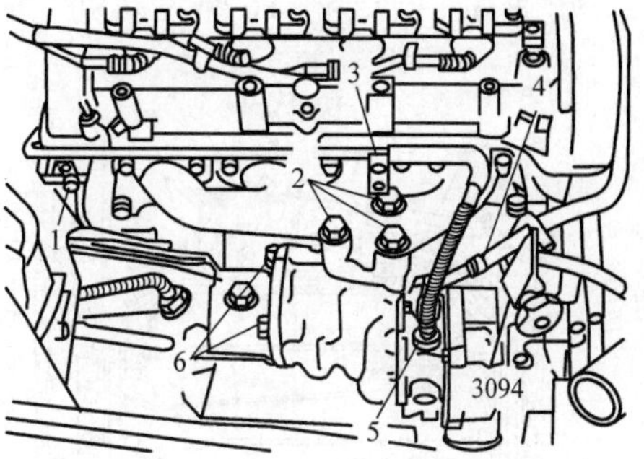

图 1-56　废气涡轮增压器管道拆卸

1、3—进油管路的螺栓　2—涡轮增压器螺栓　4—软管卡箍　5—进油管　6—催化器螺栓

注意：排气装置的连接元件受弯不得超过 10°，否则会有损坏的危险。

将催化器从废气涡轮增压器上拆下。将废气涡轮增压器从排气弯管上拆下。

将废气涡轮增压器向一侧翻转，松开支撑角和废气涡轮增压器上冷却液进油管的空心螺栓。拆下废气涡轮增压器。

安装时应按照与拆卸相反的顺序进行，同时应注意以下问题。

1）所有在拆卸时被松开或断开的电缆箍，都必须在安装时重新装回到和原来一样的位置。

2）用符合系列标准的软管箍固定所有的软管连接。

3）软管接头和软管在装配前必须是没有受油或油脂污染的。

4）密封垫、密封圈和自锁螺栓原则上要进行更换。

在拧紧废气涡轮增压器之前，用支架将冷却液进油管路稍微固定在增压压力调节阀的压力传感器旁。用 35N · m 的力矩拧紧空心螺栓，然后用 10N · m 的力矩拧紧支架的固定螺栓。

提示：将机油通过进油管的管接头注满废气涡轮增压器。在废气涡轮增压器安装完成之后使发动机空转运行约 1min，并且不马上提速，以此使涡轮增压器的机油供应稳定下来。

2. 增压空气冷却装置部件的拆卸和安装

如图 1-57 所示，在进行拆卸工作前，请检查所有软管和管路的安装位置是否正确及其密封情况。

拆下空气导流软管。将增压压力传感器上的插头拔下。拆下位于增压空气冷却器前面的空气导流管。将增压空气冷却器向下拆下。拆下连接增压空气冷却器的下空气导流软管。

安装应按照与拆卸相反的顺序进行。

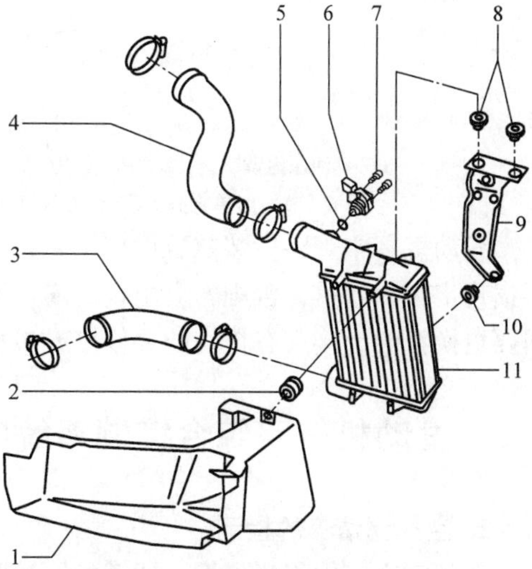

图 1-57　增压空气冷却装置部件的拆卸

1—空气导流装置　2、7、8、10—橡胶套管　3、4—空气导流软管　5—O 形圈　6—增压压力传感器　9—支架　11—增压空气冷却器

1.4.4　其他分支气道的拆装与调试

奥迪 A6 ATX 和 APS 型发动机上真空管路的连接如图 1-58 ~ 图 1-60 所示。

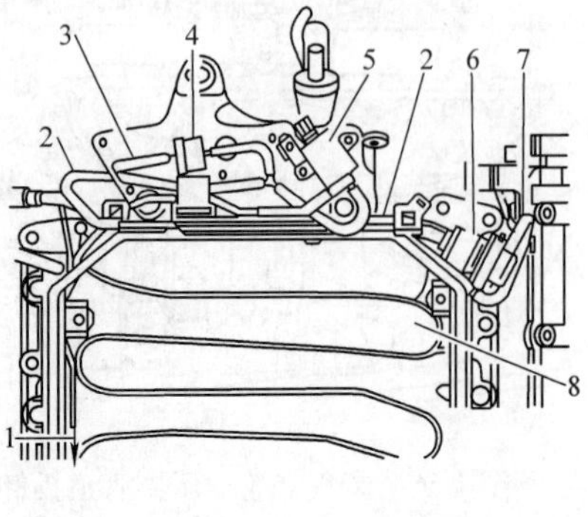

图 1-58　发动机真空管路上视图

1—接进气歧管转换真空单元　2—接真空罐　3、7—接进气歧管接头　4—单向阀　5—电动进气歧管转换阀　6—燃油压力调节器三通管　8—进气歧管

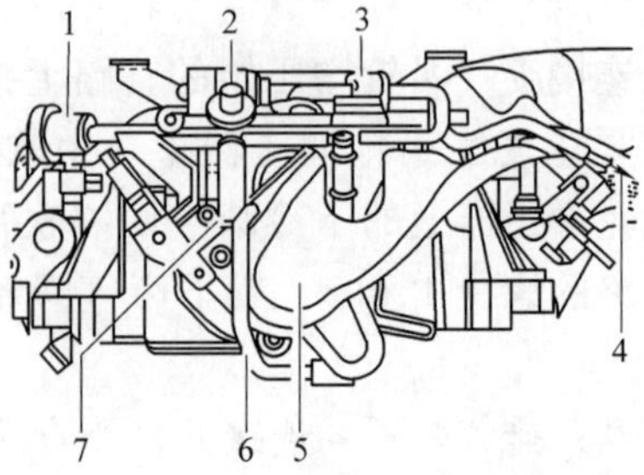

图 1-59　发动机真空管路后视图

1—燃油压力调节器　2—真空助力器　3—单向阀　4—接真空罐　5—谐振器　6—连接管（谐振器/节气门单元）　7—连接管（真空助力器/谐振器）

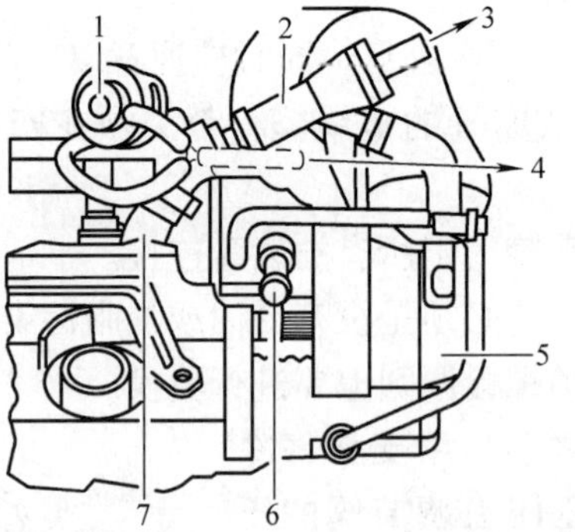

图 1-60　发动机真空管路左视图

1—燃油压力调节器　2—真空助力器　3—接制动助力器　4—接脚窝处空调　5—谐振器　6—节气门单元插头（接活性炭罐电磁阀）　7—连接管（真空助力器/进气歧管）

发动机真空管路拆装前要做好记号，管道、接头、锁紧装置等要看清楚，拆卸时千万不要损伤接头和管道，否则，会出现泄漏，影响发动机的正常工作。安装时要配套安装，密封圈要更换新的，接头有损伤的要修复或更换。

1.5　发动机气路综合控制系统的检测

1. 空气滤清器的检测

在额定空气体积流量下，滤芯的原始阻力应不大于 0.30kPa，滤芯的原始滤清效率应不低于99.5%；在110%额定空气体积流量下，滤芯的原始阻力应不大于2.4kPa；全寿命效率不低于99.9%；滤纸应进行热固化处理，并有良好的抗水性。滤芯在正常使用情况下，1000h 内应无破裂、穿孔和脱胶现象。

2. 长丰猎豹 4G64 发动机空气流量传感器的检测

1）检查条件：发动机转速在 500 r/min 以上，传感器输出频率在 3 Hz 以下达 4 s。

2）可能原因：空气流量传感器故障；空气流量传感器插接器接触不良、配线断路或短路；发动机 ECM 故障。

3）检查程序如图 1-61 所示。

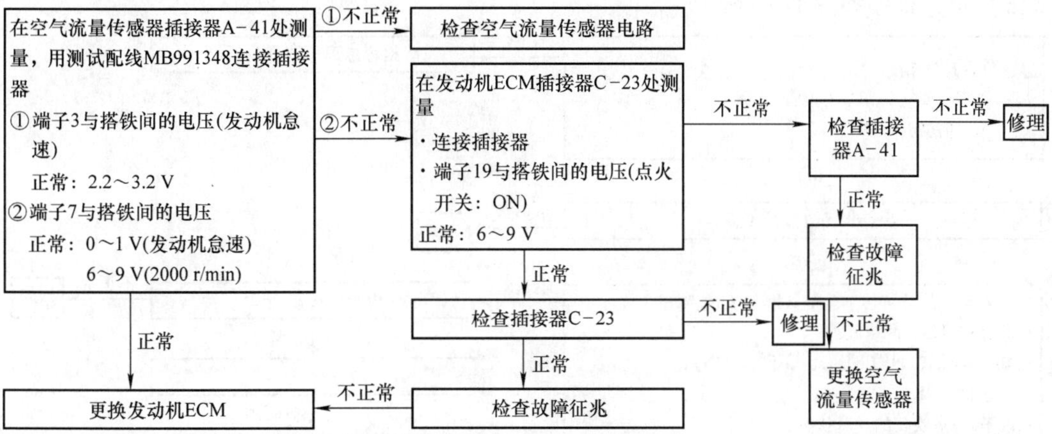

图 1-61　空气流量传感器的检测

3. 长丰猎豹 4G64 发动机进气温度传感器的检测

1）检查条件：点火开关接通后 60s 或在发动机起动后立即进行。传感器输出电压应在 4.6 V 以上达 4s（相当于 -45℃以下的进气温度）或在 0.2V 以下达 4s（相当于 125℃以上的进气温度）。

2）可能原因：进气温度传感器故障；进气温度传感器插接器接触不良、配线断路或短路；发动机电子控制模块（ECM）故障。

3）检查程序如图 1-62 所示。

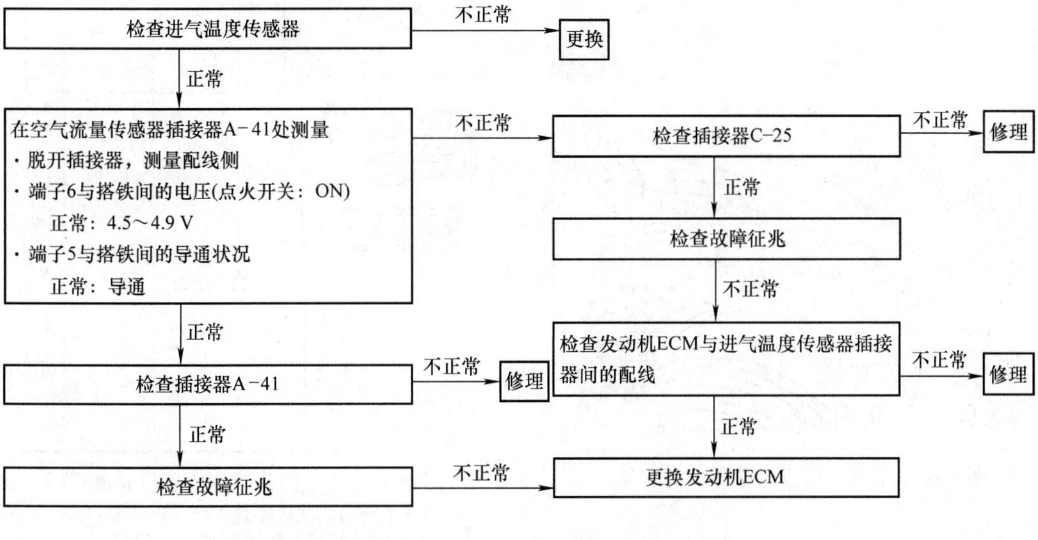

图 1-62　4G64 发动机进气温度传感器的检测

4. 长丰猎豹 4G64 发动机节气门位置传感器的检测

1）检查条件：点火开关接通后 60s 或在发动机起动后立即进行，怠速位置开关处于接通位置，传感器输出电压应在 2V 以上达 4s 或在 0. 2V 以下达 4s。

2）可能原因：节气门位置传感器故障或失调，节气门位置传感器插接器接触不良、配线断路或短路；怠速位置开关信号线路短路；发动机 ECM 故障。

3）检查程序如图 1-63 所示。

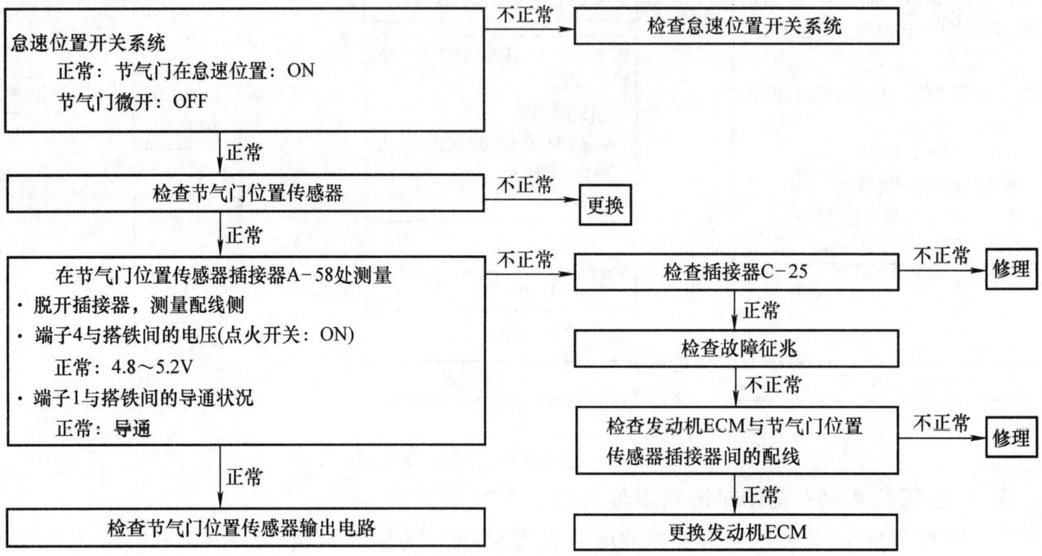

图 1-63　4G64 发动机节气门位置传感器的检测

（1）部件位置及电路　节气门位置传感器(图 1-64)将节气门的开度转换成电信号输入 ECM，ECM 根据该信号调节喷油量。ECM 向节气门位置传感器提供 5V 电压，并控制其搭铁，如图 1-65 所示。

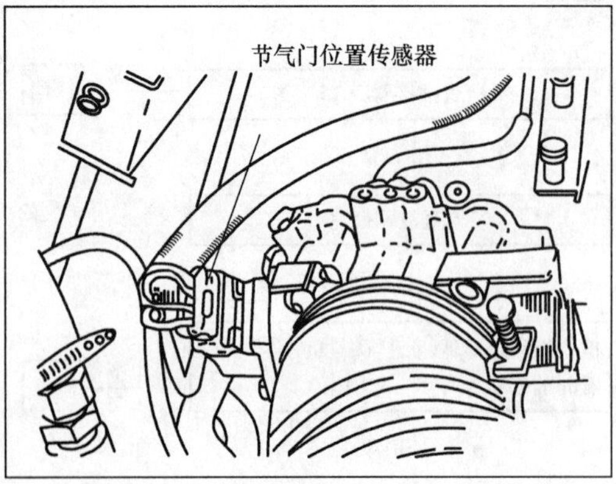

图 1-64　节气门位置传感器安装位置

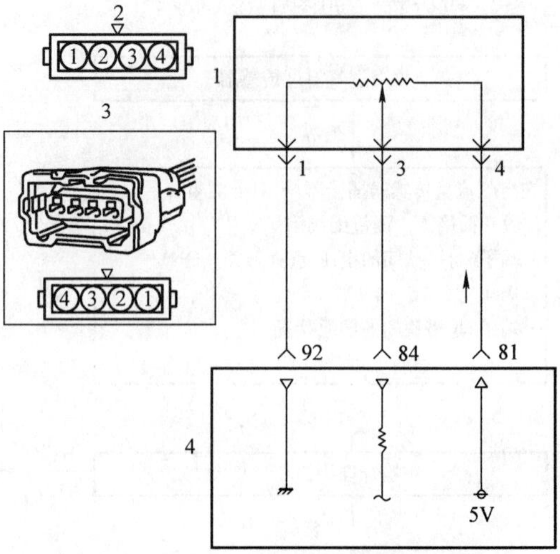

图 1-65　节气门位置传感器控制流程图
1—节气门位置传感器　2—线束侧插接器
3—传感器侧插接器　4—ECM

（2）故障诊断

① 节气门位置传感器的信号对于控制自动变速器比控制发动机更为重要，如果节气门位置传感器有故障，会发生换档冲击。

② 若节气门位置传感器的电压超出了标准值范围，则需在调整节气门位置传感器后，再对其检查一次。另外，如果迹象表明固定的节气门位置传感器模块(SAS)已经移位，要重新调整SAS。

（3）用检测仪进行检查　传感器正常时，检测仪上应显示表1-1所示数据。

表1-1　用检测仪检查节气门位置传感器

功　能	项目号	数据显示	检查条件	节气门	标准值/mV
数据读取	14	传感器电压	点火开关：接通15s以上	怠速位置	300～1000
				逐渐打开	随节气门开度的增大而成比例地升高
				完全打开	4500～5500

（4）线束检测程序(图1-66)

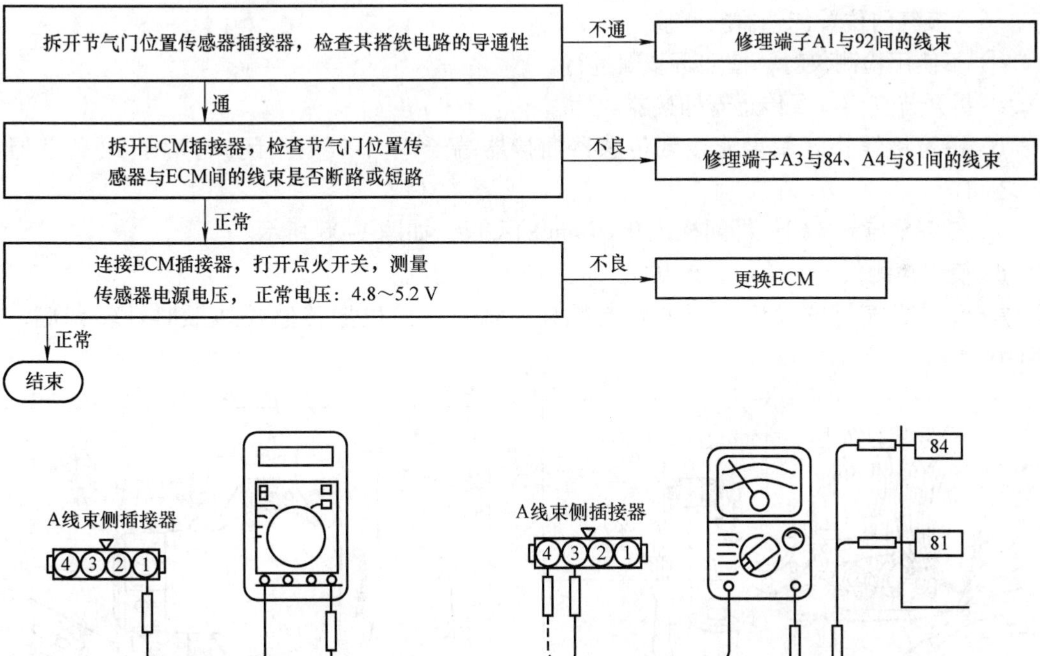

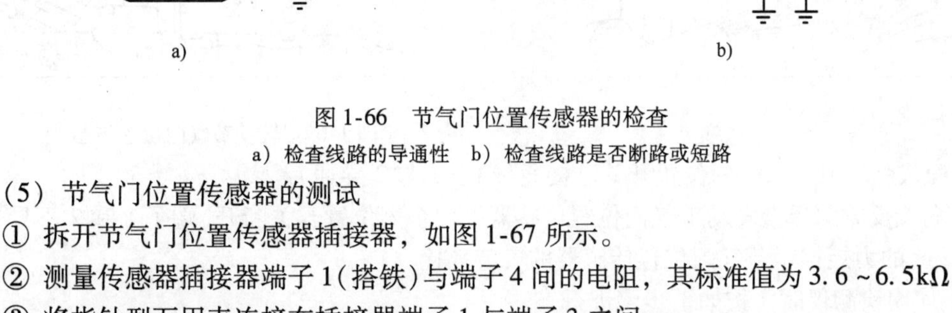

图1-66　节气门位置传感器的检查

a）检查线路的导通性　b）检查线路是否断路或短路

（5）节气门位置传感器的测试

① 拆开节气门位置传感器插接器，如图1-67所示。

② 测量传感器插接器端子1(搭铁)与端子4间的电阻，其标准值为3.6～6.5kΩ。

③ 将指针型万用表连接在插接器端子1与端子3之间。

④ 慢慢地将节气门从怠速位置打开到全开位置，检查电阻是否随节气门开度的增加而平稳变化。

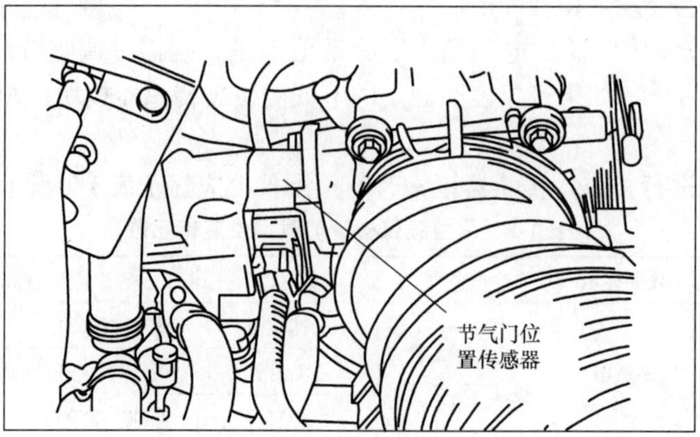

图 1-67 节气门位置传感器

⑤ 如果测量值不在规定范围内或不是平稳变化，则更换节气门位置传感器。

（6）节气门位置传感器的调整

① 不使用检测仪时，按如下步骤进行。

a. 拆开节气门位置传感器插接器。

b. 用跨接线将万用表连接到传感器插接器端子 2（节气门全闭）与端子 1（传感器搭铁）之间。

c. 在 SAS 与节气门杠杆间插入 0.65mm 的塞尺，如图 1-68 所示。

d. 使用检测仪时，接通点火开关，但不起动发动机。

e. 松开节气门位置传感器的安装螺栓，将节气门位置传感器体顺时针转到底，如图 1-69所示。

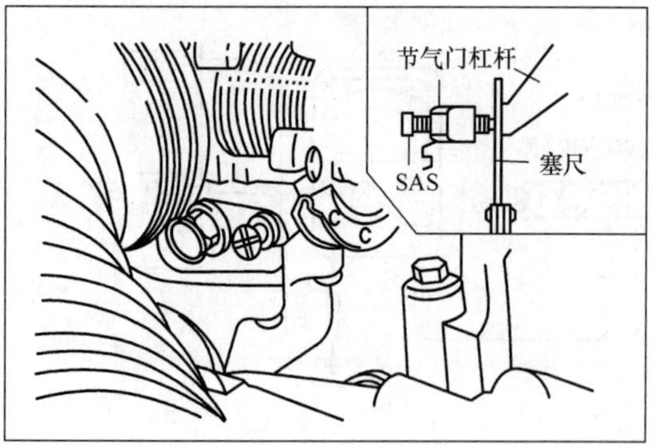

图 1-68 插入塞尺

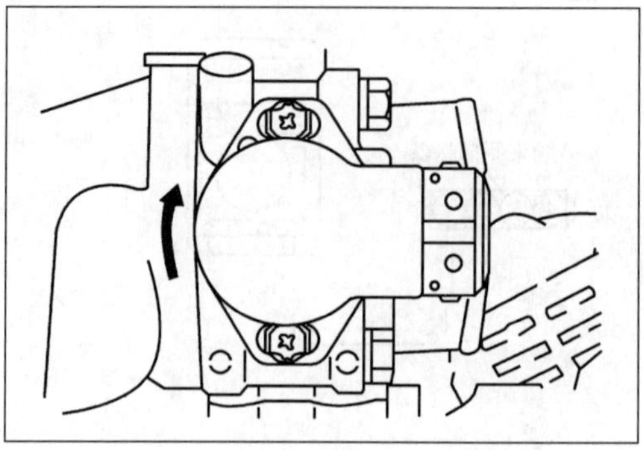

图 1-69 转动节气门位置传感器

f. 确认此时节气门全闭位置开关已接通（端子 1 与 2 导通）。

g. 向相反方向慢慢转动节气门位置传感器，使全闭位置开关断开（端子 1 和 2 不导通），以 2 N · m 的力矩拧紧节气门位置传感器的安装螺栓。

② 使用检测仪时，按如下步骤进行。

a. 将专用工具(测试线束)连接在拆开的传感器插接器之间(连接好所有的端子,注意不要弄错端子号)，如图 1-70 所示。将数字式万用表连接在端子 3(传感器输出)与端子 1(传感器搭铁)之间。

b. 接通点火开关。

c. 检查节气门位置传感器的输出电压，标准值为 0.4 ~ 1.0V。

d. 如果测量值不在规定范围内，则检查传感器及相关线束。

e. 拆下塞尺。

f. 关闭点火开关。

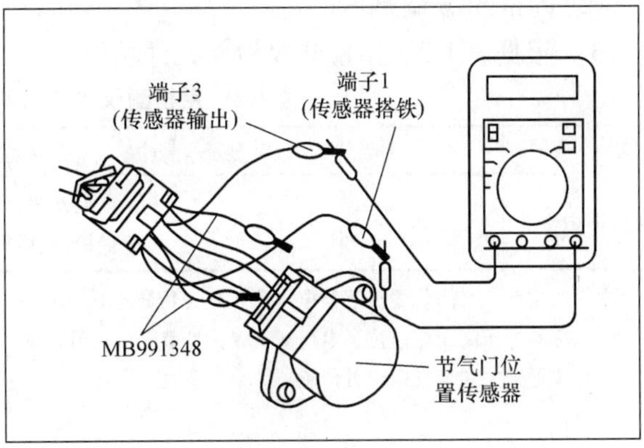

图 1-70　连接专用工具

(7) 节气门关闭位置开关的检测

1) 节气门关闭位置开关的工作流程如图 1-71。节气门关闭位置开关将加速踏板踩下或松开的状态转换为高/低电压信号，并把该电压信号输入 ECM 内，ECM 根据此信号调节怠速空气控制电动机的工作。ECM 内的电压经过电阻器加在节气门关闭位置开关上，松开加速踏板时，节气门位置开关接通，使节气门关闭位置开关端子电压由高变为低。

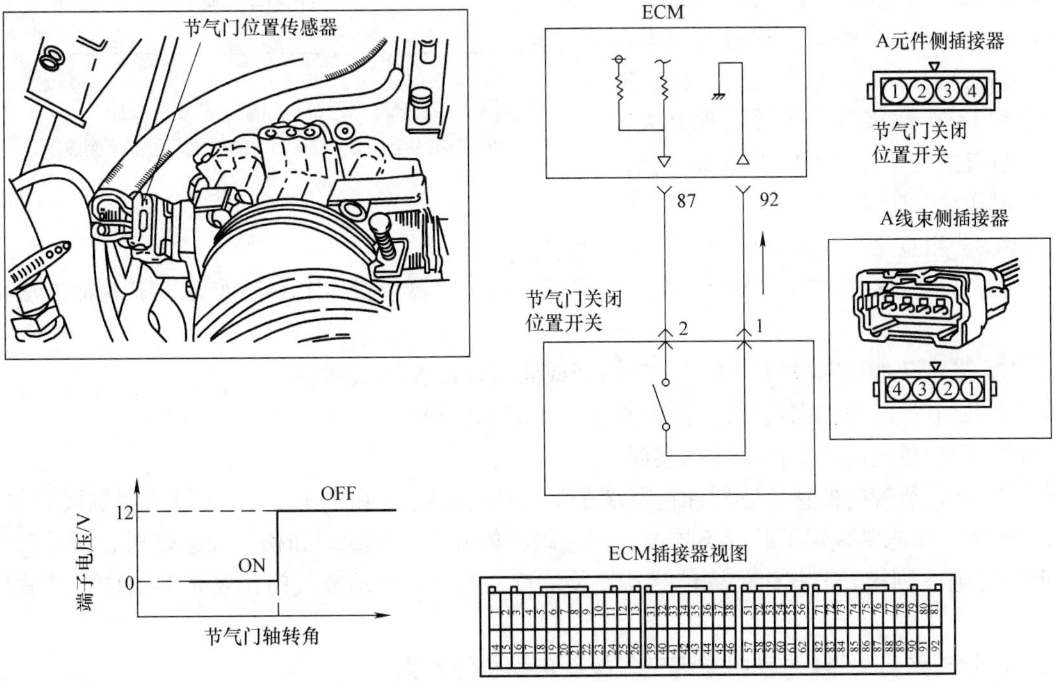

图 1-71　节气门关闭位置开关工作流程图

2) 故障诊断。若节气门关闭位置开关线束和元件正常，但节气门关闭位置开关输出电压信号不正常，则故障原因如下所示。

① 节气门拉索调整不正确。

② 固定 SAS 调整不正确。

3）根据表 1-2，用检测仪检测元件功能。

表 1-2 用检测仪检测节气门关闭位置开关

功　能	序　号	数字显示	检查条件	节气门	正常显示
读取数据	26	开关状态	点火开关：ON(踩下几次加速踏板，然后检查)	设定在怠速位置	ON
				微微打开	OFF

注：通常在节气门位置传感器电压高于怠速位置电压 0.05～0.10V 时，节气门关闭位置开关关闭。在节气门位置传感器电压高于怠速位置电压 0.10V，且节气门已开启时，如节气门关闭位置开关仍接通，则需调整节气门关闭位置开关和节气门位置传感器。

4）线路检测。

① 分别拆开 ECM 插接器和节气门位置传感器插接器，检查节气门关闭位置开关与 ECM 之间是否断路和短路，如图 1-72 所示。若结果正常，进行下一步。否则，修理线束。

② 拆开节气门位置传感器插接器，检查搭铁电路的导通性。如果结果正常，进行下一步，否则修理线束。

③ 分别拆开节气门位置传感器插接器和 ECM 插接器，接通点火开关，测量节气门关闭位置开关的电源电压，正常电压应大于 4V。

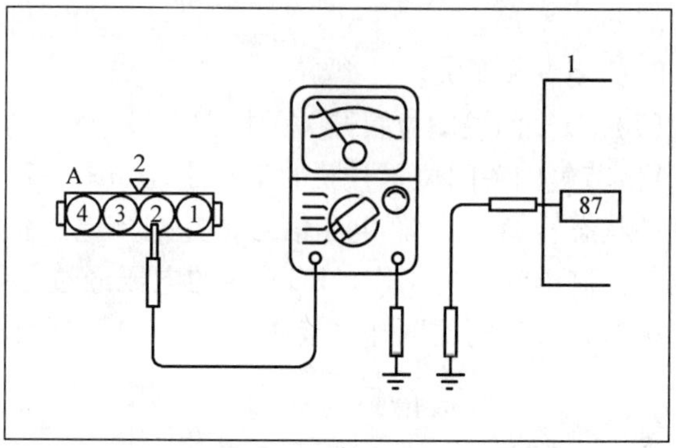

图 1-72 检查节气门关闭位置开关线路

1—ECM 线束侧插接器 2—节气门关闭位置开关线束侧插接器

④ 若测量结果正常，检查完毕。否则更换 ECM。

5）节气门关闭位置开关的检测。节气门位置传感器位置如图 1-73 所示，其检测方法如下所示。

① 当松开加速踏板时，检查节气门杆或固定 SAS 是否被移动。

② 如节气门杆和固定 SAS 未被移动，调节固定 SAS。

③ 拆开节气门位置传感器插接器。

④ 检查节气门位置传感器插接器端子 1(传感器搭铁)和端子 2(节气门关闭位置开关)的导通性。加速踏板踩下时，不导通；加速踏板松开时，导通。如松开加速踏板，端子 1 和 2 间不导通，则松开节气门位置传感器安装螺钉，顺时针转动节气门位置传感器体，然后再检查。

5. 长丰猎豹 4G64 发动机怠速空气控制电动机的检测

1）怠速空气控制电动机的位置如图 1-74 所示，其结构及控制电路如图 1-75 所示。

2）故障诊断。

① 如步进电动机增加到 100～120 步或减少到 0 步，可能原因为步进电动机故障或线束断开。

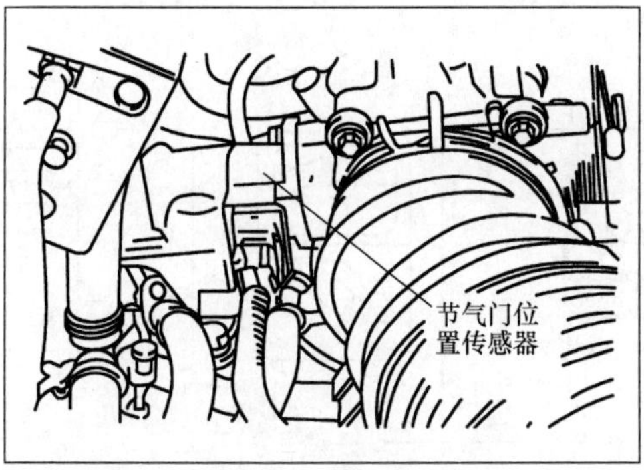

图 1-73　节气门位置传感器位置

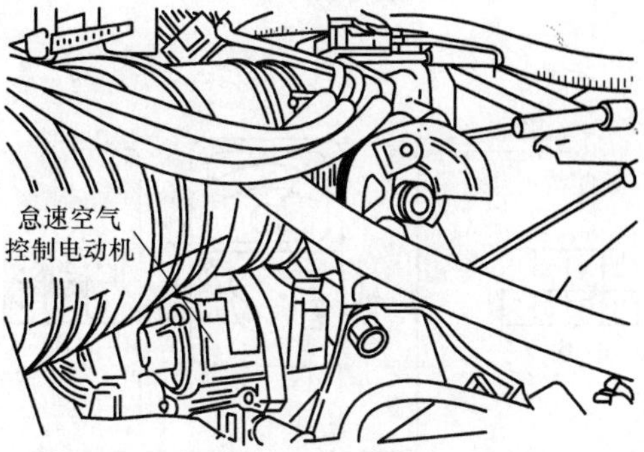

图 1-74　怠速空气控制电动机的位置

② 如步进电动机步数超出正常范围，而怠速空气控制电动机线束及元件都正常，其原因有：

a. 怠速调整不正确。

b. 有沉淀物粘在节气门上。

c. 空气从渗漏的衬垫或其他元件进入进气歧管。

d. 气缸内的混合气燃烧不完全(火花塞、点火线圈、喷油器、压缩压力等故障)。

3）线路检测。

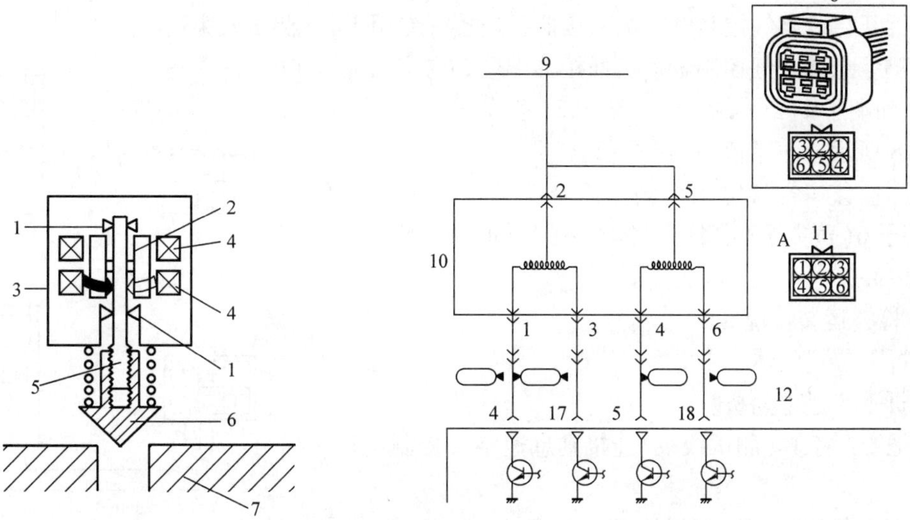

图 1-75　怠速空气控制电动机结构及控制电路

1—滚珠轴承　2—电磁转子　3—步进电动机　4—线圈　5—螺杆　6—针阀　7—节气门体阀　8—线束侧插接器　9—EFI 继电器　10—怠速空气控制电动机　11—元件侧插接器　12—ECM

① 分别拆开怠速空气控制电动机的插接器和发动机继电器的连接器，把万用表两个表笔分别接到线束两端，检查怠速空气控制电动机和发动机继电器之间的导通性，如图 1-76 所示。如结果正常，进行下一步；否则，修理线束(A2—B3，A5—B3)。

② 分别拆开 ECM 插接器和怠速空气控制电动机插接器，检查怠速空气控制电动机和 ECM 间的线束是否断路和对地短路，如图 1-77 所示。如结果正常，检查完毕，否则修理线

束（A1-4、A3-17、A4-5、A6-18）。

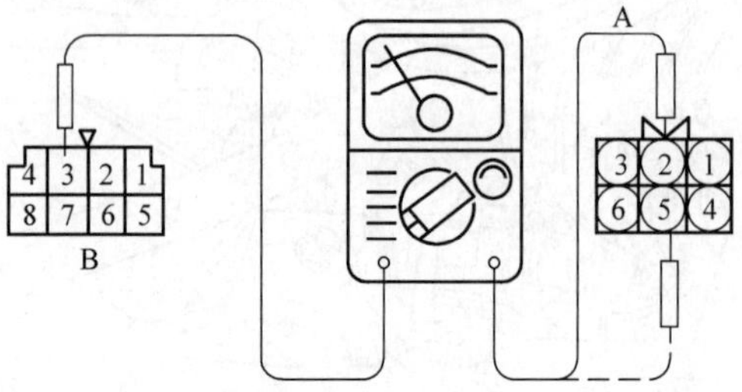

图 1-76　检查怠速空气控制电动机和发动机继电器之间的导通性

A—线束侧插接器　B—发动机继电器侧插接器

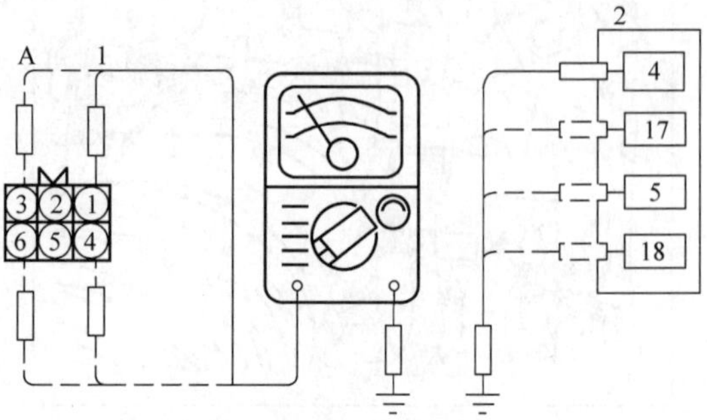

图 1-77　检查怠速空气控制电动机和 ECM 间的线束是否断路和对地短路

4）电动机的检测。

① 检查当点火开关接通时（未起动发动机），在怠速空气控制电动机上是否可听到步进电动机的工作声。

② 如未听到工作声，检查步进电动机驱动电路；如电路正常，故障部位可能为步进电动机或 ECM。

③ 检查线圈电阻。

a. 拆开怠速空气控制电动机插接器，连接好专用工具（测试线束）。

b. 测量怠速空气控制电动机插接器端子 2（专用工具的白色夹子）和端子 1（红色夹子）或端子 3（蓝夹子）之间的电阻，如图 1-78 所示，正常值应为 28～33Ω。

c. 测量怠速空气电动机侧插接器端子 5（专用工具绿夹子）和端子 6（黄夹子）或端子 4（黑夹子）之间的电阻，正常值应为 28～33Ω。

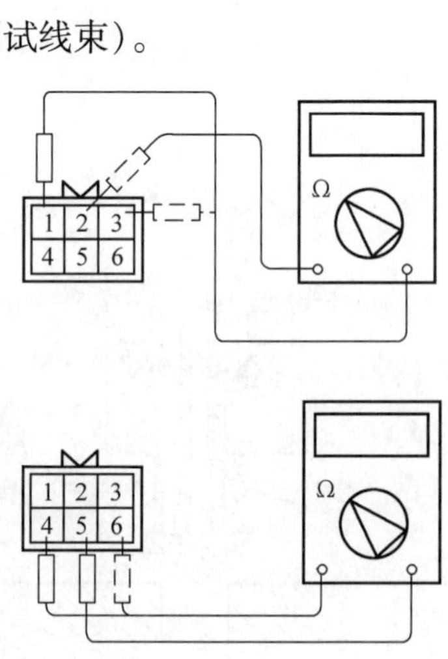

图 1-78　测量怠速空气控制电动机插接器端子间的电阻

④ 检查运转情况。

a. 拆下节气门体。

b. 拆下步进电动机。

c. 把专用工具（测试线束）连接到怠速空气控制电动机插接器上。

d. 把电源（约 6 V）正极连接到白色夹子或绿色夹子上，如图 1-79 所示。

e. 握住怠速空气控制电动机（图 1-80），把电源负极按顺序与下述各夹子相连，检查是否可感觉到步进电动机起动时的振动（应有很轻微的振动）。

电源负极与红色和黑色夹子相连。

电源负极与蓝色和黑色夹子相连。

电源负极与蓝色和黄色夹子相连。

电源负极与红色和黄色夹子相连。

电源负极与红色和黑色夹子相连。

f. 以上述相反的顺序重复测试。如在测试中感觉到振动，表明步进电动机正常。

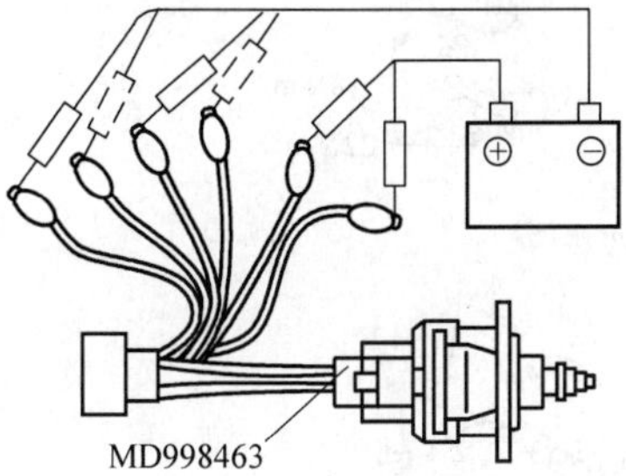

图 1-79　连接电源

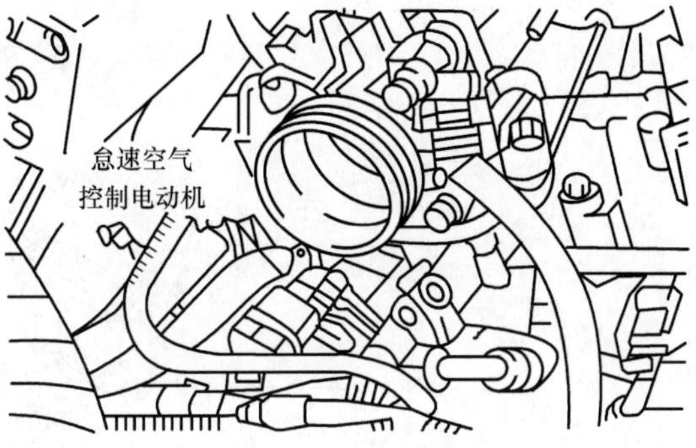

图 1-80　怠速控制电动机

1.6　发动机气路综合控制系统的故障排除

发动机气路的主要故障是由“堵”、“漏”及控制装置的电气故障造成，故障排除的主要手段是清洁、密封及电气故障的排除。

1.6.1　主气道的故障排除

1. 进排气系统的故障排除

1）进排气系统零部件的分解如图 1-81 ~ 图 1-84 所示。

2）进排气歧管的故障排除。若发现有下述不良现象，应更换进排气歧管。

① 检查各部分有无损伤或裂纹。

② 检查负压(真空度)的出口是否阻塞，以及水道或气道是否阻塞。

③ 用钢直尺和塞尺检查气缸盖的安装面是否变形，其标准值为 0.15mm，极限值为 0.20mm。

④ 清除各部件及管道的污物，修复或更换各破裂管道，更换新的密封垫及密封圈。

2. 空气滤清器的故障排除

1）空气滤清器的分解如图 1-85 所示。

2）空气滤清器的检修。

① 检查空气滤清器体、盖或密封垫是否变形、腐蚀或损坏。

② 检查空气管道是否损坏。

③ 检查空气滤清器组件是否阻塞、有污垢或损坏。如有必要应用压缩空气清洁空气滤清器。

3. 软管与真空管的故障排除

检查所有软管及真空管接头，应连接牢固，不能有任何一处卡住。检查软管及真空管是否完全插到底或被卡住、融化、割断等。另外，还要确认软管在连接处没有因变形而引起渗漏，如有进行修护或更换。电控汽油喷射系统有大量的真空管及其他管道，由于其大多是橡胶制品，受热、沾油或时间一长，就会产生老化。其故障主要表现在：

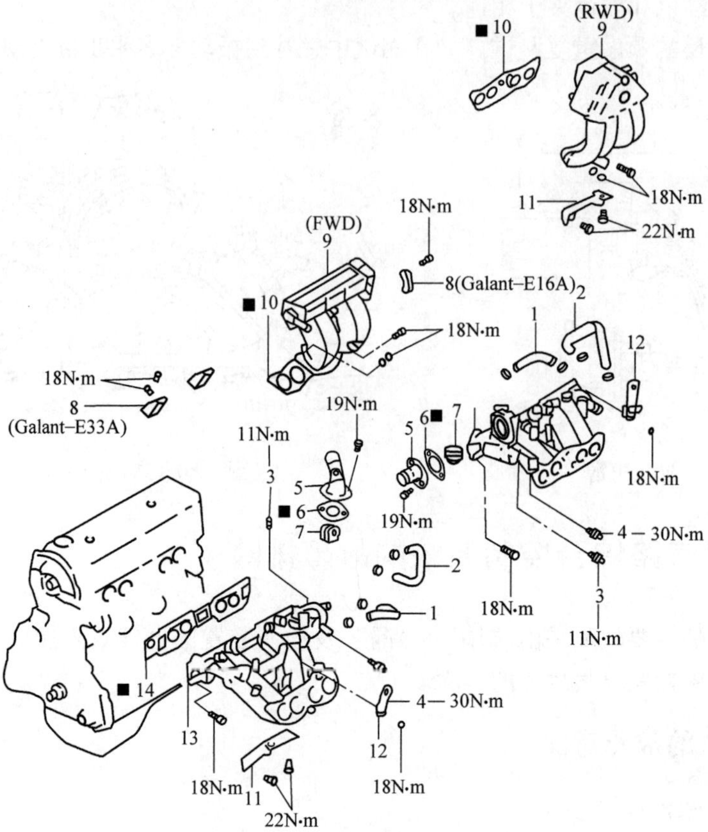

图 1-81　4G64 发动机进气系统

1、2—水软管　3—发动机冷却液温度表组件　4—发动机冷却液温度传感器　5—出水管接头　6—垫片　7—恒温计　8—进气增压器支架　9—进气增压器　10—进气增压器垫片　11—进气歧管支撑　12—发动机支架　13—进气歧管　14—进气歧管垫片

1）胶管老化。

2）管口破裂。

3）卡子未卡紧。

4）接口松动。

其最终表现为漏气，使混合气过稀造成发动机起动困难或怠速不良、加速无力等。

4. 电气连接故障排除

线束的每个端子必须可靠地插接在一起。检查端子是否完全插入插孔、是否完全插入绝缘体、端子有无腐蚀等现象，如有应进行清洁或更换。确认各插接器间的导线、盘旋的导线没有卡在任何螺钉、螺栓或金属凸起处等，这可能引起对地短路，如有应排除。

5. 空气滤清器不畅通的故障排除

（1）故障原因

1）长久不对空气滤清器进行维护（尤其行驶在泥沙较多的地区和土路上时，应缩短空气滤清器的维护周期），使尘土、杂质在滤芯上聚集过多，造成空气流动不畅通。

2）纸质滤芯由标准空气纸折成柱状，用树脂处理的微孔滤纸制成，它对油类污染十分

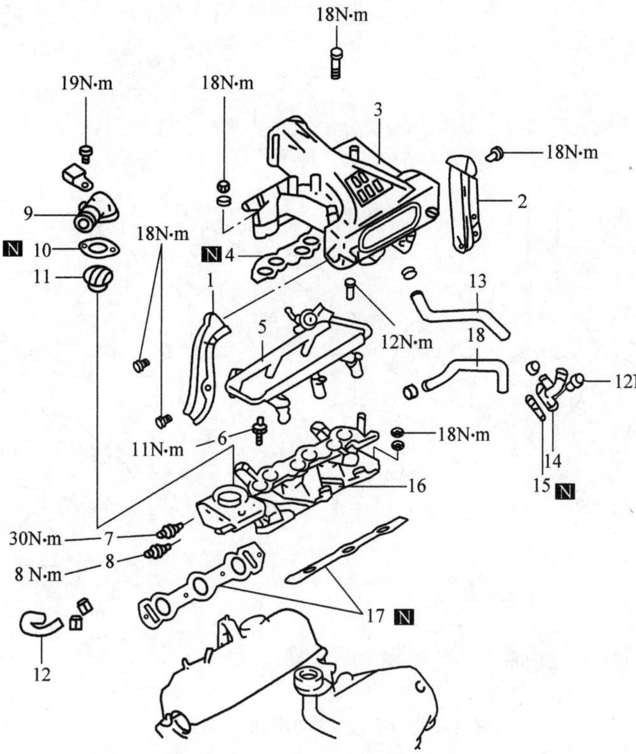

图1-82　6G72发动机进气系统

1—前进气增压器支撑　2—后进气增压器支撑　3—进气增压器　4—进气增压器垫片　5—加注、排出水管　6—冷却液温度表组件　7—冷却液温度传感器　8—热敏开关　9—出水管接头　10—出水管接头垫片　11—恒温器　12—水软管　13—水软管A　14—暖风管　15—暖风管垫片　16—进气歧管　17—进气歧管垫片　18—水软管B

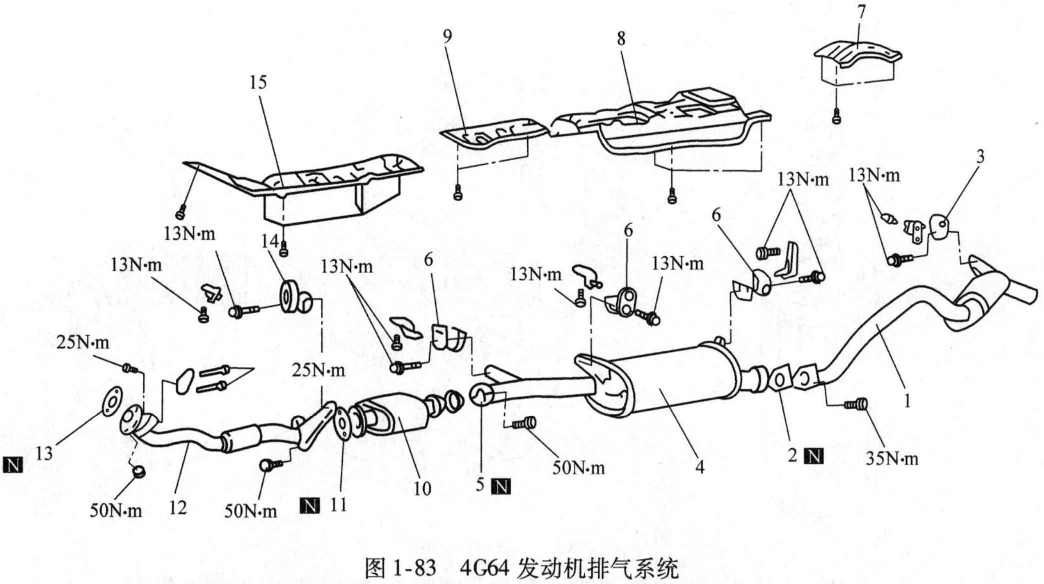

图1-83　4G64发动机排气系统

1—尾管　2、5、11、13—垫片　3、6、14—吊钩　4—主消声器　7、8—后隔热罩

9、15—前隔热罩　10—前置消声器　12—前排气管

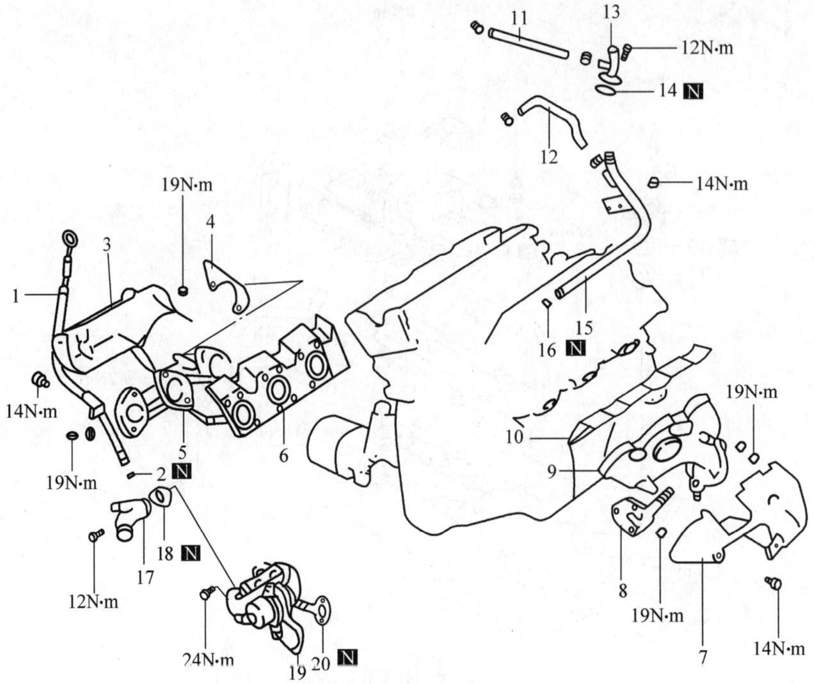

图 1-84　6G72 发动机排气系统

1—油位计总成　2、16—O 形圈　3—右热保护器　4—发动机支架　5—右排气歧管　6、10—排气歧管垫片　7—左热保护器　8—支架　9—左排气歧管　11、12—水软管　13—暖风管总成　14—暖风管垫片　15—水管总成　17—进水管接头　18—进水管接头垫片　19—水泵　20—水泵垫片

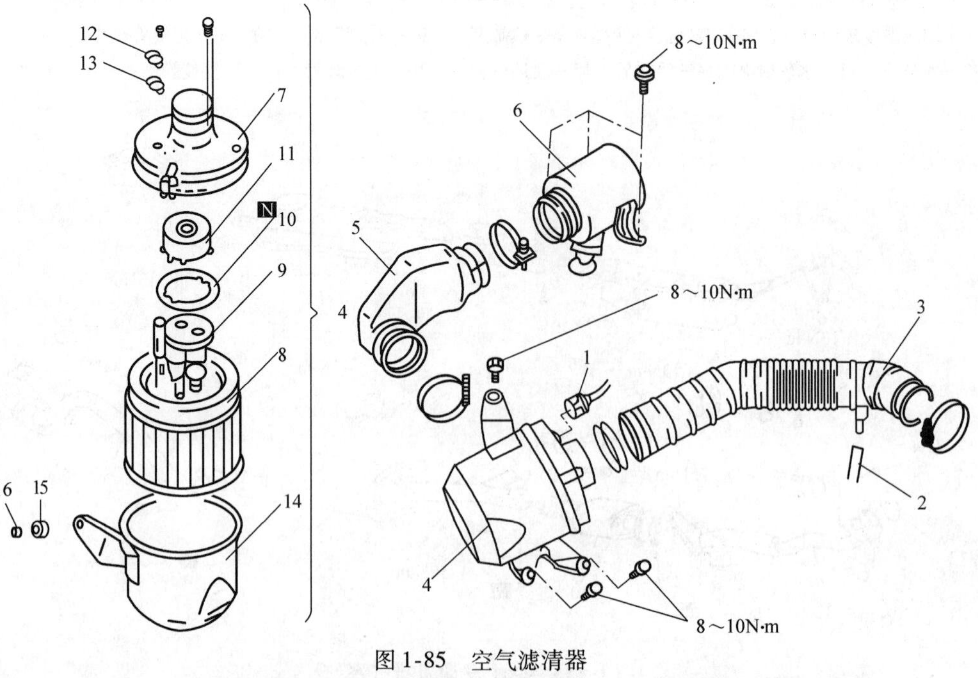

图 1-85　空气滤清器

1—空气流量传感器插接器　2—通风管　3—进气软管　4—空气滤清器　5—空气管道　6—预滤清器　7—空气滤清器盖　8—空气滤清器组件　9—空气流量传感器组件　10—空气流量传感器衬垫　11—消声器　12—盖　13—橡胶垫片　14—空气滤清器体　15—绝缘体　16—套筒

敏感，长期使用会堵塞微孔，使气流阻力大。

3）油浴式空气滤清器中机油液面过低，迫使尘粒转向滤网的数量相对多起来。

4）油浴式空气滤清器中的机油液面过高，因行车中的振动，滤网上黏附机油过多，使进入滤芯的尘土容易与机油一块堵死滤网，影响滤清效果和空气通过量。

5）油浴式空气滤清器盖与外壳间隙小，造成进气不畅。

（2）故障排除　空气滤清器的滤芯使用过久都要清理或换新，以免空气阻力变大。滤芯清洗后，要用压缩空气将滤芯上的污物吹掉，但要使空气由内往外吹。这样可使原附在或渗入滤芯上的杂质，再从原路出去，以提高滤芯的清除效果。

在安装集尘盘时，应按说明书规定方向安装。多数集尘盘上都刻有箭头标示出方向，不可装错。不能将集尘盘倒置或倾斜安装，以防集尘盘失去集尘作用。

油浴式或综合式空气滤清器中的机油液面，不能过高也不能过低。

1.6.2　主旁通气道的故障排除

1. 发动机燃油气味逸出的故障排除

（1）故障原因分析

1）燃油箱加油过满或油箱盖密封不严。

2）燃油管道有渗漏或喷油器关闭不严。

3）燃油蒸发控制系统有故障。

（2）故障诊断与排除

1）检查燃油箱油量、油箱有无油外溢、燃油管道有无损坏泄漏。如油量太多应抽出部分燃油，管道破损应及时修复或更换。

2）检查喷油器有无泄漏情况，如有清洁或更换。

3）检查活性炭罐情况，视情清洁或修复。

2. 发动机爆燃的故障排除

（1）故障原因分析

1）点火时刻不准或真空有泄漏。

2）废气再循环阀门工作不正常。

3）分电器组件损坏。

4）火花塞或其导线损坏。

5）爆燃控制失灵，或废气再循环阀不能正确开启。

6）燃油质量差或汽油牌号过低。

（2）故障检修及排除

1）检查燃油质量、爆燃控制装置，如有异常及时更换。

2）检查进气、真空系统密封情况，如有泄漏及时修复。

3）检查发动机管路系统及连线，如有破损及时修复。

4）检查空气流量传感器、怠速空气控制阀，如有异常，修复或更换。

5）检查节气门位置传感器、发动机转速传感器ECU的插接器，如有异常，修复或更换。

3. 发动机 CO 含量不正常的故障排除

（1）故障原因分析

1）空气滤清器不畅或节气门有故障。

2）曲轴箱通风装置工作不良。

3）点火时刻不准或燃油供给不正常。

4）排气净化装置有故障。

5）怠速装置有故障或调整不当。

（2）故障检修及排除

1）检查空气滤清器、氧传感器的状况，如有异常清洁或更换。

2）检查进气、真空系统有无泄漏，如有泄漏及时修复。

3）检查燃油蒸气罐、废气再循环阀，如有堵塞、卡滞或破损，视情清洁修复或更换。

4）检查节气门位置传感器、冷却液温度传感器、燃油滤清器、燃油泵和喷油器，如有异常视情清洁、修复或更换。

5）检查空气流量传感器、发动机管路系统的连线、ECU 插接器，如有故障视情修复或更换。

4. 发动机加速不稳的故障排除

（1）故障原因分析

1）火花塞积炭或燃油滤清器阻塞。

2）点火时刻不正确或火花塞导线、分电器盖、点火线圈有故障。

3）燃油泵压力太低或喷油过稀。

4）节气门太脏或节气门轴磨损。

5）进气管道空气泄漏。

6）TPS 或其电路有故障。

7）MAF 传感器或电路有故障。

8）进气温度传感器或电路有故障。

（2）故障检修及排除

1）观看排气颜色，若排气颜色较深或排黑烟，应拆下空气滤清器查看滤芯是否要更换。检查喷油器的喷油质量。

2）夹住回油软管，看加速性，若有好转，应检查油路的畅通和密封情况，并予以排除。

3）查听喷油器的喷油声，若喷油声很弱，应检查喷油器的喷油量，清理其喷油孔；若喷油声均匀，应检查点火系统或控制电路。若喷油器良好，应检查油路是否畅通或密封。

4）若油路畅通且密封，应检查喷油器控制电路；若油路不畅通应检查其原因并排除。

5）检查 PCV 阀软管及各软管连接处、机油尺等进气管路有无漏气现象。

6）检查高压火花是否弱，燃油压力、油泵、滤清器、油压调节器等是否正常。

7）读取故障码，根据代码查出故障原因。

8）检查空气流量传感器、冷却液温度传感器、进气温度传感器、节气门怠速开度控制传感器等。

5. 发动机冷机起动困难的故障排除

（1）故障原因分析

1）喷油器泄漏或火花塞积炭。

2）进气、真空管道泄漏。

3）电气线路故障。

4）阻风门或冷却液温度传感器有故障。

（2）故障检修及排除

1）检查发动机、电源电路的连接是否牢固，如有接触不良，及时解决。

2）检查熔丝、油泵和发动机控制继电器是否异常，如有视情清洁或更换。

3）检查燃油或滤油器的状况，如有问题及时更换。

4）检查进气或真空系统泄漏情况，视情修复或更换。

5）检查冷却液温度传感器、怠速控制装置、空气滤清器和空气流量传感器，视情清洁、修复或更换。

6）检查燃油的压力、供油量和压力调节器，视情清洁、修复或更换。

7）检查喷油器、节气门装置黏连情况，视情清洁或修复。

8）检查发动机管路系统的连线，视情修复。

9）检查发动机转速、凸轮轴位置传感器，视情清洁或修复。

10）检查 ECU 或插接器，视情修复或更换。

6. 发动机热机起动困难的故障排除

（1）故障原因分析

1）蓄电池充电不足或空气滤清器阻塞。

2）PCV 阀门没关闭或真空有泄漏。

3）冷却液温度传感器或电路有故障。

4）空气温度传感器或电路有故障。

5）MAF、MAP、TPS 或其电路有故障。

6）蓄电池接线柱腐蚀、发动机搭铁线搭铁不良或火花塞积炭。

7）空气流量传感器故障、冷起动阀泄漏或连续开启。

（2）故障检修及排除

1）检查发动机、电源电路连接情况，视情修复。

2）检查熔丝、油泵、发动机控制继电器，视情修复。

3）检查燃油、滤清器、进气和真空系统有无泄漏，视情清洁、修复或更换。

4）检查发动机管路系统的连线和空气流量传感器，视情修复或更换。

5）检查冷却液温度传感器、喷油器、空气滤清器，视情修复或更换。

6）检查 ECU 和插接器及爆燃控制情况。对于上述有问题的部件或总成，能修则修，不能修则换。

7. 发动机怠速过高的故障排除

（1）故障原因分析

1）节气阀操纵机构卡滞，运动受阻或调整不当。

2）空气阀漏气或处于常开状态。

3）调节开关打开或电路操作有误，供油系统管道压力过高或主喷油器及冷起动喷油器不密封；或电子控制回路有故障。

（2）故障检修及排除

1）检查加速器连接杆是否卡住，如有，修复即可。

2）检查辅助空气阀是否始终处于开启状态。

3）检查空调怠速升高回路中空气阀是否渗漏。

4）检查故障码，根据故障部位维修。

5）检查节气门位置传感器，若不良应检修节气门体。

6）检查燃油压力，若不良应调整燃油压力调节器。

7）检查冷起动喷油器，若不良应检查其连接杆。

8）检查喷油器有无渗漏或喷射质量是否不佳。

9）用万用表检查燃油系统电子控制回路，若不良应检查配线连接情况；检查熔丝、熔断器和主继电器；检查真空传感器；检查冷却液温度传感器；检查空气温度传感器；检查喷油器配线和 ECU。

8. 电喷发动机怠速不稳或易熄火的故障排除

（1）故障原因分析

1）空气滤清器堵塞或进气歧管漏气。

2）怠速调整过低或其装置有故障。

3）点火时间过迟，火花塞积炭或损坏。

4）节气门太脏或节气门轴磨损过甚。

5）进气系统或真空部分泄漏。

6）燃油压力调节器或喷油量不佳。

7）主喷油器或冷起动喷油器工作不良。

8）废气再循环阀泄漏；燃油泵压力不足；空气流量传感器、冷却液温度传感器等工作不良。

9）EGR 阀开度过大；气门或气缸密封不良；PCV 阀有故障或管路阻塞。

10）活性炭罐系统排污阀有裂纹或其他故障。

（2）故障检修及排除

1）读取故障码，根据各车型的故障码表查找故障原因，确认故障部件，修复或更换。

2）若故障码正常，应检查怠速控制装置、进气和真空系统有无漏气，如 PCV 阀软管、各软管连接处是否正常，如有异常修复或更换。

3）检查发动机的电源电路连接，点火正时、空气滤清器滤芯和空气流量传感器的信号。

4）检查节气门有无黏连、节气门位置传感器的情况。

5）检查冷却液温度传感器和进气温度传感器的情况。

6）检查火花塞。必要时测量气缸压力及气门间隙，视情修复或更换。

7）检查燃油喷射系统电路、ECU 熔丝、主继电器、进气温度传感器、节气门怠速开度传感器以及喷油信号电路等。

8）怠速时逐个拔下各气缸高压线，检查发动机转速的下降量是否相等。若某缸在拔下高压线时，发动机转速基本不变，说明该缸工作不良或不工作，应检查该缸火花塞或喷油器有无故障，喷油器控制电路有无短路，视情修复或更换。

9）仔细听各缸喷油器在怠速时的工作声音。若各缸喷油器工作声音不均匀，说明各缸喷油器喷油不均匀，应拆检、清洗或更换喷油器。

10）检查燃油压力。怠速时的燃油压力应为 250kPa 左右。若油压太低，应检查油压调节器、电动燃油泵、燃油滤清器，视情清洁、修复或更换。

11）检查气缸压力、气门间隙，检查怠速控制阀的工作是否正常(拔下怠速控制阀接线插头,若发动机转速无变化,应检修电路或更换其控制阀)。

9. 电喷发动机冷机怠速不稳而热机后正常的故障排除

（1）故障原因分析

1）附加空气阀没打开或开度不够。

2）怠速控制阀开度太小。

3）冷却液温度传感器有故障，给 ECU 发出错误信号；供给的混合气浓度不当。

4）喷油器雾化不良或部分堵塞。

（2）故障检修及排除

1）进行故障自诊断，检查有无故障码，确认故障部件并修复或更换。

2）检查附加空气阀。拆下附加空气阀，检查冷车时阀的开启情况，若有异常应更换。

3）检查怠速控制阀。熄火后拔下怠速控制阀线束插头，等发动机起动后再插上。若发动机转速无变化，应检查控制阀的控制电路或拆检怠速控制阀。

4）测量冷却液温度传感器。若有短路、断路或阻值不符合标准，应更换冷却液温度传感器，或拔下冷却液温度传感器线束插头，用一个 4 ~ 8Ω 的电阻代替冷却液温度传感器。若发动机怠速转为正常，表明此冷却液温度传感器已经损坏，应更换。

5）拆检清洗喷油器。将喷油器拆检清洗后再装车试用看效果。

10. 发动机喘抖，温度或高或低的故障排除

（1）故障原因

1）空气流量传感器、冷却液温度传感器或进气温度传感器有故障。

2）进气系统堵塞。应检查空气滤清器和预热系统。

3）节气门位置传感器调整不正确或损坏。

4）燃油压力低或氧传感器与 ECU 损坏。

5）进气系统空气渗漏。

（2）故障检修及排除

1）空气流量传感器、冷却液温度传感器或进气温度传感器有故障。应对它们进行检修或更换。

2）进气系统堵塞。应检查空气滤清器和预热系统，视需要维修或更换。

3）节气门位置传感器调整不正确或损坏。应对其进行调整或更换。

4）燃油压力低或氧传感器与 ECU 损坏。应对其进行更换。

5）进气系统空气渗漏。应检查各衬垫、软管及接头，视需要更换。

1.6.3 带增压气道的故障排除

废气涡轮增压器是保证发动机动力性的关键部件。由于废气涡轮增压器故障会直接引起发动机动力下降、机油消耗量增大、发动机冒黑烟、工作不稳定以及产生噪声等。

1. 增压器的常见故障

1）发动机的喘振。由于进气系统堵塞（例如空气滤清器芯堵塞、进气管道由于灰尘沉积使增压器的吸气阻力增大），从而引起发动机的增压压力下降且波动，使发动机动力下降、工作不稳定的同时产生黑烟。

2）增压器在运转中强烈振动且产生噪声。增压器运转中产生强烈振动的主要原因是转子轴严重磨损，使轴承间隙加大产生振动；涡轮与泵轮损坏或者由于灰尘、油泥使转子动平衡遭到破坏产生振动及噪声。如果噪声明显表现出来的是金属摩擦的声音，则显然是由于轴承松旷，使涡轮或泵轮与壳体相摩擦，或是涡轮、泵轮叶片变形而与壳体摩擦。如果是周期性的噪声，则可能是涡轮、泵轮叶片变形或局部灰尘、油污沉积所致。

3）增压压力下降。增压压力下降是一项综合性的故障，其中增压器转子的转速下降是主要原因。一般来讲，发动机在额定转速运转（2500r/min 以上）时，增压器转子转速高达15～20万 r/min，使增压压力达到额定值。当轴承与轴磨损，涡轮或泵轮的叶片变形、损坏或转子与壳体产生摩擦等种种原因使转子转速下降时，增压压力即随之下降。增压压力下降会直接影响发动机动力。

4）涡轮端或泵轮端“排油”。涡轮增压器转子轴上采用的是全浮式滑动轴承，为了确保其润滑，从发动机主油道上直接引出一根机油管线通向增压器轴承腔，给转子轴提供润滑。为了不使机油进入涡轮壳与泵轮壳，在轴承两端分别设置有活塞环式的密封环。当转子轴磨损、转子轴向间隙特别是径向间隙超差较大时，该密封环将失去作用。由于润滑条件恶劣，使密封环磨损、拉伤都会使密封失效而产生向涡轮端或泵轮端“排油”的故障。严重时会使排气管、消声器产生大量油污和积炭，增大了排气阻力，降低了增压器的转速，使发动机动力下降。向泵轮端“排油”严重时，会使增压器至中冷器的管道中存有大量机油，中冷器被油污部分堵塞，增大了进气阻力，也会使发动机动力下降。因此，当发动机的机油消耗量增大时，如果不是发动机本身的问题，就应检查增压器是否“排油”严重。

5）增压器转子轴被卡死或烧损严重而停止运转。增压器的轴承烧死、外界异物将涡轮、泵轮叶片打坏而卡死都可使增压器停止运转。烧损严重时甚至会使轴折断。

2. 废气涡轮增压器常见故障的检修及排除

1）就车进行故障检查。首先检查发动机基本工作条件及点火系统和燃油供给系统。如果供油量和压力都正常，则再检查点火系统的穿透电压是否足以点燃由涡轮增压产生的高压缩的混合气，还要检查点火时刻是否正确。

2）目测软管、垫片和管道。目测全部软管、垫片和管道，看装配是否正确，有无损伤、磨蚀。如破损或变质，将使涡轮装置不能正常工作，导致增压压力过高或过低。

3）检查进气管真空有无泄漏。将真空接在空气流量传感器至增压器之间，检查进气管真空泄漏情况。奥迪 A6 发动机在怠速时的真空度为 50～60kPa。如不符合要求，则检查进气管、曲轴箱通风管等有无破裂。发动机机油和滤清器必须保持清洁，防止杂质进入，否则机油润滑能力下降，从而造成废气涡轮增压器过早报废。

4）拆检涡轮增压器。

① 如果以上各项检查均合格，下一步检查涡轮增压器。如果必须从车上拆下涡轮增压器，则在检修时务必保持清洁，任何脏物或污染都会导致严重后果。在拆卸涡轮增压器前，应将壳体和零件的相对位置加上标志，以保证重新装配时正确无误。拆开涡轮增压器，仔细观察增压涡轮和动力涡轮，检查是否存在弯曲、破裂或过度磨损现象。

② 检查涡轮壳体内部是否存在由于轴的摆动范围过量、进入脏物或润滑不当而造成的磨损或冲击损伤。用手旋转涡轮，手感阻力应是均匀的，不应过大，转动应无黏滞感。

③ 由于对轴承间隙有严格要求，因此应按生产厂规定的程序检查轴向间隙和径向间隙。以大众奥迪汽车的涡轮增压器为例，可将百分表插入涡轮机壳的孔中，使其接触轴端，沿轴向移动涡轮机轴，测量轴的轴向间隙不应大于0.11mm。将百分表从机油排出孔插过轴承隔圈的孔，使其接触涡轮机轴的中心，上下移动涡轮机轴，测量轴的径向间隙不应大于0.15mm。若轴向间隙或径向间隙不符合要求，则更换涡轮增压器。

3. 增压控制电磁阀的检测及故障排除

下面以一汽大众奥迪A6 1.8T为例介绍增压控制电磁阀的检测及故障排除。

（1）基本检查

1）连接故障诊断仪VAG1551，选择读取测量数据块(功能08)。

2）从增压控制电磁阀(N75)上拆下软管，接上辅助软管。起动执行元件诊断，并触发增压控制电磁阀(N75)。

3）电磁阀将发出“咔嚓”声响并打开和关闭(通过向辅助软管吹气来检查)。

4）如果电磁阀无“咔嚓”声，对增压控制电磁阀进行电气检查。

5）当没有电信号时，电磁阀常闭。

6）如电磁阀有“咔嚓”声但不能正常地打开和关闭，更换增压控制电磁阀(N75)。

（2）增压控制电磁阀(N75)的电气检测

1）拔下电磁阀的供电插头，用万用表测量其电阻值，应该是25～35Ω。

2）如果没有达到规范值，更换增压控制电磁阀(N75)。

3）如果达到了规范值，检查增压控制电磁阀的供电。

（3）增压控制电磁阀(N75)的供电检测

1）使起动机短时工作(允许发动机短时起动)，用万用表(电压测量档)测量端子1、2处的电压，应该是蓄电池电压。

2）如果没有达到规范值，检测增压控制电磁阀的触发情况。

（4）检查增压控制电磁阀(N75)的触发情况

1）拔下电磁阀(N75)的供电插头，并把二极管检测灯串接在线束侧端子1和2之间。

2）起动执行元件诊断并触发增压控制电磁阀，二极管检测灯应闪亮。

3）如果二极管检测灯不闪亮或常亮，检测线束的插接。

4）把检测盒VAG1598/22接到发动机电控装置的线束上，检测端子2与检测盒VAG1598/22触点64间的导线是否断路或对正极、对负极短路。

1.7 发动机气路综合控制系统故障案例分析

案例1：一辆皇冠2.8轿车，不踩制动踏板时，发动机怠速不良，而踩下制动踏板时，发动机怠速恢复正常。

（1）故障诊断及分析 根据故障现象可以断定，造成故障的原因在制动系统的真空增压器上。拆开真空增压器控制阀部分，发现空气阀阀门橡胶部分破损，无法密封阀座。真空增压器在不制动时，加力缸膜片处在最右边的位置，真空阀打开，空气阀关闭。空气阀漏气后，空气从空气阀进入加力气室，并经打开着的真空通气道进入加力气室前腔，再经止回阀和真空口进入发动机的进气管，引起混合气过稀，使发动机怠速不良。当踏下制动踏板时，空气阀打开，真空阀关闭，空气不能进入加力气室前腔，也就不能进入发动机进气管，所以不会影响发动机怠速时的混合气浓度。

（2）故障排除 更换一空气阀，故障即排除。类似因真空管道造成故障的情况，往往被修理技师忽视。在接到修理技师咨询怠速不稳故障时，我听到最多的是：王老师，什么零件都是好的，都清洗干净甚至用其他零件替代后都不能解决故障。

案例2：一辆上海别克轿车(装用V6电控发动机)，行驶时动力不足，加速不良。

（1）故障诊断及分析 检查发动机，怠速时严重抖动，急加速时进气管回火。首先清洗空气滤清器，更换火花塞和汽油滤清器，但故障依旧。又使用燃油喷射系统清洁剂，用专用设备输送到进气歧管，起动发动机，对电喷装置进行自动清洗，未起作用。拆下喷油器，用专用设备清洗，效果也不明显。后来拆下空气滤清器，用手堵住节气门阀体的进气口滤网，以减少主通道的进气面积，使混合气变浓，结果怠速变稳，加速不再回火。这说明故障的直接原因是混合气过稀。于是先测试燃油压力，将燃油压力表用三通接头接在燃油压力调节器和喷油器之间的油路上，起动发动机并改变转速，所测压力值在正常范围内。后来，又考虑空气流量传感器是影响空燃比的重要因素，便拔下插头试验。拔下插头之后，发动机能以稳定的怠速运转，加速也有所好转。随即从节气门阀体上拆下空气流量传感器检查，热线未断，但热线上有严重积垢。分析起因，该车长期行驶在西北的风沙地区，对空气流量传感器也不及时除尘，所以导致该故障。

（2）故障排除 使用清洗剂直接喷洗空气流量传感器，清洗后装复试验，故障排除。

案例3：一辆别克君威2.5轿车，行驶里程14万km，用户反映仪表板上的发动机故障警告灯点亮。

（1）故障诊断及分析 连接专用故障诊断仪对发动机电控系统进行检测，设备提示EGR阀损坏。EGR阀的作用是适时地将排气管中废气引入进气管，使废气再次进入燃烧室中参与燃烧，以减少气缸中的含氧量，降低燃烧温度，从而降低发动机废气中NO_x的生成量。EGR阀在长期工作的过程中会存留积炭，从而造成EGR阀犯卡。此时即使燃烧室不需要废气稀释，EGR阀也不能及时关闭，从而导致发动机怠速抖动，仪表板上的发动机故障警告灯点亮，严重时会还出现车辆行驶时熄火或无怠速等症状。

（2）故障排除 更换EGR阀并对发动机控制单元进行编程后，故障排除。

案例4：一辆本田雅阁车，起动困难、怠速不稳、加速发抖，冷车时故障现象较为严重。其发动机故障警告灯有时常亮。

(1) 故障诊断及分析 经检查发现，在不踩加速踏板的时候起动较为困难，踩下一点加速踏板后比较容易起动，但是起动后一抬脚发动机就熄火。如果起动后一直踏住加速踏板，过一段时间后再慢松加速踏板，发动机还可以运转，但怠速不稳定，在 450 ~ 650r/min 之间来回游动，真空度在 47 ~ 55kPa 变动，加速到 2500r/min 以上一切正常。首先对进气系统进行了检查和清洗。检查结果为进气系统各管路连接完好，无泄漏、堵塞现象，节气门位置传感器和怠速控制阀工作良好。用故障诊断仪对发动机电控系统进行了检查。读取的故障码为 P0131——氧传感器电路电压过低。拆下氧传感器，表面并无积炭，各导线连接可靠，说明氧传感器正常。但氧传感器反馈电压始终小于 0.45V，说明混合气过稀。拔下冷却液温度传感器线束插头，接上一个变阻器调到 4 ~ 8kΩ(因冷却液温度传感器是一个喷油量控制修正信号,温度高喷油量减少,温度低喷油量增多,加一个 4 ~ 8kΩ 电阻,相当于 0℃时增加喷油量)，再一次测试发现氧传感器反馈电压接近 0.9V，进一步说明氧传感器正常，只是混合气过稀。测得的燃油压力为 285kPa，正常。拆下喷油器清洗后故障依旧，故障码也只有 P0131。拔下其他传感器测试，能够读取到相应故障码，说明 ECU 没问题，肯定是漏气引起。对进气系统及相连接的真空管逐一检查还是未发现异常。又对 EVAP、EGR 系统进行排查，当拔下 EGR 阀上的真空管后，发动机怠速上升到 1000r/min，真空度也上升并稳定在 68kPa。

(2) 故障排除 进一步检查发现 EGR 阀比较脏，于是用化油器清洗剂清洗并滴入两滴干净的机油，装复后故障排除。

案例 5：奥迪 V6 2.6L 车不易起动，怠速时发动机抖动，一起步就熄火，无法行驶。

(1) 故障诊断及分析 该车已在几家修理厂检修过，现象不见好转。用故障诊断仪读取故障码，无故障码出现，显示一切正常。检查各缸喷油器、高压线及高压火花，均正常；测量缸压，在规定范围内；检查正时带，有些松，但没有跳齿。检查各缸火花塞时看到，2、4、6 缸火花塞显示燃烧正常，而 1、3、5 缸火花塞上有一层黑色的炭灰。该车为顺序喷油，不可能出现左列与右列气缸喷油不一样的情况。根据该现象仔细观察左右排气管口，看到右排气管口排出的废气不如左边的有力，由此联想到右排气管可能有堵塞的地方。将车举升，用手触摸排气管，发现左侧烫手，右侧不烫手。经过细致检查，右侧排气管上的三元催化转化器已严重堵塞，造成排气不畅。这样就使进气歧管内混合气相互干扰，各缸得不到正常的可燃混合气，发动机也就不能正常工作了。

(2) 故障排除 更换右侧的三元催化转化器后，故障排除。

第2章 发动机油路综合控制系统的故障及检修

解析要点：

- 发动机油路故障引起汽车的表征现象。
- 发动机油路各组成部分的结构特征。
- 发动机油路的工作流程。
- 发动机油路的拆装与调试。
- 发动机油路各组成部分的检修。
- 发动机油路故障诊断与排除。
- 发动机油路故障及案例分析。

2.1 发动机油路综合控制系统故障引起的发动机表征现象

燃油是现代汽车的动力之源，发动机油路是发动机能否及时得到能量的关键，相当于人的“食道”，是汽车发动机的四大路径之一。发动机油路的综合控制有驾驶人控制、计算机自动控制、气动控制和电动控制等，其工作质量的好坏直接关系到汽车能否正常工作。发动机油路出现的故障主要由“漏”和“堵”引起，会引起汽车出现如下表征现象：

1）发动机无法起动。

2）发动机起动困难。

3）发动机动力不足。

4）发动机运转不良。

5）发动机冒烟和排气管放炮。

6）发动机进气管回火。

7）发动机怠速不稳。

8）发动机加速熄火。

9）发动机油耗过高。

10）发动机抖动。

11）发动机噪声很大。

12）发动机尾气超标等。

2.2 发动机油路综合控制系统的结构特征分析

2.2.1 油路主油道的结构特征分析

发动机油路根据发动机不同工况的要求，提供汽油与空气混合成一定浓度的可燃混合气。发动机油路的示意图如图 2-1 所示。

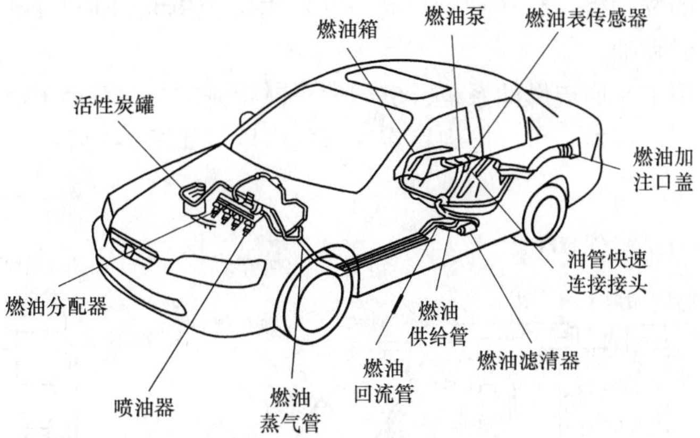

图 2-1　汽车发动机油路的示意图

发动机油路的结构特征如图 2-2 所示。发动机油路由油箱、燃油滤清器、燃油泵、油管、喷油器和燃油蒸发排放控制系统等构成。有些车辆在进气歧管处还装有冷起动喷油器。油箱用来储存燃油；燃油滤清器过滤燃油中的杂质与灰尘；燃油泵将油箱的燃油通过滤清器过滤后加压送到喷油系统，并和燃油压力调节器一起建立起稳定的燃油压力，保证喷油系统在恒定的燃油压力下工作；燃油蒸发排放控制(EVAP)系统的作用是尽量减少排入大气的燃油蒸气。工作时，汽油从油箱内被电动燃油泵吸出，加压后经燃油滤清器滤去杂质，再送至汽油脉动阻尼器，以减少脉动。压力调节器对燃油压力进行调整并使过量的汽油返回燃油箱，然后经输油管配送到主喷油器，喷油器根据电控单元(ECU)发出的指令开启，将适量

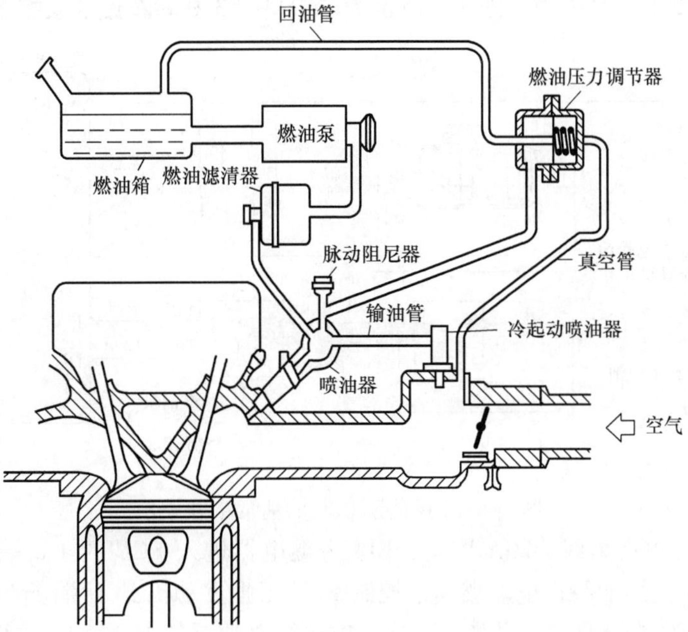

图 2-2　发动机油路的结构特征

的汽油喷入各进气歧管、进气总管或气缸，从而完成了喷油供给过程。装有冷起动喷油器的电控燃油喷射系统的发动机，起动时冷起动喷油器由电控单元(ECU)或由温度-时间开关控制，和主喷油器同时喷油。

有些发动机采用了无回流燃油系统，例如大众速腾轿车，它取消了燃油压力调节器，在燃油滤清器上有一个调压器，可以起到稳定油压的作用，如图 2-3 所示。

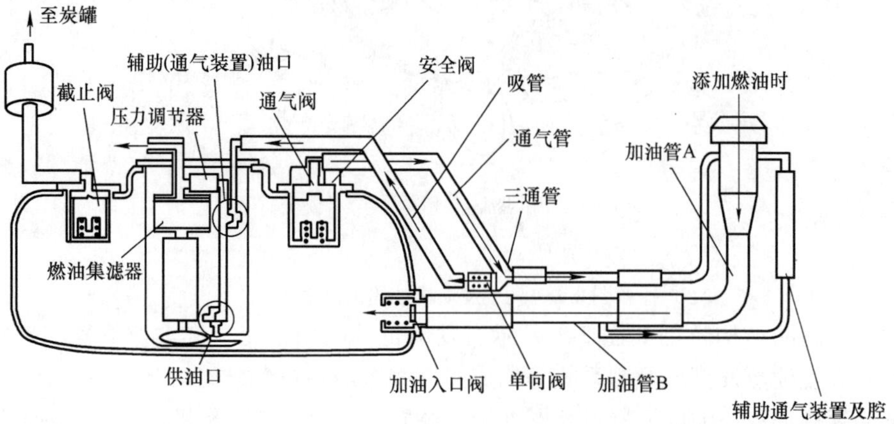

图 2-3　无回流燃油系统

2.2.2　油泵控制系统的结构特征分析

1. 带燃油泵 ECU 的油泵控制电路的结构特征分析

这种控制电路主要应用在 D 型电子燃油喷射(EFI)系统和装用热线式或卡门漩涡式空气流量传感器的 L 型 EFI 系统中。图 2-4 所示为丰田皇冠 3.0 轿车燃油泵控制电路。

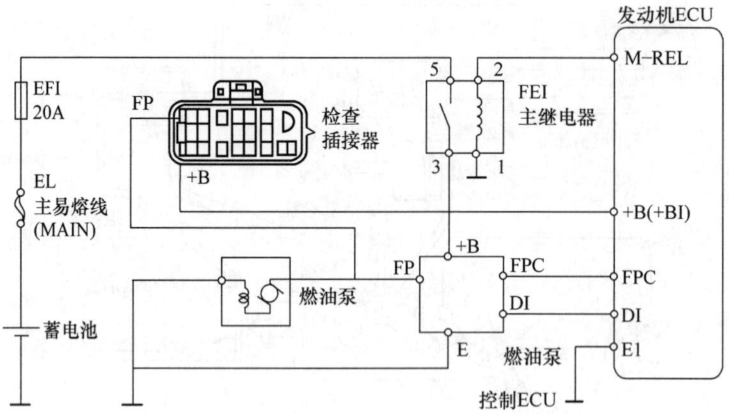

图 2-4　带燃油泵 ECU 的油泵控制电路

蓄电池电源经主易熔线、20A 熔丝、EFI 主继电器进入 ECU 的 + B 端子，燃油泵控制 ECU 通过 FP 端子向燃油泵供电。燃油泵控制 ECU 根据发动机 ECU 端子 FPC 和 DI 的信号，控制 + B 端子与 FP 端子的连通回路，以改变输送给燃油泵的电压，从而实现对燃油泵转速的控制。当发动机高速、大负荷工作时，发动机 ECU 的 FPC 端子向燃油泵控制 ECU 发出指令，使 FP 端子向燃油泵提供 12V 的蓄电池电压，燃油泵以高速运转。当发动机低速、小负荷工作时，发动机 ECU 的 FPC 端子向燃油泵控制 ECU 发出指令，使 FP 端子向燃油泵提供较低的电压(一般为 9V)，燃油泵以低速运转。DI 是燃油泵 ECU 给发动机 ECU 的反馈线，也称为 DI 故障监控信号。

ECU 的电源端子 + B 和燃油泵控制端子 FP，分别有导线与诊断座上的相应端子相连，以便于对燃油泵进行检查。

2. ECU 控制单继电器的油泵控制电路的结构特征分析

图 2-5 所示为捷达燃油泵控制电路，发动机控制单元通过控制油泵继电器，直接控制燃油泵工作。只要控制单元将继电器搭铁，油泵继电器就能给燃油泵供电，这样油泵就可以工作。

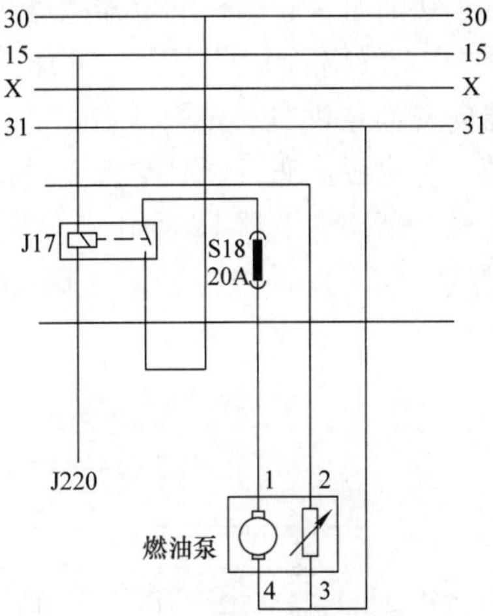

图 2-5　捷达燃油泵控制电路
J17—燃油泵继电器
J220—发动机控制单元

3. ECU 控制双继电器的油泵电路的结构特征分析

广汽本田雅阁的油泵控制电路就是 ECU 利用双继电器来控制燃油泵的，如图 2-6 所示。在点火开关刚刚接通时，ECM/PCM(控制模块)为 PGM-FI(电控燃油喷射系统)主继电器提供搭铁。主继电器向燃油泵供电 2s 使燃油系统加压。在发动机转动时，ECM/PCM 为 PGM—FI 主继电器提供搭铁，主继电器向燃油泵供电。在发动机不运转而点火开关接通时，ECM/PCM 切断 PGM—FI 主继电器的搭铁，主继电器切断燃油泵的电流。当发动机转速为 6500r/min 时，无论节气门在什么位置都会进行燃油切断控制，以防止发动机转速过快。

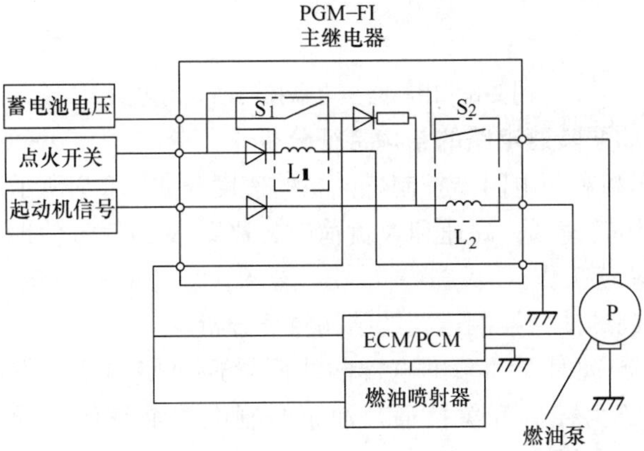

图 2-6　本田雅阁燃油泵控制电路

说明： PGM-FI 主继电器实际上是由两个独立的继电器组成的(图 2-7)，主继电器位于车体的驾驶人侧。每当接通点火开关时，其中一个继电器就被触发，并向 ECM/PCM 提供蓄电池电压，为喷油器提供电流，同时也为第二个继电器提供电流。当点火开关接通时，第二个继电器起动 2s，并在发动机运转时，向燃油泵提供电流。

4. 用断路继电器控制油泵电路的结构特征分析

用断路继电器控制油泵电路主要用于装用叶片式空气流量传感器的 L 型 EFI 系统中，如图 2-8 所示。起动时，当点火开关 ST 端子接通时，起动机继电器线圈通电使触点闭合，此时断路继电器中 L1 线圈通电使其触点闭合，从而通过主继电器、断路继电器向燃油泵供电，油泵工作；发动机正常运转时，点火开关 IG 端子与电源接通，同时空气流量传感器测量板转动，使油泵开关闭合，断路继电器 L2 通电，使断路继电器触点保持闭合，油泵继续工作。发动机停转时，L1 和 L2 线圈不通电，燃油泵停止工作。

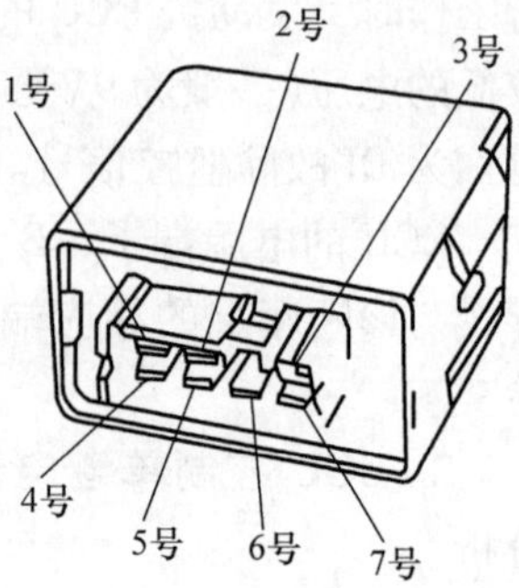

图 2-7　雅阁油泵继电器

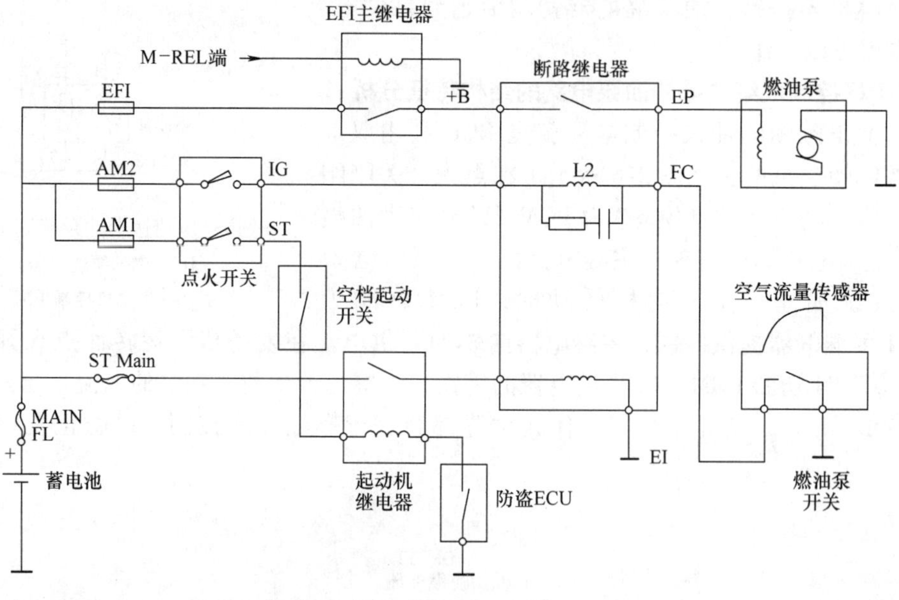

图 2-8　用断路继电器控制油泵的电路

5. 用电阻器控制油泵转速电路的结构特征分析

皇冠3. 0 JZ-GE 车型利用电阻器控制燃油泵的速度，如图 2-9 所示。低速和中小负荷时，触点 B 闭合，油泵工作转速低；高速和大负荷时，ECU 发出信号使触点 A 闭合，油泵直接与电源相通，油泵高转速工作。

6. 用机油压力控制的油泵控制电路的结构特征分析

如图 2-10 所示，起动时，油泵继电器的线圈导通，使油泵工作；起动完毕，线圈断电，机油压力使机油压力控制开关接通，油泵控制电路继续保持导通。如果油泵在起动后不工作，就应该检查主继电器及机油压力控制开关。机油压力控制开关在机油正常的情况下应导通，如跨接该开关油泵就工作，应检查机油压力开关及机油压力，否则检查线路问题。

2. 2. 3　喷油器控制系统的结构特征分析

喷油器的驱动方式可分为电压驱动和电流驱动两种，如图 2-11 所示。电压驱动是指

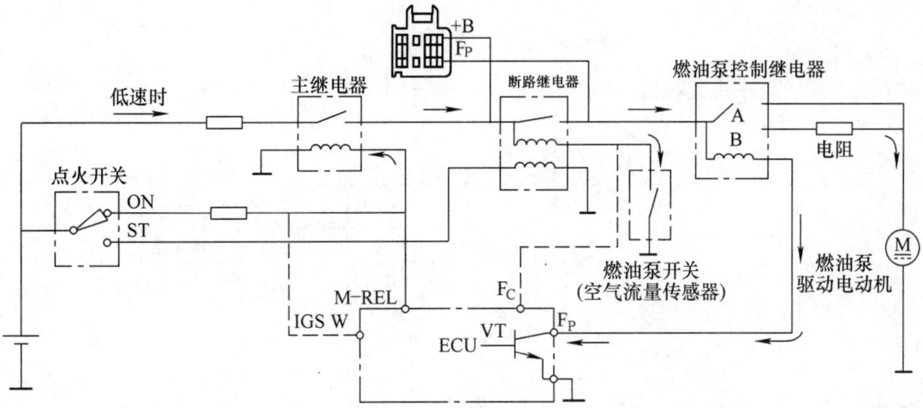

图 2-9　用电阻器控制油泵转速电路

ECU 输出电压信号驱动喷油器工作，电流驱动是指 ECU 输出较大的电流进行驱动。电流驱动只适用于低阻喷油器，电压驱动既适用于低阻喷油器，又适用于高阻喷油器。

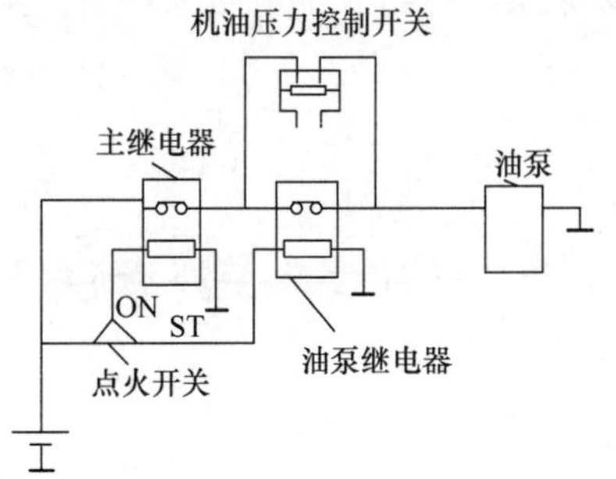

图 2-10　机油压力控制的油泵控制电路

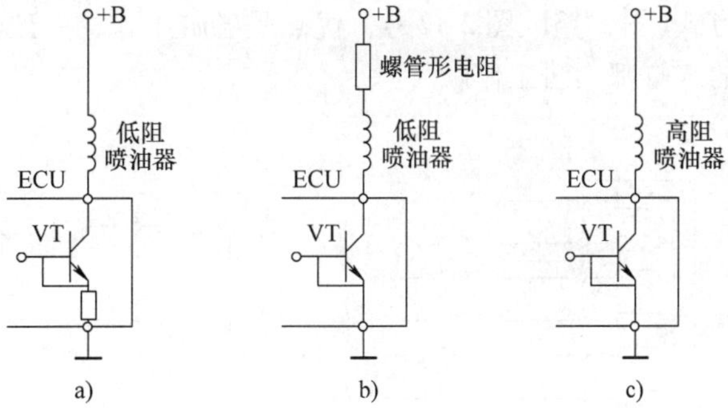

图 2-11　喷油器的驱动方式

a）电流驱动　b）电压驱动(低阻)　c）电压驱动(高阻)

（1）电流驱动控制电路的结构特征分析　电流驱动回路无附加电阻，回路的阻抗和感抗均较小，驱动电流大，使喷油器具有良好的响应性。

如图 2-12 所示，蓄电池通过点火开关和主继电器直接给喷油器和 ECU 供电。ECU 控制喷油器和主继电器搭铁回路。点火开关接通时，继电器触点闭合，ECU 中的喷油器驱动电路使晶体管 VT_1 导通，流过喷油器线圈的电流在 VT_1 发射极电阻上产生电压降。当 A 点的电压达到设定值时，喷油器驱动电路使 VT_1 截止。当蓄电池电压为 14V 时，流过喷油器线圈的峰值电流为 8A，喷油器达到最大升程后，保持这一稳定、静止状态的电流为 2A；在此过程中，VT_1 以 20Hz 的频率导通或截止。晶体管 VT_2 的作用是吸收 VT_1 导通和截止时在喷油器线圈中产生的反电动势，防止电流突然减小。继电器的作用是防止流过喷油器线圈的电流过大，若流过喷油器线圈的电流超过设定值，继电器触点自动断开，以切断喷油器电源。

（2）电压驱动控制电路的结构特征分析　电压驱动方式可直接驱动线圈电阻值高、线圈匝数多、工作电流小的高阻值喷油器。对低阻值喷油器，需要在驱动回路中加入一附加电

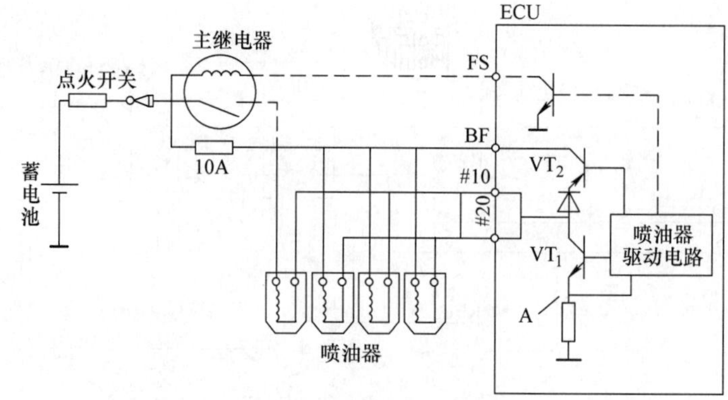

图 2-12　喷油器电流驱动电路

阻。附加电阻与喷油器连接有两种方式。一种是每个喷油器各自串入一个独立的附加电阻(图 2-13a)，其优点是当一个电阻损坏时，只影响一只气缸的工作；缺点是由于串入电阻的阻值不可能完全一致，造成各缸供油量不同，影响各缸的功率平衡。还有一种是共用电阻连接方式(图 2-13b、图 2-13c)，优点是各缸工作的一致性容易保证，但当一个电阻损坏后，全组的气缸都无法工作。

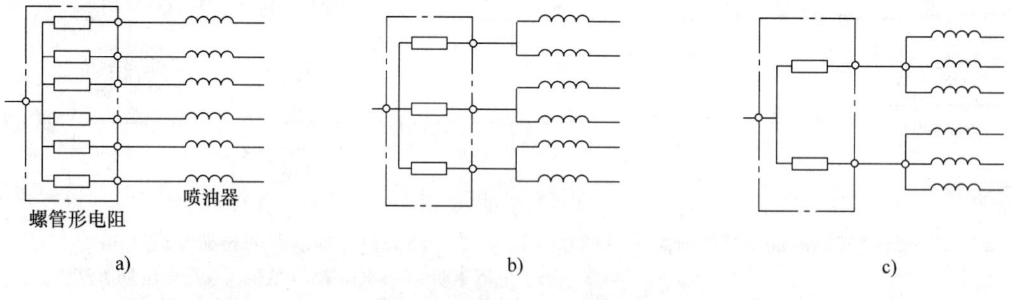

图 2-13　附加电阻与喷油器的连接方式

a）独立式　b)、c）分组式

电压驱动方式中的喷油器驱动电路简单，但因其回路中的阻抗大，喷油器喷油滞后时间长。其中，电压驱动高阻喷油器滞后时间最长，电压驱动低阻喷油器次之，电流驱动的喷油器最短。

（3）冷起动喷油器控制电路的结构特征分析　冷起动喷油器一般采用安装在冷却水套内的冷起动喷油器正时开关控制，如图 2-14 所示。正时开关是一个温控开关，由电热线圈和双金属片等组成，当双金属片受热至一定程度时，触点张开，即发动机在热状态下起动时，正时开关处于断开状态，冷起动喷油器不喷油。低温起动时，触点闭合，冷起动喷油器附加喷油，同时电热线圈开始加热，双金属片开始受热变形，最后触点张开，冷起动喷油器停止喷油。

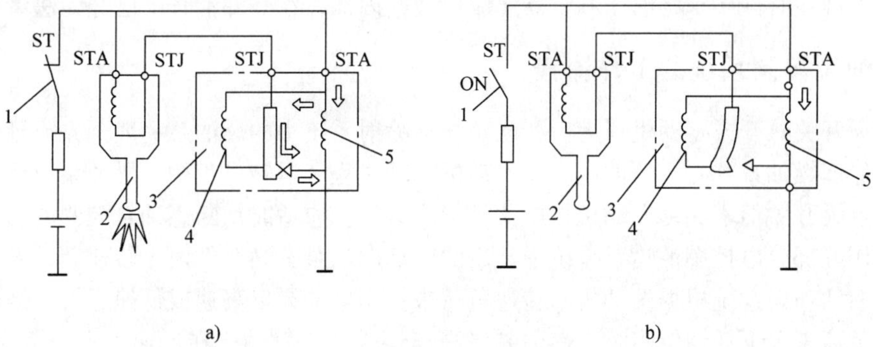

图 2-14　冷起动喷油器控制电路

a）冷起动　b）起动后

1—点火开关　2—冷起动喷油器　3—正时开关　4、5—电热线圈

2.3　发动机油路综合控制系统的工作流程

2.3.1　油路主油道的工作流程

电控燃油喷射发动机燃油系统的基本工作流程(图 2-15)：

油箱→油泵→滤清器→分油管→油压调节器 ⟨ 回油管→余油返回油箱；喷油器→燃烧室

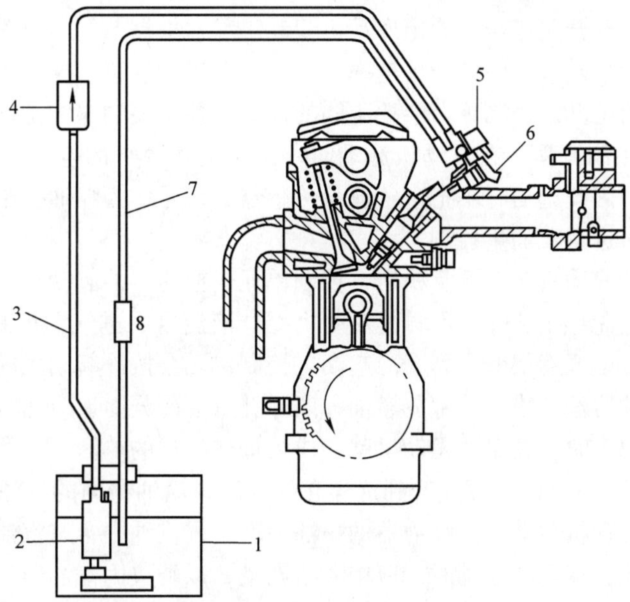

图 2-15　燃油供给系统的组成

1—燃油箱　2—燃油泵　3—供油管　4—燃油滤清器　5—油压调节器

6—喷油器　7—回油管　8—防回流阀

注意：现在有许多车将油压调节器集成在油箱内部，在外部油管上已经无法看到了。

2.3.2 油泵控制系统的工作流程

当点火开关打开或发动机熄火后，电控燃油喷射系统中的燃油泵一般预先或延迟工作两三秒，以保证燃油系统必需的油压。在发动机起动过程和运转过程中，燃油泵应保持正常工作。打开点火开关但不起动发动机，或关闭点开关后，应适时切断燃油泵控制电路，使燃油泵停止工作。部分电控燃油喷射系统中装用的电动燃油泵有高、低两个转速档，发动机工作时，电控燃油喷射系统根据发动机的转速负荷来控制燃油泵以高速或低速运转。当发动机在高速、大负荷工况下耗油较多时，燃油泵以高速运转。当发动机在低速、中小负荷工作时，燃油泵以低速运转，以减少不必要的燃油泵磨损和电能消耗。

2.3.3 喷油器控制系统的工作流程

1. 喷油器供油量的控制流程

喷油量的控制其实就是喷油器喷油持续时间的控制。因为经燃油压力调节器调节后，油管中燃油压力与进气歧管内的压力之差为恒定值。发动机型号不同，喷油器喷油时间的控制方式会有所不同，但基本的原理是一样的。下文中提到的喷油量的控制一般指喷油器喷油时间的控制。

一般喷油量的控制方式可分起动喷油控制、正常运转喷油控制、反馈控制、断油控制和混合比学习控制等。

在电控燃油喷射发动机上，控制单元根据各传感器输送来的信号控制喷油量。和传统的化油器式发动机一样，不同的运转工况需要不同浓度的可燃混合气。在电控燃油喷射发动机中，控制单元根据起动开关信号可确定发动机起动工况；根据节气门位置传感器的怠速开关信号、全负荷开关信号及节气门的开关速率可确定发动机的怠速工况、大负荷工况以及加减速工况。对于不同的工况，控制单元会按不同的模式来控制喷油器的工作。

（1）起动喷油控制流程　在发动机起动时，由于吸入气缸的空气量较少，空气流量传感器的检测精度低，因此起动时不把空气流量传感器的信号作为喷油控制依据，而是根据预先设定的起动程序来进行喷油量控制。

在起动工况下，发动机转速低且稳定，控制单元会按内存的起动程序供给较浓的混合气（$\lambda=0.2\sim0.6$）。喷油量由控制单元根据发动机冷却液温度、进气温度和起动转速来确定。如果起动发动机时环境温度很低，属于冷起动，控制单元会按冷起动工况进行控制，由冷起动喷油器或各缸喷油器额外喷入一部分燃油，以弥补燃油冷凝而造成的混合气过稀。

当发动机高温熄火时，高温的发动机就会成为加热汽油的热源，并且有可能使汽油温度上升到 80～100℃。一旦汽油温度上升到这样高的温度，喷油器内的汽油就会沸腾，产生汽油蒸气。此时，若发动机起动，则喷油器的喷油量就会因汽油中含有汽油蒸气而减小，从而使混合气变稀。因此，在高温起动时，应增大喷油量，以解决因汽油蒸气存在而引起的混合气变稀的问题。一般是当冷却液温度上升到设定值(100℃以上)时，增大喷油量。汽车在高速行驶时，由于行驶中风力的强冷却作用，汽油温度不会太高，充其量不过 50℃，因此在高速行驶时不用对喷油量进行修正。

发动机起动时，若多次起动未成功，将会造成混合气过浓，将火花塞浸湿，使起动更加困难。为此，控制单元设置了溢油消除功能。所谓溢油消除功能，是指在起动时踩下加速踏板并且使节气门全开时，控制单元将控制喷油器中断喷油。所以，在电控燃油喷射发动机起动时，不必踩下加速踏板发动机就可起动；反之，若踏下加速踏板开关，则有可能进入溢油消除状态而不能起动。

（2）正常运转喷油控制流程　在正常运转工况（部分负荷工况）下，控制单元主要根据空气流量传感器（或进气压力传感器）输出信号和发动机转速计算出基本喷油量，并经过进气温度、大气压力、蓄电池电压、发动机冷却液温度、怠速工况、加速工况以及全负荷工况等参数修正后，控制喷油器的喷油。

在实际控制程序中按照各运转参数对喷油量的影响程度和方式，通常把喷油量分成基本喷油量、修正量和增量三部分，最后以这三部分之和作为总喷油量。

1）基本喷油量。基本喷油量是根据发动机每个工作循环的进气量，按理想空燃比 14.7 计算出的喷油量，即

$$\text{每循环基本喷油量} = \text{比例常数} \times \frac{\text{空气流量}}{\text{发动机转速}}$$

由上式可以看出，每循环基本喷油量与空气量成正比，与发动机转速成反比。

2）修正量。当发动机实际运行条件改变时，应对基本喷油量进行适当的修正，以保证发动机正常运行。一般主要考虑进气温度、大气压力以及蓄电池电压三个方面的影响。修正量的大小用修正系数表示：

$$\text{修正系数} = \frac{\text{修正后的喷油量}}{\text{基本喷油量}}$$

① 进气温度修正：由于温度会影响到进气的密度，所以在体积式空气流量传感器（如翼板式空气流量传感器）内部装有进气温度传感器，以便对喷油量进行修正。当进气温度升高时，空气密度增大（变得稀松），同样体积进气量的气体质量会随着温度的升高而降低，若不对喷油量进行修正，则混合气会变浓。

② 大气压力修正：大气压力也会影响到进气密度。当汽车行驶到高原地区时，海拔增加，大气压力降低，使空气密度降低，对于同样体积的空气流量，其质量就会降低。为避免混合气过浓以及油耗过高，应根据大气压力对喷油器的喷油时间进行修正。

③ 蓄电池电压修正：由于喷油器针阀的机械惯性、电磁线圈的磁滞特性以及磁路效率的影响，在喷油电脉冲加到电磁线圈后，针阀并不是随着电脉冲同步升到最大值，而是有一段滞后时间。通常把从脉冲开始出现到针阀呈现最大升程所需的时间称为开阀时间 T_o；同样，从脉冲消失到针阀落座关闭也需要一定的时间，该段时间称为关阀时间 T_c，如图 2-16 所示。

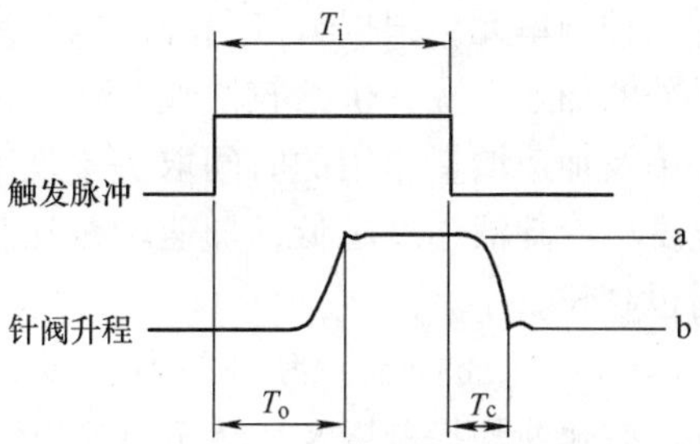

图 2-16　针阀的工作特征

其中，T_i 为通电时间（脉宽），a、b 分别为针阀全开位置和全关位置。开阀时间与关阀时间之差（$T_o - T_c$）称为无效喷射时间，在这段时间内喷油器并不喷油。其中开阀时间受蓄电池电压的影响较大，而关阀时间受蓄电池的影响较小。当蓄电池电压变化时，会影响到喷油器开启时刻，从而造成喷油量的偏差，所以，控制

单元也会根据蓄电池电压对喷油时间进行修正。通常采用修正通电时间的方法来消除蓄电池电压变化对喷油量的影响，如图 2-17 所示。当电源电压较低时，适当延长喷射时间；当电源电压较高时，适当缩短喷射时间。另外，喷油时间的修正值还与喷油器的规格及驱动方式有关。

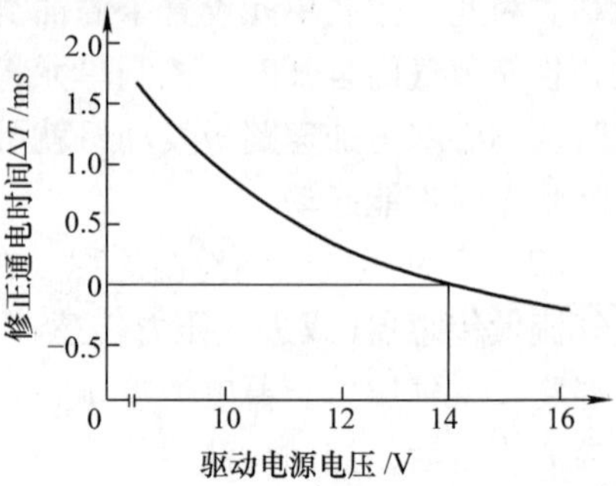

图 2-17　电压修正特征

3）增量。当发动机运行工况发生变化（运行在某些特殊工况下）时，需要在基本喷油量的基础上额外增加一部分喷油量，以加浓混合气。一般在低温起动后、暖机过程、加速过程、大负荷等工况下，需要加浓混合气。增量的大小用增量比表示：

$$增量比=\frac{基本喷油量+增量}{基本喷油量}$$

① 低温起动后：发动机低温起动后的一段时间内，由于温度较低，因此混合气形成不良，部分燃油在进气管上沉积，从而导致混合气变稀。为保证发动机稳定运转、不熄火，在低温起动后的一段时间内应额外增加喷油量。起动后增量比的大小取决于起动时发动机的温度，并随发动机运转时间的增长而逐渐减小为 1。

② 暖机过程：在发动机低温起动结束后的暖机过程中，发动机温度仍然较低，燃油与空气的混合仍然不十分均匀，仍有一部分较大的油滴会凝结在较冷的进气管道及气缸壁面上，导致混合气较稀，因此在暖机过程中仍需额外增加喷油量以加浓混合气。暖机增量比的大小取决于发动机冷却液温度传感器测得的发动机温度。当发动机温度升高到 80℃时，暖机过程结束，增量比变为 1。

③ 大负荷工况：在大负荷工况（节气门大开度）下，发动机需较浓的混合气（$\lambda=0.8\sim0.9$），以发出最大功率。此时，控制单元会根据全负荷开关信号（或节气门位置传感器输出的大开度信号）控制喷油器增大喷油量。

④ 加速工况：在加速工况下，为改善加速性能，在一小段时间内同样需要较浓的混合气。此时，控制单元会根据节气门开启的速率判断发动机所处的加速工况，供给较浓混合气。加速增量比的大小及加速增量作用的时间取决于发动机的冷却液温度，冷却液温度越低，加速增量比越大，持续时间也越长。

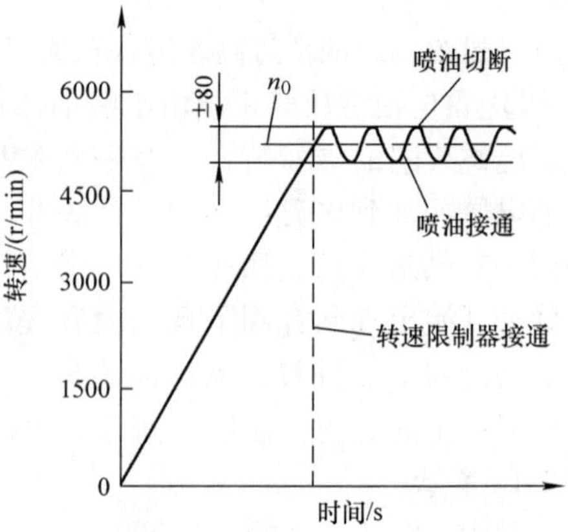

图 2-18　莫特朗尼克电子控制系统的超速断油控制过程

（3）断油控制　断油控制主要有超速断油控制、减速断油控制以及减转矩断油控制三种。

1）超速断油控制。当发动机转速达到控制单元设定的最高转速时，控制单元会控制喷油器暂时中断喷油，以防止超速运转而损坏机件。待发动机转速降到规定值时，控制单元控制喷油器恢复喷油。如此循环，即可防止发动机转速无限上升，这就是超速断油控制。图 2-18 所示是德国博世公司莫特朗尼克(Motronic)电子控制系统的超速断油控制过程。从图中可以看出，在实行超速断油控制时，发动机工作在 n_0(最高转速)±80r/min 转速范围内。

2）减速断油控制。在发动机运转过程中突然松开加速踏板减速且满足如下条件时，控制单元会控制喷油器停止喷油，即实行减速断油。

① 节气门位置传感器怠速开关接通。

② 发动机转速高于控制单元内存的设定值。

③ 发动机冷却液温度已达到正常值。

待发动机转速下降到规定值时，控制单元又控制喷油器恢复供油。停止与恢复供油的转速与发动机冷却液温度以及外加负荷有关。发动机冷却液温度越低，外加负荷越大，则停止与恢复供油的转速越高；反之，发动机冷却液温度越高，外加负载越小，则停止与恢复供油的转速就越低，如图 2-19 所示。减速断油既可以降低燃油消耗，又可以减少排气污染物的排放。

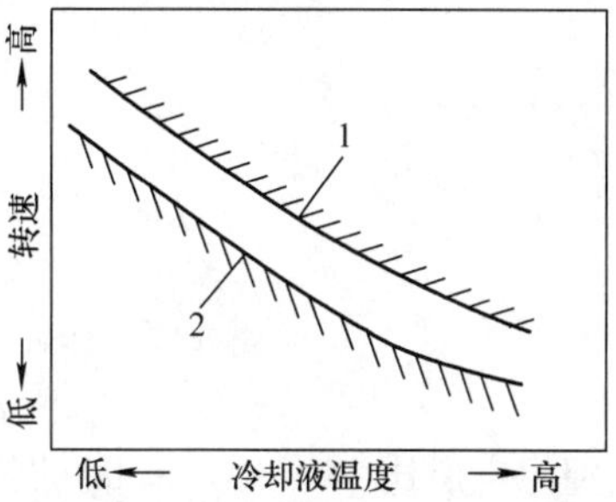

图 2-19　减速断油转速与冷却液温度的关系

1—停供转速　2—复供转速

3）减转矩断油控制。某些装有电子控制自动变速器的汽车自动升档时，控制单元会控制个别缸的喷油器暂时中断喷油，减小发动机输出转矩，以降低发动机转速，减轻换档冲击。这就是所谓的减转矩断油控制。

（4）理想空燃比的反馈控制(燃油喷射的反馈控制)　为了降低发动机有害气体的排放量，许多汽车上装备了三元催化转化器。但三元催化转化器只有在混合气浓度处于理想空燃比附近时才能使 CO、HC 的氧化反应和 NO_x 的还原反应同时进行，才能最大限度地降低有害气体的排放量。为了将混合气浓度控制在理想空燃比 14.7 附近，在发动机的排气管中安装了氧传感器，控制单元通过氧传感器的反馈信号对喷油量进行控制，进而控制混合气的浓度。

（5）空燃比自学习控制　空燃比自学习控制可以消除制造因素和使用因素造成的偏差，提高混合气空燃比的控制精度。

对于特定型号的发动机而言，各种工况下的基本喷油时间是经过反复试验得到的，并被存储在控制单元 ROM 中，是固定不变的。但是，在发动机的实际运转过程中，由于制造偏差或使用中零部件性能的变化，实际空燃比会严重偏离理想空燃比。比如，空气供给系统堵塞等会造成混合气过浓，喷油器堵塞会造成混合气过稀。虽然借助于氧传感器可以实现空燃比的反馈控制，将混合气浓度修正到理想空燃比附近，但是反馈控制修正的范围是有限的，一般在 0.8～1.2 范围内，如图 2-20a 所示。当修正值超过修正范围时，会造成控制上的困难。为此，控制单元根据反馈修正值的偏离情况设定一个学习修正值(学习修正系数)，从而实现对基本喷油时间的总修正。

混合比自学习控制的过程如下：

首先计算出实际空燃比的差值，再计算出空燃比差值(偏离量)的修正系数(即修正值)，然后将符合当前条件的学习修正值反映到喷射时间上。

如图 2-20b 所示，假设混合气实际空燃比由于某种原因而偏离理想空燃比 10% 时，则进行反馈控制时反馈修正的中心位置为 0.9(即减少了 10%)。如果要使反馈修正值的中心回

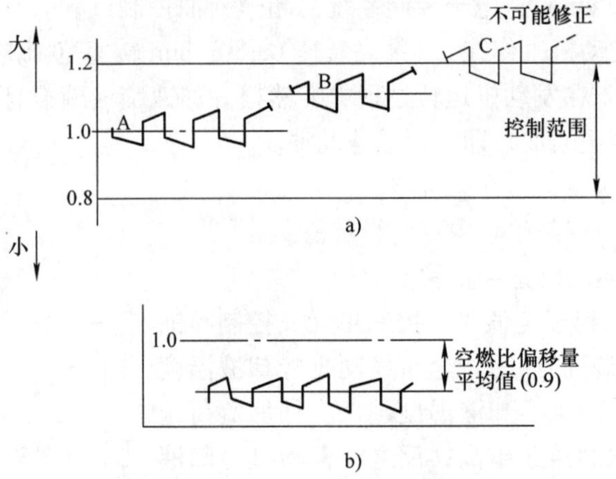

图 2-20　学习控制示意图

a）反映修正值的中心位置　b）空燃比偏移量

到理想空燃比 14.7($\lambda=1.0$)的位置上，则学习控制修正值应为 0.9。

控制单元计算出学习修正值后，将该值存入存储器中，在以后的使用过程中把符合当前条件的学习修正值都反映到喷射时间上，做到持续修正。

2. 喷油正时控制

喷油器的控制电路决定着喷油正时，即喷油时刻与喷油顺序。喷油器的控制电路可分为同时喷射、分组喷射和顺序喷射。

（1）同时喷射　图 2-21 所示为同时喷射喷油器控制电路，所有的喷油器全部并联，由控制单元控制同时搭铁，各喷油器同时喷油。该电路所需的控制简单，成本低，但不能使各缸都得到良好的喷射时刻，影响发动机的工作性能。丰田海狮汽车的 2RZ—E 发动机即采用此种控制电路。

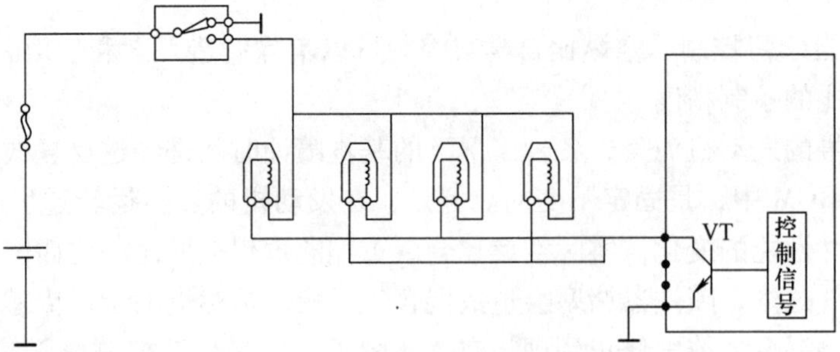

图 2-21　同时喷射喷油器控制电路

（2）分组喷射　分组喷射是将喷油器分成若干组，一般每两个喷油器为一组，控制单元控制各组喷油器轮流喷射。其控制电路如图 2-22 所示。该电路能使发动机得到较好的喷油正时，且配用的软件不复杂，故目前得到了广泛应用，如皇冠 3.0 轿车、雷克萨斯轿车以及日产千里马(MAXIMA)轿车均采用此种电路。

（3）顺序喷射　顺序喷射是指控制单元控制各缸喷油器按各缸的工作顺序单独轮流喷油。其控制电路如图 2-23 所示。采用此种控制电路能让各缸得到准确的喷油正时，但其控制软件比较复杂、成本高。北京切诺基汽车电控燃油喷射发动机即采用此种喷油方式。

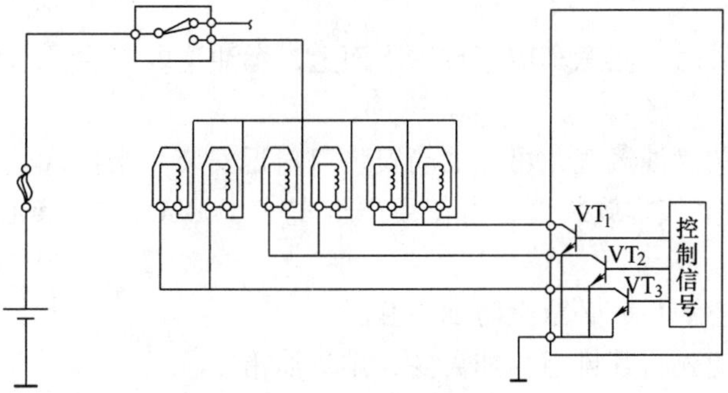

图 2-22　分组喷射控制电路

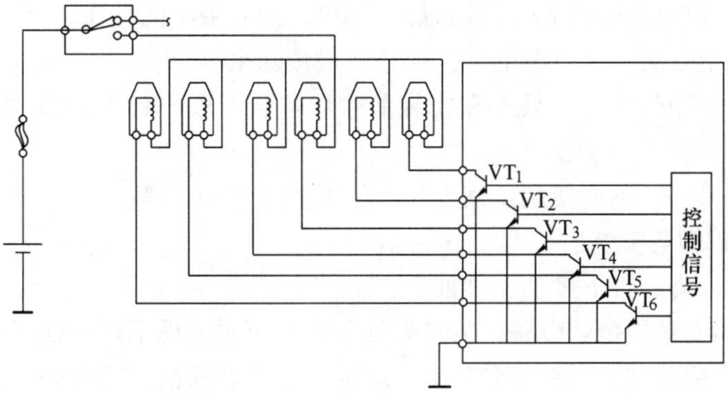

图 2-23　顺序喷射喷油器控制电路

日产阳光 B14 轿车 GA16DE 发动机采用顺序喷射和同时喷射两种喷油正时方案。当发动机正常运转时，采用顺序喷射的喷油正时方案，在发动机的一个工作循环中，根据点火顺序使对应各缸的喷油器依次喷油。在发动机起动过程中及控制单元的故障保护系统(跛行回家功能)起作用时，采用同时喷射的喷油正时方案，在发动机的每一工作循环时，向所有气缸同时喷油两次，即控制单元同时向各喷油器发出相同脉宽的喷油脉冲两次，使所有喷油器在一个发动机工作循环中喷两次油。

2.4　发动机油路综合控制系统的拆装与调试

1. 拆装油路的安全事项

1）油路处于压力状态下，打开系统前，应先卸压。

① 把油泵继电器或熔丝或油泵导线插头拔下，起动发动机直到自动停机(目的是靠发动机将油管中残余的燃油燃烧掉,这样管中就几乎没有了燃油)。

② 再次起动发动机两三次(目的是靠发动机的起动加浓功能将油管中的燃油再喷掉一点,以确保卸压充分)。

③ 用棉纱把管接头包住，然后拆开管接头，以防仍有油压飞溅把车弄脏。

④ 按正规操作将油压表安装在管路中。

2）拆检油路前，应先关闭点火开关，断开蓄电池搭铁线。短时打开燃油箱盖然后再拧紧。

3）拆装油箱部件时，注意车应停在水平面上，燃油箱内燃油量不可超过总容积的 3/4。如需要，排空燃油箱。

4）排净蒸发出的燃油蒸气，可在油箱安装口附近安装一个插入式的燃油蒸气排放装置软管。如果没有燃油蒸气排放装置，可使用送气量大于 $15m^3/h$ 的离心式送风机（电动机不处于气流中）。

5）皮肤勿接触燃油！务必戴上防油手套。

6）拆卸油箱前应先将其排空。如需要，排空油箱。

2. 油路的清洁规则

1）断开接头前应彻底清洗接头及其周围区域。

2）拆下的零件应放在清洁表面并盖好，不可使用有绒毛的抹布。

3）如果不马上安装，已打开的部件应盖上或锁起来。

4）只可安装干净的零件。只有在安装前才从包装中取出备件，散放的零件（如在工具箱中）不可使用。

5）系统如已打开，不要使用压缩空气。尽可能不移动车辆。

3. 燃油箱的拆卸与安装

1）释放燃油压力，拆下燃油箱加油口盖，排空油箱。

排空方法：如无专用排油设备，可从燃油压力调节器上拆下燃油回流管路，并且在调节器接头上接一根合适的软管。将软管的另一端放在适合装汽油的容器内。起动发动机使发动机一直运转，直到燃油箱排空。

2）从车底板上拆下备用胎罩和检修板，断开燃油箱连接插头。稍微旋松车轮螺母，然后升起车辆并卸下车轮。

3）松开驻车制动杠杆，拆卸三元催化转化器，从燃油加注管上断开加注颈管以及通风管，如图 2-24 所示。

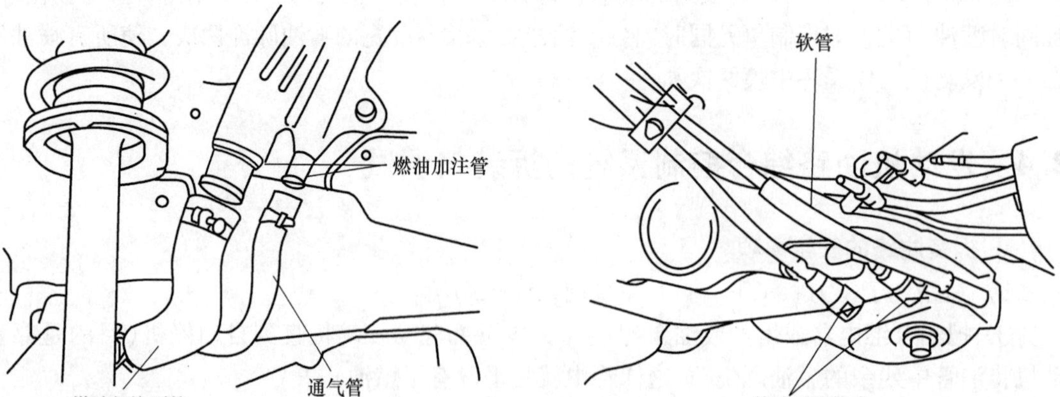

图 2-24　燃油箱的拆装（一）

4）断开油管和快速接头，断开轮速传感器插头。拆下稳定杆、隔热板以及驻车制动器拉线支架，如图 2-25 所示。

5）将举升器或者支撑架放在后悬架副车架下面，卸下紧固螺栓及其他附件。卸下螺栓

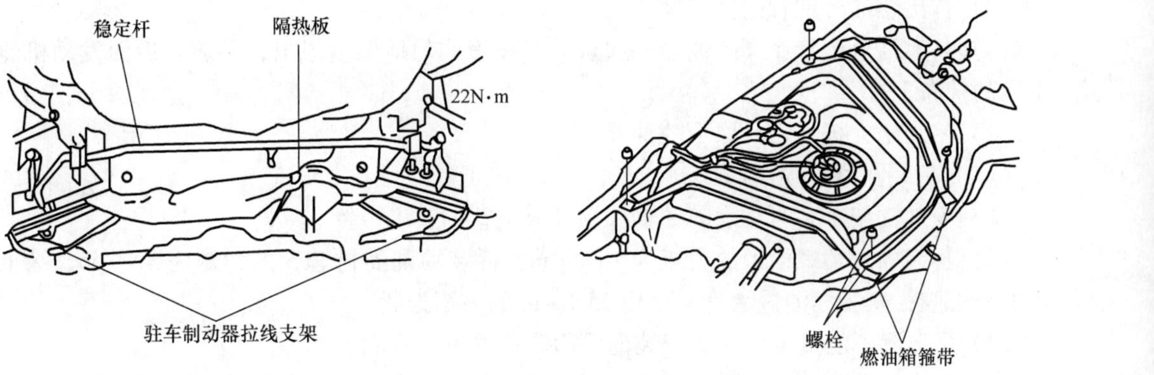

图 2-25 燃油箱的拆装(二)

及燃油箱箍带。

6）按相反顺序安装。注意：燃油箱箍带要安装到位，否则燃油箱会松动。

4. 燃油分配管总成的安装

如图 2-26 所示，在安装燃油分配管总成之前，使用润滑油小心润滑歧管上与之相配合的表面或 O 形圈。将喷油器的中心线与安装孔的中心线对齐，插入进气歧管。最后将螺栓按规定拧紧力矩拧紧。应避免润滑油进入喷油器内部。

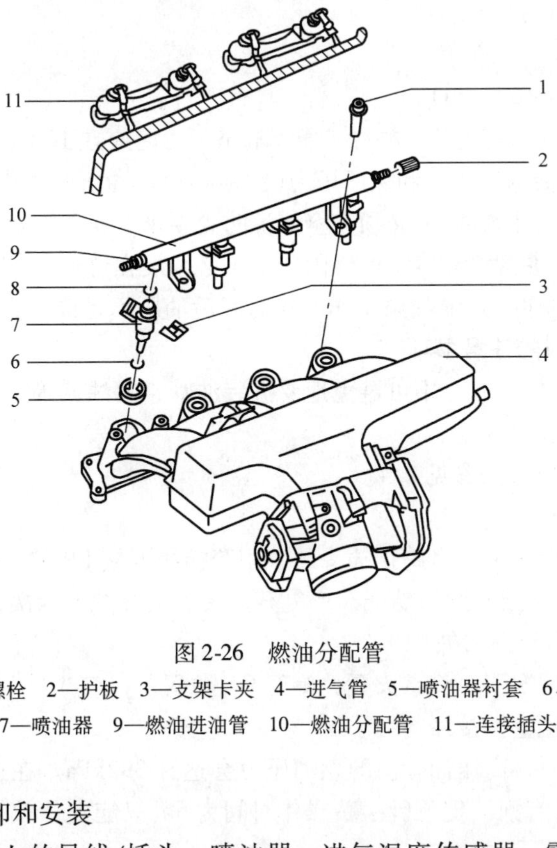

图 2-26 燃油分配管

1—内六角螺栓 2—护板 3—支架卡夹 4—进气管 5—喷油器衬套 6、8—O 形圈 7—喷油器 9—燃油进油管 10—燃油分配管 11—连接插头

5. 喷油器的拆装

(1) 喷油器的拆卸和安装

1）拔下以下部件上的导线/插头：喷油器、进气温度传感器、霍尔传感器、节气门控

制单元。

2）拧出燃油分配管的固定螺钉。

3）将燃油分配管连同喷油器一起从进气歧管均匀地向上拔出，并放到后面发动机舱中干净的抹布上。

4）将固定夹拔下，并取下喷油器。

（2）拆装注意事项

1）安装支架卡夹时注意喷油器和燃油分配管的正确位置。

2）拆装内六角螺栓 1 的力矩为 10N · m；拆装喷油器衬套 5 的力矩为 3N · m，涂上规定的液态胶；安装燃油进油管 9 要用 25N · m 的力矩拧紧。

3）O 形圈不能重复使用，安装前要用清洁的机油浸润。

4）将燃油分配管连同已固定好的喷油器一起安放在进气管上时，要均匀地压入。

2.5 发动机油路综合控制系统的检测

1. 燃油箱检测

1）外形是否变形。

2）通气管路(含活性炭罐)是否良好。

3）油箱盖是否良好。

4）加油管及限制口是否良好。

2. 燃油泵检测

1）油泵线圈电阻：0.1 ~5Ω。

2）油泵耗用电流：一般在 7A 左右，最大输出阻力时应在 10A 以下。

3）检查油泵的燃油输出压力和保压压力(此项必须在油压测试中才能进行,若将油泵单独检测,油泵必须完全放在燃油中,必须完全保证防火要求)。

注意：油泵是靠燃油润滑和冷却的，因此油泵必须浸在燃油中才能测试，不能无油工作 5s 以上，否则会烧损油泵，造成油泵工作一段时间后油压不足或停止工作。

3. 检测供油系统时的注意事项

在对供油系统进行检测时，不可避免地要拆装油管、喷油器等零部件。检测时应懂得如何释放油压和建立油压。

1）卸压方法。卸压方法参见 2.4。

2）油压建立方法。

① 在发动机停机情况下，有跨接插头的，用跨接线连接 FP 和 + B 两端子约 1min。

② 利用控制单元 2s 预制油压功能，反复开、关点火开关五六次，使油泵工作几次。

4. 检查燃油系统有无漏油处

① 在发动机停机情况下，将点火开关旋至 ON 位置。

② 用诊断导线将检查插接器的端子 FP 和 + B 连接起来。

③ 当夹住回油管时，高压油管内的燃油压力会达到 392kPa。在这一状态下，检查和观察燃油系统各部位是否有漏油现象(注意:操作时间为 5s,只能夹住软管,不可弯曲软管,否则会使软管裂开)。

5. 检查燃油泵的工作情况

① 在发动机停机情况下，用连接线将插接器上的 FP 和 + B 端子连接起来。(或利用控制单元 2s 预制油压功能，反复开、关点火开关五六次使油泵工作几次，听油箱部位有无油泵动作声音)。

② 将点火开关置于 ON 位置，但不要起动发动机。

③ 检查燃油滤清器的进油软管处，正常时用手指能感觉到油压，也能听到燃油回流的声音。若有油压，即可断开点火开关，从检查插接器上取下连接线。若没有油压(必须确定油箱内有足量的燃油)，应检查以下元件：EFI 的主继电器易熔线、EFI 熔丝(20A)、EFI 的主继电器、燃油泵控制单元、发动机控制单元以及各线束插接器(注:根据车型维修手册检测油泵具体控制电路)。

6. 燃油系统油压检测

燃油系统油压测试内容有供油压力、调节压力、最大油压、供油量、系统残压、密封测试。

(1) 供油压力　指发动机怠速运转中燃油系统的实际工作油压。测试时油压表指针应稳定，如果指针剧烈摆动，油压可能不正常。一般压力值应在 260kPa 以上且相当稳定。

(2) 调节压力

① 指发动机怠速运转中，将油压调节器真空管拆开后燃油系统升高的油压减去供油压力的差值，应在 28 ~ 70kPa。一般来说，拆掉调节器真空管时的油压应比怠速时真空管连通时高 100kPa(也就时说,怠速时没有真空管连接时的供油油压应比未拆真空管时高 100kPa)。

② 油压调节随动性能测试。在节气门、空气滤清器工作正常时，作急加速试验，油压表的读数应随节气门的突然开大迅速上升。若不跟随节气门的开度急剧上升，则证明油压调节器反应迟钝，可能是管路堵塞、油泵性能下降或进油滤网堵塞，造成缓加速时能慢慢上升，急加速时供油量不足，使混合气在急加速时过稀，出现回火放炮现象。

(3) 最大油压　指发动机怠速运转中，将回油管夹住时燃油系统的油压，应为供油压力的 2 ~ 3 倍。

(4) 供油量　在发动机怠速运转中，读取燃油系统的供油压力，然后急加速到 3000r/min 以上，此时立刻读取油压值，应不得低于供油压力 21kPa 以上。如果低于此值，表示供油量不足(一般情况下供油量不足均出在燃油滤清器和管道弯曲变形上,其次才是油泵和泄漏)。

(5) 系统残压　在发动机怠速运转中，读取燃油系统油压，然后将发动机熄火，并等待 20min 后，系统油压应保持在 140kPa 以上。

① 如果无法保持残压，再次将发动机起动，建立油压后熄火，然后将回油管夹住。如果能保持正常残压，表示油压调节器漏油；如果夹住进油管时，才能保持正常残压，则表示燃油泵(单向阀)内漏；如果同时夹住进油管及回油管仍无法保持残压，表示喷油器漏油(另外,油压调节阀脏污会造成工作时油压超高且油压表表针发抖,但停机后却无法保压,这时发动机油耗增加,起动时间长)。

② 判断哪一缸喷油器漏油的方法：将发动机加速，并保持在 1500r/min 以上 2 ~ 3min，然后熄火，并拆下火花塞观察。如果在陶瓷体表面有一边黑一边白，则表示该缸喷油器漏油。

(6) 密封测试　即判断喷油器是否滴油正常的测试。拆下分油管，喷油器保持在上面，当燃油系统油压保持在供油压力以上时(不起动发动机)，观看喷油器，在1min内不得有滴油现象。

检测小知识：

① 各型燃油泵的线圈电阻均在2～3Ω，最大耗用电流在7A以下，不可超过10A。

② 当清洗喷油器后，发动机发生爆燃现象，这是因为气门颈的积炭未完全清除。

7. 燃油系统油压测试程序

(1) 汽油发动机燃油系统的分类

① 单点喷射系统(TBI)如图2-27a所示。

② 多点喷射系统(PEI)如图2-27b所示。

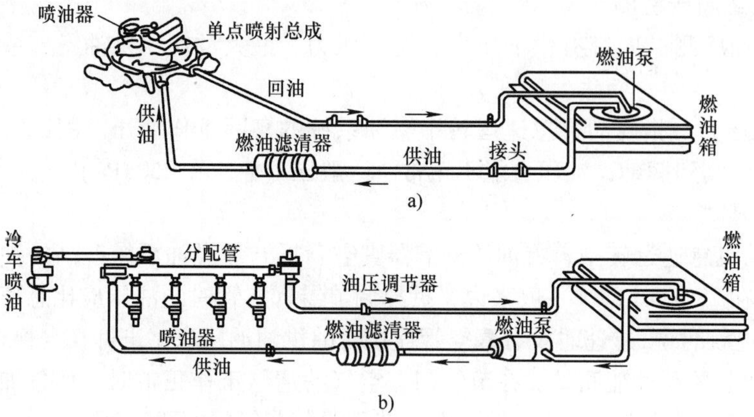

图2-27　单点喷射和多点喷射

a) 单点喷射　b) 多点喷射

(2) 燃油系统压力诊断方法

1) 连接油压表测试系统油压(首先对油管进行残油泄压,拆管道时应用毛巾等物包住接口处吸油,防止残油飞溅引起事故,然后才选择合适的管头接上油压测试表)。

2) 发动机起动或利用跨接线直接让燃油泵运转。

3) 首先测试燃油泵调节油压，读取并记录运转中的油压，然后拆下油压调节器上真空管，再次读取油压读数，应比拆下真空管前的压力高28～70kPa；若压力没有升高，表示油压调节器不良。

4) 测试燃油泵最大供油压力。

① 读取并记录系统油压。

② 夹住回油管。

③ 再次读取油压读数，应比夹住回油管前的压力高2～3倍。

④ 若压力没有升高2～3倍，表示燃油泵不良。

5) 油压调节器阻塞不回油测试。当油压调节器阻塞无法回油时，发动机会产生以下现象。

① 发动机怠速运转中，发动机会抖动，最后熄火。

② 油压表读数会渐渐降低。

③ 若将油路释放一些燃油，发动机反而运转正常，油压反而升高，即表示油压调节器不良。如果释放一些油时，发动机即刻熄火，表示燃油泵供油不足。

8. 燃油系统检测

(1) 喷油器电阻值

1) 单点喷射喷油器的结构如图 2-28 所示，其电阻值为 0.8～1.8Ω，热车工作一段时间后电阻值会略高。

2) 多点喷射喷油器的结构如图 2-29 所示，其电阻值为 12～17Ω，热车工作一段时间后电阻值会略高(约高 3～5Ω)。

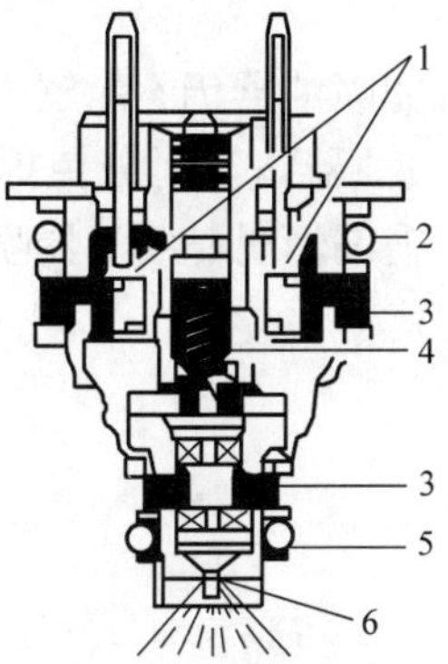

图 2-28　单点喷射喷油器结构

1—电磁线圈　2、5—O 形圈　3—滤清器

4—柱塞　6—针阀

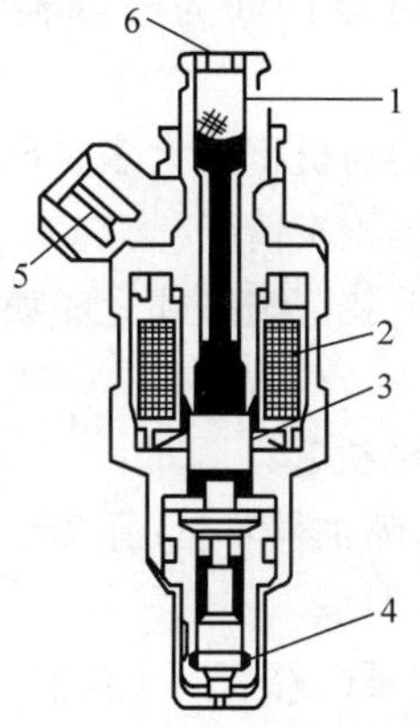

图 2-29　多点喷射喷油器结构

1—滤清器　2—电磁线圈　3—柱塞

4—针阀　5—插头　6—进油口

(2) 燃油泵最大供油压力(回油管夹住时)

1) 单点喷射：172～275kPa。

2) 多点喷射：480～620kPa。

(3) 怠速运转时系统调节油压

1) 单点喷射油压检测位置如图 2-30 所示，其油压值为 68.94～137.89kPa。

2) 多点喷射油压检测位置如图 2-31 所示，其油压值为 172～310kPa。一般要求正常时为 260kPa 以上且相当稳定，低于 260kPa 部分车会造成供油量不足。

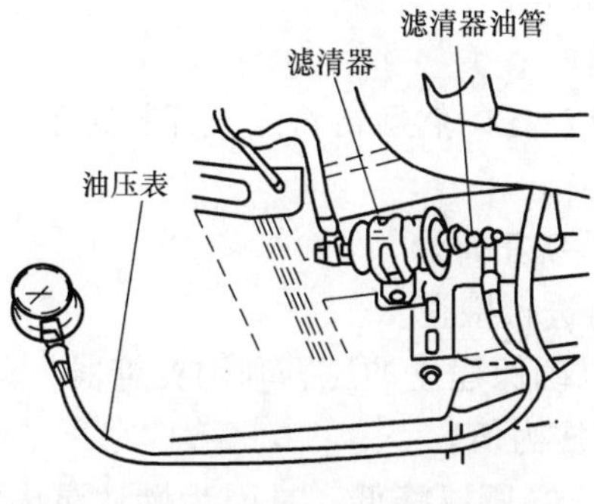

图 2-30　单点喷射油压检测位置

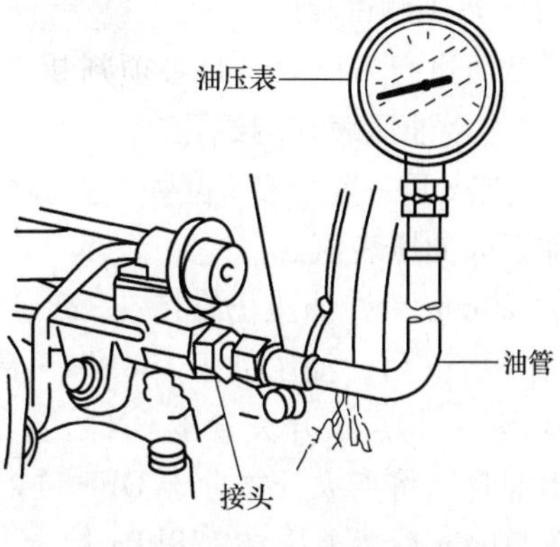

图 2-31　多点喷射油压检测位置

(4) 燃料系统残压(当泵停止运转1min后系统应保持的最低压力值)　正常要求是10min后系统油压保持在176kPa以上为合格。

1) 单点喷射：68.946kPa以上。

2) 多点喷射：172kPa以上。

9. 喷油器正确的维护方法

喷油器的+B供电一般由EFI主继电器或由IG电源提供，由发动机ECU控制负极通断时间来达到喷油之目的(检修时根据各车型维修手册来检修控制电路)。

当出现冷车不稳，怠速抖动或加速性能不良，怠速在2500r/min时，HC值太高的情况，基本上可以判断为喷油器积炭较多，应清洗喷油器，清洗后要进行燃油系统残压测试。

注意：发动机积炭太多时也会出现上述现象，如果清洗完喷油器仍不能解决问题，一定要检查发动机积炭情况(燃烧室、进排气门、进气道等)；且喷油器清洗时分免拆清洗和拆装清洗，若是拆装清洗必须完成喷油器的喷射角、雾化状况、泄漏情况、喷油器喷油均衡量等测试。

(1) 发动机起动困难：

1) 冷车喷油器不良(阻塞)。

2) 燃油泄漏。

3) 燃油泵内释压阀无法关闭。

4) 油压调节器不良。

5) 喷油器积炭堵塞，如图2-32所示。

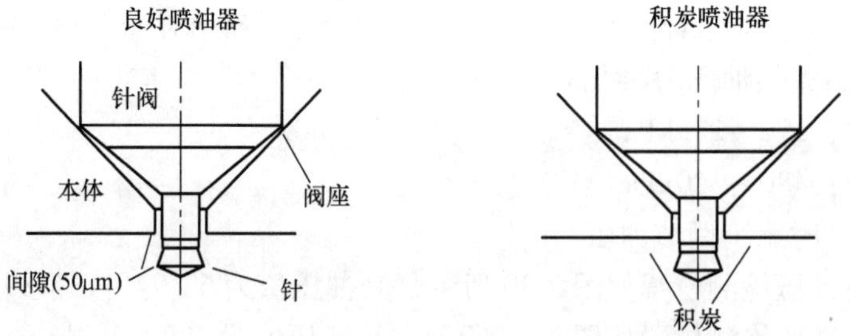

图2-32　喷油器积炭堵塞

(2) 残压测试程序

注意：进行残压测试时必须判断冷车喷油器是否正常。

1) 连接油压表到测试孔。

2) 点火开关置于ON位置，并等待几秒，以建立油压，然后再将点火开关置于OFF位置，并读取油压表值。

① 20min后，油压仍维持在138kPa以上，表示系统正常。

② 20min后，油压低于138kPa，请按下列流程再进行检查。

操作1：将点火开关置于ON位置，并等待几秒以确保建立油压，利用夹管器，夹住燃油泵出油管，将点火开关置于OFF位置，再读油压表压力值。

若20min后，油压在138kPa以上，表示刚刚油压之所以降低，是因为燃油泵内漏油，更换燃油泵。

若 20min 后，油压仍低于 138kPa，则继续按下列程序进行检查。

操作 2：放松夹管器，将点火开关置于 ON 位置再次建立油压，并利用夹管器夹住回油管。

若 20min 后，油压保持在 138kPa 以上，则表示刚才油压下降是因为油压调节器关闭不严漏油，更换油压调节器(若油压调节器与油轨集中在一起更换总成)。

若油压仍低于 138kPa，则表示喷油器漏油，需对喷油器进行检查。

（3）喷油器的测试

第一步：分辨喷油器是否需清洗和检测

① 将点火开关闭，并接上油压表。拆下所有喷油器插接器(断电)。

② 将点火开关接通，并使起动机运转 15s(目的是建立油压)，读取油压表数值。

③ 此时判断结果。正常时，等待 30s 以后系统油压不会降低。若油压下降则将回油管夹住，观察油压表读数，如果油压不会再下降，则表示油压调节器漏油；如果油压继续下降，则夹住进油管，此时油压不再下降则表示燃油泵漏油，若仍然继续下降则表示喷油器严重漏油。对喷油器进行试验或成组更换。

④ 当油压在点火开关接通和关闭后没有上述现象，则通过观察发动机冷/热车怠速是否发抖、加速性能好坏判断发动机与喷油器积炭情况。

第二步：喷油器的清洗和检测

1）喷油器的就车检查。

① 检查喷油器的工作情况。在发动机运转过程中，用听诊器(触杆式)或手指接触喷油器时，可听到或感觉到与发动机转速成正比的喷油频率。若声音不正常，则应检查喷油器及 ECU 输出的喷油信号。

② 检查喷油器的电阻。拔下喷油器的导线插接器，用万用表欧姆档测量喷油器电阻值。20℃时该电阻值应当是 13.4 ~ 14.2Ω，若不符合要求，则应更换喷油器。

2）喷油器拆卸后检查。进行车下检查时，应先拆下蓄电池的负极搭铁线(注:蓄电池的拆装按本车提供的资料说明操作)，拔下喷油器上的电线插头，拆下主输油管和喷油器(拆卸前应对燃油管中的燃油压力卸压)，从输油管上拆下进油管，装上专用的软管连接头和检查用软管，连接头和软管间用 30N · m 力矩拧紧。然后把喷油器压力调节器、油管用连接头和连接卡夹连接好。在喷油器喷口处套上塑料管，使塑料管伸入量管中，然后进行下列检查。

① 检查喷油量。用连接线把检查插接器中的 + B 与 FP 端子连接起来(或反复开关点火开关,利用 ECU 的 2s 预制油压功能)，重新装上蓄电池搭铁线以使电子燃油泵工作。然后，按图 2-33 所示的方法给喷油器供电，每次接通 15s，用量筒测一次喷油量，每个喷油器测两三次。15s 标准喷油量为 70 ~ 80mL，各喷油器间喷油量允许差值为 9mL。若喷油量不符合标准，应更换喷油器。(每个喷油器连续工作 15s,喷油量一般在 40 ~ 60mL;各喷油器的喷油量之差不应超过 10% ,若超差应清洗喷油器,清洗

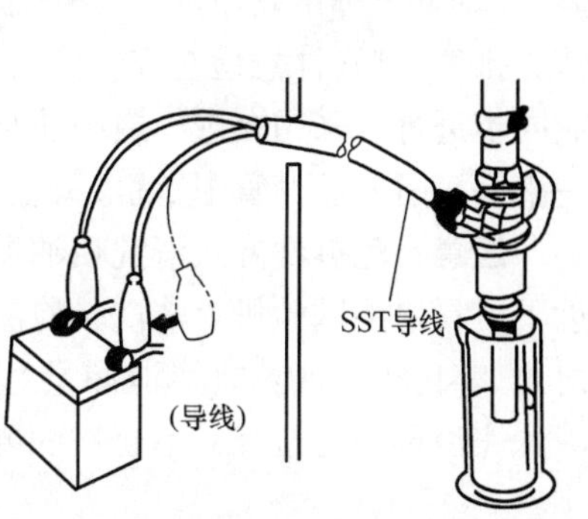

图 2-33　检查喷油量

无法满足时应更换）。

② 检查漏油量。在进行了上述检查后，要察看喷油器喷口处有无漏油，每分钟漏油量不允许超过 1 滴(1 滴/min)。否则，应更换喷油器。(漏油严重,表示喷油器密封不严,在相同的喷油脉宽下会额外漏进部分燃油,造成混合气过浓,热车起动困难。)

③ 喷油器雾化性能。喷油器的雾化应呈锥形的喷雾状(以车型提供的资料为准)，若不符合标准，可能喷油器因油中含有胶质、杂物等堵塞，造成雾化效果差，应作清洗处理。清洗后仍无法满足要求的需更换喷油器。

3）燃油切断转速的检查。检查时，应先将转速表按正确的方法接好。其接线方法(对丰田车型而言)是，用蓄电池作为转速表和正时灯的电源，转速表的触杆应插入检查插接器的 IG 端子上。检查燃油切断转速的步骤如下所述。

① 运转发动机，使其冷却液温度度达到正常值。

② 使发动机转速达到 2500r/min 以上，这时可听到喷油器工作的声音，也可用手指来感觉，然后放开加速踏板。在放开加速踏板的短时间内喷油器声音应停止，接着又恢复。恢复供油转速为 1400r/min。这就是说，发动机在减速及强制怠速时喷油器不喷油，以便节油和减少排气污染。检查时应关闭空调及其他附属电器，汽车应在空档位置。

4）清洗作业。清洗作业包括两项：一是喷油器的清洗；二是进排气管的清洗。

① 喷油器的清洗目的。清除喷油器腔室及喷嘴上附着的胶质及杂物，使其喷油量精确和雾化性能良好(喷油量和雾化效果是汽油发动机正常工作的关键,喷油器的喷油量改变、雾化效果不佳及漏油均是因为燃油胶质堵塞黏附引起)，恢复电控系统的控制性能。(一般采用就车清洗法,有专用清洗设备,备有操作说明书,清洗时必须断开原车的燃油供给系统,在油轨处接入清洗系统。)

② 进排气管的清洗目的。因为积附在进排气管道中的胶质物会在发动机工作时吸收燃油或挥发出燃油，影响各工况下混合气的浓度，造成发动机起动困难；同时因胶质物的积附，改变了发动机进排气管的管径大小，直接影响发动机的进排气量以及增加进排气阻力。胶质物的积附还会造成运动部件的卡滞(如进排气门、活塞环等)、动作灵敏度下降，从而造成进排气不充分或泄漏，造成发动机功率下降，动力下降，自动变速器换档升档困难。可通过测量发动机进气歧管在各工况下的真空度，从确定发动机进排气管是否堵塞(阻力是否过大)和进排气量是否充分(符合发动机的排量)。一般发动机进气歧管的真空度在特定转速下偏低(即低于标准真空度)，表示循环通畅(注意观察是否有真空泄漏等)；真空度偏高，表示进排气不畅(注意检查空气滤清器、三元催化装置等)。进排气管清洗一般与喷油器清洗作业同步进行，采用在进气道中喷化油器清洗剂的方法(即在进气管前端用瓶装上清洗剂用管一滴一滴引入进气管中,就像医生打点滴液一样)。

注意：免拆洗方式清洗喷油器，只能作为一般的维护工作，正常清洗应将喷油器从车上拆下，在检测试验机上清洗、检测。清洗前后必须对喷油器原始状态参数进行检测(包括喷射角、雾化状态、喷油量、泄漏量)。在仪器上观察上述参数不正常时即对喷油器进行清洗，清洗完后再进行检查，不合格的要进行更换。

2.6　发动机油路综合控制系统的故障排除

2.6.1　油路主油道的故障排除

1. 燃油箱漏油

燃油箱用以储存汽油，其位置多在车架的一侧或车身的后部。燃油箱多用薄钢板冲压焊制，有些轿车油箱用塑料铸制。

（1）故障原因分析　燃油箱经腐蚀、振动后产生裂纹；受到支架的摩擦而破损（紧固不牢）；或燃油箱的连接油管接头及开关松动而造成漏油。

（2）故障检修及排除　燃油箱有裂纹、洞眼，可用软钎料或硬钎料补焊。焊前应将油箱内的汽油蒸气完全除去(用质量分数为5%的烧碱沸水溶液洗刷两三次,再用热水冲洗)。将油箱盖和油箱传感器浮子组的端盖拆下，用胶管的一端接发动机排气管，另一端插入油箱加油口，让发动机中速运转，待将残存油气排出后，方可进行气焊补焊。

裂纹、洞眼或过深的凹陷，可切去再焊上一补板。若行驶中出现漏油，在管头紧固无效时，可用棉纱、泡泡糖、肥皂或泥土等暂时堵塞。

检查燃油箱漏、渗油部位，通常用压力法和渗漏法。其方法如下：

压力法是将油箱的其他出口部位堵住，仅留下加油口，然后把油箱放入水中，将压缩空气吹入油箱，使油箱保持一定气压，若某处有气泡则说明该处漏油。

渗漏法是将油箱出口堵住，装满肥皂水，把油箱放入清水中。如有肥皂水渗入清水中，说明该处渗漏。

2. 燃油箱供油不畅

（1）故障原因分析

1）油箱上的出油开关与油管脱焊、破裂、阻塞，或油箱开关质量欠佳等，出现漏气后，降低了燃油泵的吸油能力。

2）有双阀的燃油箱盖因气压打不开或油箱上的通气孔堵塞时，油箱内蒸气凝结压力降低造成油箱油面下降，形成真空影响了燃油泵的吸油量。

3）燃油管有“气阻”或油管内有水结冰，使燃油流动阻力增加。

（2）故障检修及排除　对油管破损的应焊修；连接处松脱的应予以紧固，对油箱开关或油箱盖质量不好的予以更换或修复。另外，应经常排放燃油滤清器中的积水和污垢。

3. 燃油滤清器过油不畅

（1）故障原因分析

1）燃油泵供油量不足或供油系统内有“气阻”，降低了滤清器滤芯的过油能力。

2）滤芯阻塞或冬天滤清器内积水过多而冻结，使燃油流动阻力加大。

（2）故障检修及排除

1）检查燃油泵的供油量。燃油泵性能试验最好在专门的试验台上进行，或采用经验法试验，方法如下：将燃油泵进油口浸入汽油中，按动手摇臂，若出油急促而有力，且出油垂直扬程大于0.5mm，则表示燃油泵性能良好。

2）陶瓷式滤芯清洗法：先在沸水中煮约10min，再用压缩空气由内向外吹去污物，然后放入清洁的煤油（或汽油）中浸泡、冲洗，最后再用压缩空气从滤芯内往外吹净。

对于因长期使用而使陶瓷滤芯全堵塞的，可用以下方法再生处理：将滤芯放在火焰上焙烧30min后，置于室漏下冷却；将滤芯放在稀盐酸或稀硫酸溶液中，浸泡一段时间后，再用水清洗干净，用压缩空气由内向外吹干。

3）使用尼龙布滤芯的滤清器，应在二级维护中将滤芯放入汽油中，用软毛刷轻轻刷洗干净，漂洗后再装用。

4）安装滤芯前，要用汽油清洗各处，尤其是进油管接头。检查油管接头螺纹情况，密封垫处是否完好。滤芯要固定牢固，对于陶瓷滤芯，不可固定过紧，以防滤芯破裂。装配时应在沉淀杯内加满清洁的汽油，以防杯内存有空气，影响供油。

5）对于进口汽车的全封闭结构燃油滤清器，清洗难度较大。可用医用注射器将少许汽油注入滤清器的出口，使汽油通过滤芯进入腔内，然后用力振荡让污油从进油口流出，反复数次，即可洗净。

4. 燃油供给系内有“气阻”

（1）故障原因分析　“气阻”的产生是汽车在夏季和炎热地区行驶时，发动机室内温度较高，由于汽油具有一定的蒸发性能，供油系统受高温热源的影响，严重时会使汽油沸腾，轻则使汽油汽化为蒸气泡。由于气泡具有可压缩性，燃油泵在工作中使蒸气泡不断地被压缩和扩大，从而降低了供油能力。此外，由于蒸气泡的体积比液态时大得多，汽油流量显著降低。

（2）故障检修及排除　用手摸燃油管检测其温度，若感到温度高，便有可能发生气阻。此时，可将棉纱或破布用冷水浸透后放在燃油泵和油管上，使之降温。

2.6.2　油泵控制系统的故障排除

（1）故障原因分析

1）拆下外电路电源线，搭铁试火，若有火则表示电源正常；若无火应检查油泵控制电路。

2）用一电流表串接在电路中，如表针指向1.2A左右，并显示来回抖动，则控制电路完好，振荡正常，表明故障在机械部分；若表针无指示或指示超过2A，或指针虽指向1.2A但不摆动，则表明故障在控制部分。

3）当接通电源后有振动声但不泵油，则为进油阀或出油阀损坏或卡住；若拆下电源线搭铁有火，而将电源线碰底盖又无火时，则为电动燃油泵与车体搭铁不实。

4）燃油泵振动声正常，但供油不足，且油杯内有气泡，则为进油管接头、油箱开关或燃油泵底盖处密封不严；若油杯内无气泡，则为油管堵塞或底盖进油口滤网太脏。

5）当接通或切断电源，燃油泵无声时，应拆下电源线，若碰底盖有火，则说明泵内电路有故障。

（2）故障检修及排除　如判断故障在控制电路，应先排除控制电路的外围电路及开关与继电器故障，然后检修或更换控制电路。

若经以上检修后，燃油泵故障仍旧不能排除，应换新燃油泵。电喷车的电动燃油泵损坏，应更换本车原型号的燃油泵，否则不能正常工作。

2.6.3　喷油器控制系统的故障排除

1. 电喷发动机耗油过多

（1）故障原因分析

1）空气滤清器阻塞或怠速调整不当。

2）热空气阀阻塞或点火时刻过迟。

3）EFE 加热器工作不良或氧传感器失灵。

4）排放系统工作不良或轮胎气压不足。

5）PCV 阀阻塞或滤清器不干净。

6）冷起动喷油器阻塞或泄漏。

7）喷油器内部损坏或磨损严重。

8）行车或驻车制动器有拖滞现象。

9）点火时间调整过迟。

10）冷却系统节温器失灵或控制温度过低。

11）恒温空气滤清器有故障，使热空气一直进入。

12）EGR 阀因卡滞而常开。

（2）故障检修及排除

1）检查轮胎气压、制动技术状况是否符合要求。

2）检查空气滤清器情况，视情清洁或更换。

3）检查燃油、油泵、滤清器的状况，视情清洁或更换。

4）检查油压、供油量、调节器情况，视情清洁、调整、修复或更换。

5）检查喷油器、发动机管路系统连接，视情修复。

6）检查冷却液温度传感器、进气温度传感器，视情清洁、修复或更换。

7）检查空气流量传感器、节气门位置传感器，视情清洁、修复或更换。

8）检查爆燃传感器、ECU 插接器，视情清洁、整理、修复或更换。

9）检查冷却系统节温器、恒温空气滤清器及 EGR 阀，视情清洁、修复或更换。

2. 电喷发动机燃油气味逸出

（1）故障原因分析

1）燃油箱加油过满或油箱盖密封不严。

2）燃油管道有渗漏或喷油器关闭不严。

3）燃油蒸发控制系统有故障。

（2）故障检修

1）检查燃油箱油量、油箱盖有无油外溢、燃油管道有无损坏泄漏，视情进行泄量或修复。

2）检查喷油器有无泄漏，视情清洁或更换。

3）检查活性炭罐，视情清洁、修复或更换。

3. 电喷发动机排烟浓

（1）故障原因分析

1）排黑烟多。因空气滤清器过脏或进气管道阻塞喷油器使喷油过多。

2）排白烟多。因气缸进水，气缸盖、缸体裂纹或气缸垫冲坏。

3）排灰烟多。因混合气过浓、烧机油或气缸进水。

4）排蓝烟多。因烧机油、PCV 阀不关闭或 PCV 阀滤清器过脏、气缸磨损严重。

（2）故障检修及排除

1）排黑烟需检查：空气滤清器、进气管道；空气流量传感器、进气温度传感器；燃油压力、供油量、调节器、喷油器；发动机管路系统、ECU 插接器。视情清洁、调整、修复或更换相关零部件。

2）排白烟需检查：冷却液有无减少、润滑油内有无水分、各气缸之间压力及各气缸工作状况。视情修复或更换相关零部件。

3）排蓝烟需检查：气缸压力、气缸活塞、活塞环；PCV 工作状况；润滑油压力、限压阀；气门油封。视情清洁、修复或更换。

4. 电喷发动机喷油器堵塞

（1）故障原因分析　电喷发动机喷油器由电磁线圈、吸铁开关、喷油针阀和座组成。针阀的开启是由 ECU 产生的电脉冲控制的。喷油器堵塞会造成个别气缸工作不良，发动机运转不稳定。喷油器堵塞的主要原因是喷油器上的沉积物和积炭。

（2）故障检测及排除　当喷油器堵塞后，可以对喷油器进行清洗。运用燃油清洗机，选用与汽油相混合的清洗剂，通过燃油管路进入喷油器，一般在 1min 内即可使喷油器清洁。

2.7　发动机油路综合控制系统故障案例分析

案例 1：奥迪 1002.2E 起动不着车。

（1）故障诊断及分析　经检查，燃油泵继电器和中央电气盒主板均已烧化，燃油泵熔丝却完好(因装用了一个劣质熔丝且电流值为 20A,而正常值为 15A)。很明显，是燃油泵电流过大造成此现象。询问用户得知，此车刚在外市更换过燃油泵。首先修复好线路，但换上 15A 燃油泵熔丝后，仅十几分钟便又烧断。此时测量燃油泵电流为 16A。拧开油箱盖，取出燃油泵，发现滤网上附有很多棉丝以及一些脏物。将滤网清洗干净后装复试车，燃油泵刚运转时，测电流为 8A，马上又显示为 16A。测量系统燃油压力，系统压力值很高。分别拆开进、回油管测试，燃油不经过燃油分配器时，电流正常，而回油量不正常。经过检查为燃油分配器中的调压柱塞损坏。

（2）故障排除　更换新的燃油分配器总成，燃油泵电流恢复正常，故障排除。

案例 2：日产阳光发动机怠速运转时抖动厉害，排气管冒白烟，尾气汽油味很浓。

（1）故障诊断及分析　根据经验，此种现象应该是发动机缺缸工作所致。对各缸进行断火试验，发现有一缸不工作。拆下该缸火花塞观察，有湿露现象。对其进行跳火实验，跳火正常。拆检该缸喷油器时发现，喷油器的密封圈已经破损，大量未被计量的燃油经破损的密封圈进入到气缸中，造成混合气浓度大到已超过极限，以致不能被点燃。当大量未被燃烧的燃油蒸气由排气管排放出去时，在排气管口处冷凝，就形成白色雾状，和气缸中有水时，排气管冒出的白烟一样。惟一不同的是，未燃烧的燃油在从排气管排出时，除了形成白烟外，还会有很浓的汽油味。

（2）故障排除　更换该缸喷油器密封圈后，故障现象消失，恢复正常。

案例 3：奔驰 560SEL 发动机怠速运转正常，踩下加速踏板时，发动机转速不能提高（不能超过 2000r/min）。

（1）故障诊断及分析　经过检查，系统燃油压力为 600kPa，在正常范围内。在更换了喷油器、燃油分配器以及油压调节器后均不能解决问题。多方检查后发现，油箱由于长时间使用，已有严重生锈的现象。当锈粉脱落沉淀在油箱底部后，会被高速运转的燃油泵吸附在油箱内的出油滤网上，时间长了就造成滤网部分堵塞。而发动机在怠速时由于供油量需求小，由油箱滤网通过的油量能够满足发动机的运转。但当中等负荷或大负荷工况时，发动机对供油需求量加大，由油箱滤网通过的油量远不能满足需求，就会出现供油量不足，发动机动力不足的现象。

（2）故障排除　将油箱进行清理，并重新更换出油滤网后，故障排除。

案例 4：一辆别克君威 2.0L 轿车，已经行驶 15 万 km，客户反映该车在冷车时能够顺利起动，但有时热车起动特别困难。

（1）故障诊断及分析　混合气过浓往往是造成热车不易起动的原因。由于该故障现象直接与温度有关，因而首先检查了冷却液温度传感器及其控制电路，均属正常。在检查过程中发现，该车热车熄火后立即起动，起动良好，但熄火后等候 5～8min 后，再起动就非常困难。检查燃油系统，接好燃油压力表，起动发动机，压力正常。熄火后再看油压表，发现油压很快下降，断开回油管接头，无回油，说明漏油在油泵至喷油器之间。拆下 4 个喷油器检查实验，发现喷油器有严重的漏油现象。

（2）故障排除　更换新的喷油器后，无论冷车起动还是热车起动都很正常，故障排除。

第3章　发动机点火电路综合控制系统的故障及检修

解析要点：

- 发动机点火电路故障引起汽车的表征现象。
- 发动机点火电路各组成部分的结构特征。
- 发动机点火电路的工作流程。
- 发动机点火电路的拆装与调试。
- 发动机点火电路各组成部分的检修。
- 发动机点火电路故障的诊断与排除。
- 发动机点火电路故障及案例分析。

3.1　发动机点火电路综合控制系统故障引起的发动机表征现象

汽车发动机点火电路是点燃式发动机为了正常工作，用于提供点火能量和控制各个气缸点火顺序、点火时刻的装置，是发动机工作的三大要素“油”、“电”、“气”之一。其相关零部件出现异常，会引起汽车出现如下表征现象：

1）发动机无法起动。

2）发动机起动困难。

3）发动机动力不足。

4）发动机运转不良。

5）发动机冒烟和排气管放炮。

6）发动机进气管回火。

7）发动机怠速不稳。

8）发动机加速熄火。

9）发动机油耗过高。

10）发动机抖动。

11）发动机噪声很大。

3.2　发动机点火电路综合控制系统的结构特征分析

发动机点火电路综合控制系统的基本功能是依据发动机的工作顺序，适时地向发动机提供高压火花，点火系统的功能体现在点火的时机和产生点火火花的强度，关键点在恰当的时候和足够的电压和点火能量。要实现汽车上的12V低压直流电转化为可以产生足够强度火花的高压电，只有采用变压器通过次级绕组和初级绕组的较大比值来产生高压电。点火系统一般由控制初级绕组通断的开关、产生高压电的点火线圈和将高压电变成点火火花的火花塞构成。系统的蓄电池提供 12V 的电源，通过断电开关接通和切断初级绕组中的电流，这样在次级绕组中就会产生高达 1.7～3 万 V 的高压电。当断电开关闭合时，初级绕组中有电流通过，并且电流值随着闭合时间的增长而不断提高，当开关突然打开时由于电磁感应在次级绕组中便产生足够的电压并将该电压加到火花塞上使其产生火花点燃混合气。

3.2.1 传统控制点火电路的结构特征分析

传统点火电路的组成如图 3-1 所示。

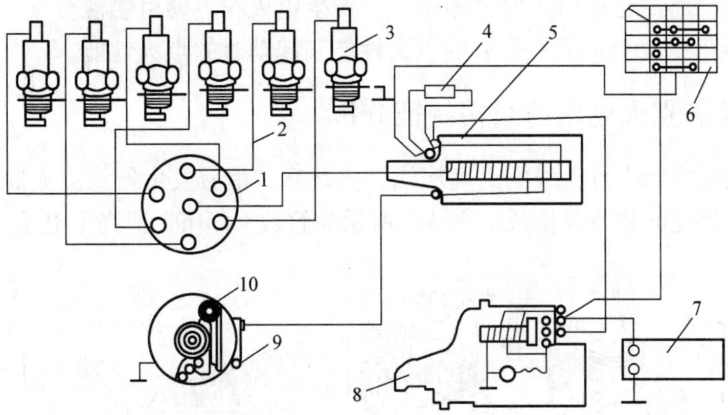

图 3-1 传统点火电路的组成

1—分电器 2—高压线 3—火花塞 4—附加电阻 5—点火线圈
6—点火开关 7—蓄电池 8—起动机 9—电容器 10—断电器

传统点火电路零部件在汽车上的布置如图 3-2 所示。

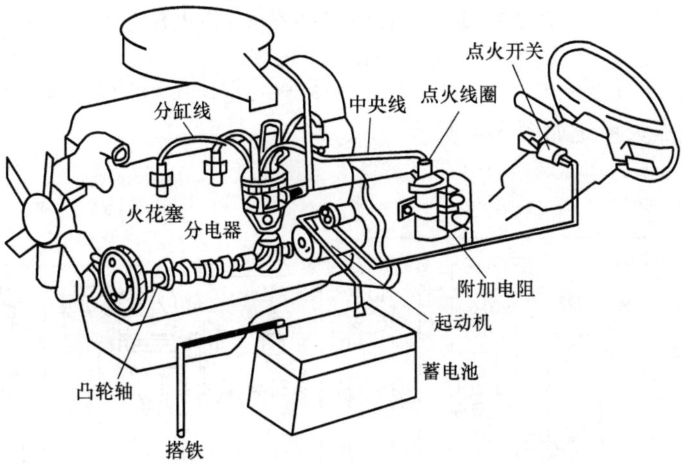

图 3-2 传统点火电路零部件在汽车上的布置

传统点火电路零部件的结构特征如下：

（1）电源 点火系统的电源是蓄电池或发电机，作用是供给点火系统所需的电能。发动机起动时由蓄电池供电，正常工作时由发电机供电。

（2）点火开关 接通或断开点火系统初级电路，控制发动机起动、工作和熄火。

（3）点火线圈　为自耦变压器，将低电压变为能击穿火花塞间隙所需的高电压。

（4）分电器　分电器由断电器、配电器、点火提前角调节装置和电容器等组成，其功用是接通和断开点火线圈初级电流，使点火线圈次级电路产生高压电，并按发动机点火顺序将高压电分送到各气缸火花塞，并随发动机转速、负荷和燃油牌号的变化，自动或人为地调节点火提前角。电容器与断电触点并联，以减小触点分开时的火花，延长触点使用寿命。

（5）高压导线　用以连接点火线圈与分电器中心插孔以及分电器旁电极和各缸火花塞。

（6）火花塞　将高压电引入气缸燃烧室，产生电火花点燃可燃混合气。

（7）附加电阻　改善正常工作时的点火性能和起动时的点火性能。

3.2.2 电子控制点火电路的结构特征分析

电子点火系统主要由点火线圈、高压线、火花塞、信号发生器、点火器、真空点火提前装置和离心式点火提前装置等构成。图 3-3 所示为解放 CA1092 型汽车电子点火系统。

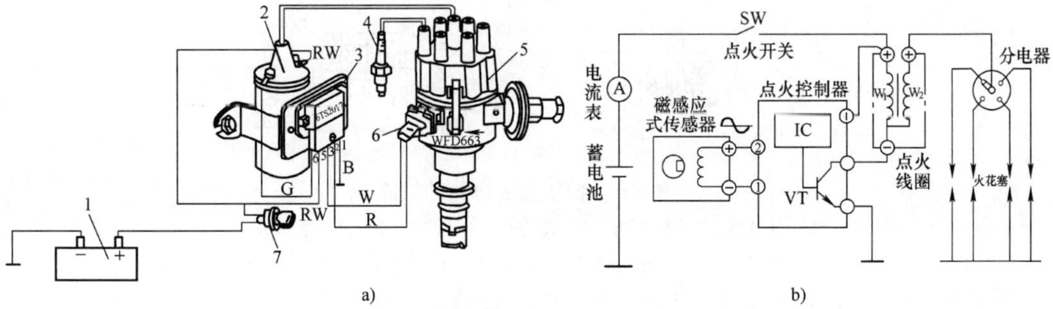

图 3-3　解放 CA1092 型汽车电子点火系统

a）示意图　b）电路图

1—蓄电池　2—点火线圈　3—点火器　4—火花塞　5—分电器　6—信号发生器　7—点火开关

1）磁脉冲式点火系统如图 3-4 所示。

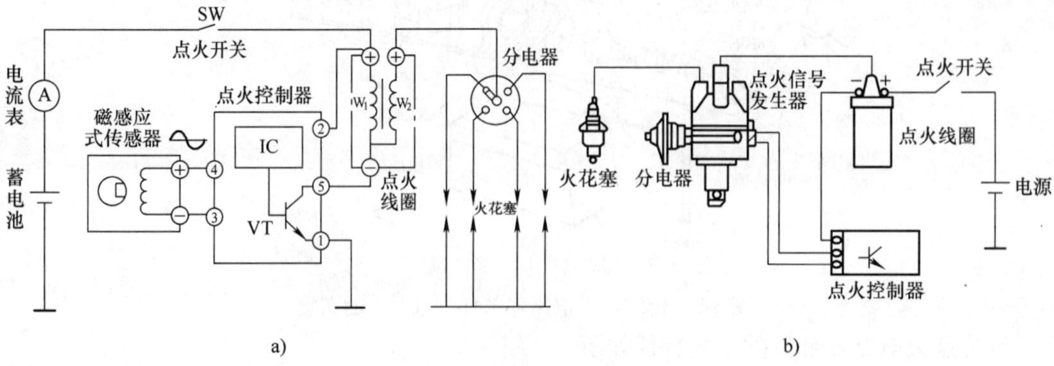

图 3-4　磁脉冲式点火系统

a）电路图　b）示意图

① 打开点火开关，点火模块通电准备工作。

② 飞轮带动分电器轴转动，传感器转子转动使传感器线圈产生交变变化的信号（正弦波）。

③ 信号送入点火模块，经过多级放大驱动功率晶体管工作。功率晶体管接通点火线圈一次侧电路通电储能；功率晶体管断开点火线圈二次电路，通过互感产生高压击穿火花塞点火。

④ 传感器工作稳定可靠，无机械磨损，寿命长，控制精度高。

2）霍尔式点火系统如图3-5所示。

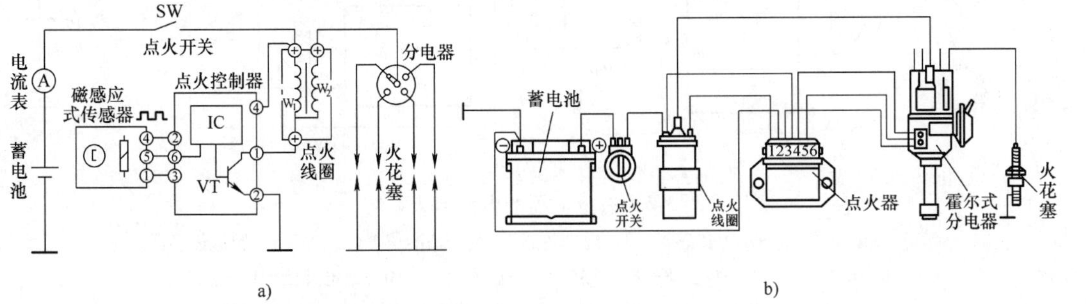

图3-5　霍尔式点火系统

a）电路图　b）示意图

① 打开点火开关，点火模块通电准备工作，同时稳压电路给霍尔传感器提供工作电源。

② 飞轮带动分电器轴转动，传感器叶轮转动使霍尔元件中产生交变变化的电信号（方波）。

③ 信号送入点火模块，经过多级放大驱动功率晶体管工作。功率晶体管接通点火线圈一次电路通电储能；功率晶体管断开点火线圈二次电路，通过互感产生高压击穿火花塞点火。

④ 传感器工作稳定可靠，无机械磨损，寿命长，控制精度高。

3.2.3　微机控制点火电路的结构特征分析

1. 有分电器的电控点火控制电路的结构特征

图3-6所示为有分电器电控点火系统电路。ECU根据各输入信号，确定点火时间，并将点火正时信号IG_t送至点火模块。当IG_t信号变为低电平时，点火线圈初级电路由于功率晶体管的截止而被切断，次级电路感应出高电压，再由分电器按发火顺序送至相应气缸的火花塞上产生电火花。

在该种点火系统的分电器中，有的除保留了传统的机械式配电结构外，不再有传统的分电器中的断电器、离心式和真空式点火提前角调节器。在有些车型的分电器中，还装有曲轴位置传感器和凸轮轴位置传感器（Ne信号和G信号）。

为了产生稳定的次级电压和保证系统的可靠工作，在点火器中设有闭合角控制回路和点火确认信号（IG_f）发生电路。闭合角控制回路的作用是根据发动机转速和蓄电池电压（电源电压）的变化调节闭合角，保证闭合时间（初级绕组通电时间）稳定，以保证足够的点火能量和次级电压。在发动机转速上升和蓄电池电压下降时，闭合角控制电路使闭合角增大，延长

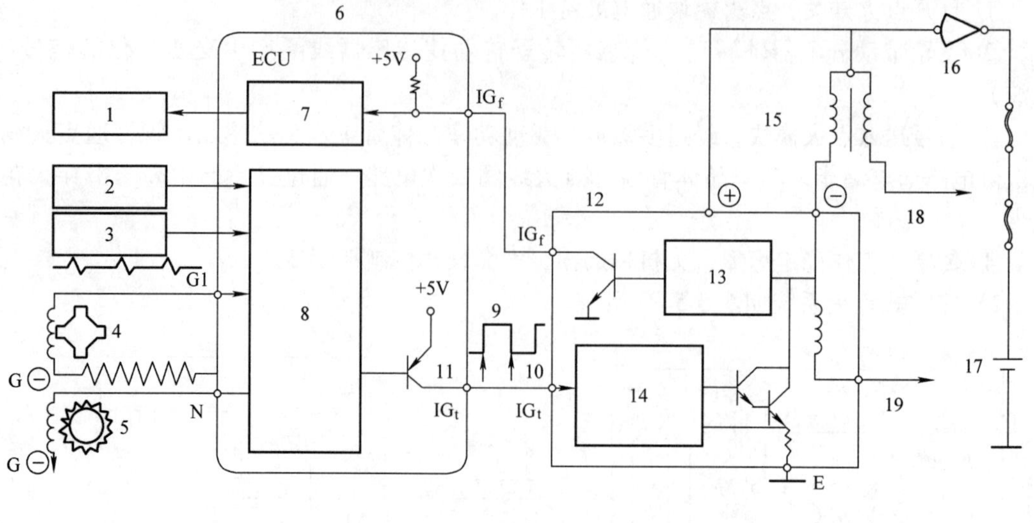

图 3-6　有分电器的电控点火系统

1—主继电器　2—压力传感器　3—温度传感器　4—基准位置传感器　5—转速传感器
6—ECU　7—EFI 控制　8—ESA 控制　9—点火信号　10—通电开始　11—点火
12—点火模块　13—点火监视回路　14—闭合角控制　15—点火线圈
16—点火开关　17—蓄电池　18—至分电器　19—至发动机转速表

初级绕组的通电时间，防止初级电路储能下降，确保点火能量。

点火确认信号发生电路的作用是在点火线圈初级电路切断，初级绕组产生自感电动势时，输出点火确认信号 IG_f，给 ECU，以监视点火控制电路是否工作正常。当点火器中的功率晶体管不能正常导通和截止时，ECU 就接收不到由点火器反馈回来的点火确认信号 IG_f，表明点火系统发生故障，ECU 将切断燃油喷射脉冲信号，使电磁喷油器停止喷油。如果由于某种原因，偶尔出现一次不正常信号，ECU 并不会判定为故障，一般需点火器六次没有点火确认信号(IG_f)反馈给 ECU 才能判定为点火系统故障。

图 3-7 所示为广州本田雅阁点火系统，ECM 根据凸轮轴位置和转速传感器、曲轴位置和转速传感器等传送的信号判定点火正时，然后指令点火模块控制点火线圈初级电路的通断。随后点火线圈产生的次级电路流向分电器盖。分电器通过高压导线与火花塞相连接，以适当的顺序将高压引向火花塞，从而使火花塞产生火花，点燃气缸内的压缩混合气。

2. 无分电器电控点火电路的结构特征

（1）同时点火电路的结构特征　同时点火系统也叫分组点火系统，如图 3-8 所示。其特点是两个活塞同时到达上止点位置的气缸(一个为压缩行程的上止点,另一个为排气行程的上止点)共用一个点火线圈，即点火线圈的数量为气缸数的一半。

以六缸发动机为例，1、6 缸，2、5 缸，3、4 缸的活塞分别同时到达上止点，称为同步缸，两同步缸共用一个点火线圈，两个缸的火花塞与共用的点火线圈中的次级绕组串联。点火是在活塞运行至压缩上止点和排气上止点时同时进行，其中一个缸处于压缩上止点，气缸内的混合气的密度和压力较高，所以较多的点火能量使该气缸火花塞点火，混合气体迅速被点燃做功，这个气缸的点火称为有效点火；另一个处于排气上止点附近的气缸因内部气压低，且温度高，其火花塞很容易被高压电击穿点火，因此消耗的点火能量非常少，不会对压

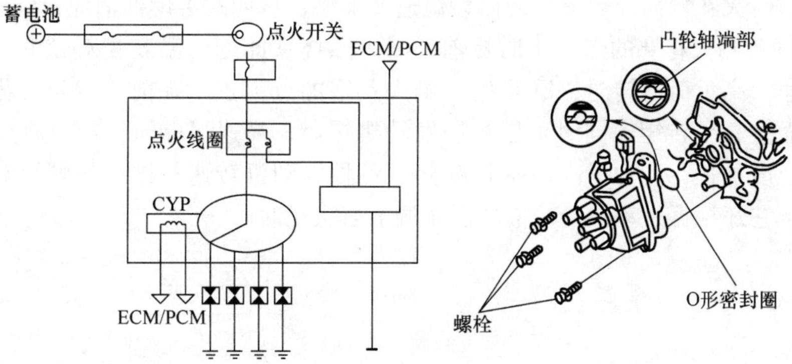

图 3-7 广州本田雅阁点火系统

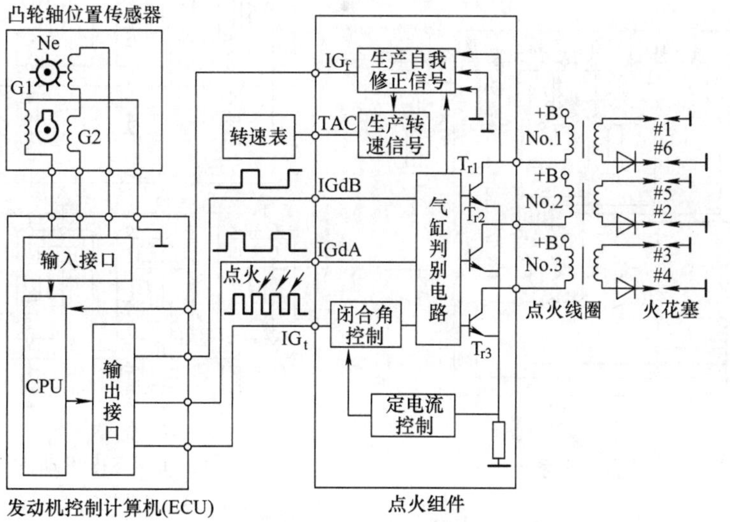

图 3-8 同时点火系统

缩行程气缸点火产生影响，称之为多余点火。

在同时点火系统中，如果是一个缸的点火电路断路，那么另外一个缸的火花塞也不能点火。如果是一个缸的点火短路，对另一个缸的点火则没有影响。同组内两个火花塞的电流方向是不同的，所以火花塞使用一段时间后的磨损情况是不同的。

（2）独立点火系统 独立点火方式指每个气缸配有一个或两个点火线圈，单独对本缸进行点火，如图 3-9 所示。

这种点火方式特别适合在四气门发动机上装用，火花塞可安装在双凸轮轴中间，在任何一缸火花塞上直接压装一个点火线圈，充分利用了安装空间，这对 V 形多缸发动机室的合理、紧凑布置具有重要的实用意义。同时由于无机械配电方式分火头与分电器盖旁电极之间的附加跳火间隙和高压导线，因而能量传导损失、漏电损失小，系统可靠性提高，故障率减少，而且各缸的点火线圈和火花塞均由金属层包覆，其对无线电干扰大大减少，这对发动机电控系统的正常工作也是十分重要的。

如图 3-10 所示，本田飞度使用 i-DSI 点火系统，即智能型双火花塞顺序点火系统。该点火系统中 ECU 能根据发动机转速和进气歧管中的真空，来控制前、后火花塞的点火相差：

怠速时，前、后火花塞同时点火，因而燃烧速度加快，从而改善燃油消耗；低速、低负荷运转时，ECU 将前侧火花塞的点火正时提前，因为燃烧室此处的温度相对较低，从而改善燃油消耗；低速、高负荷运转时，ECU 把前侧火花塞的点火正时提前，后侧火花塞的点火正时延迟，因而提高了转矩，同时可以控制发动机爆燃；高速运转时，前、后火花塞同时点火，使燃烧速度加快，动力提高。ECU 存储有各种发动机转速与进气歧管绝对压力下基本的点火正时。它还根据发动机冷却液的温度调节点火正时。

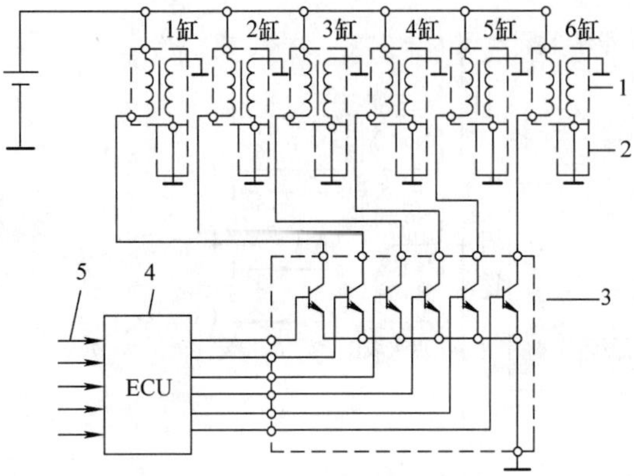

图 3-9　独立点火系统

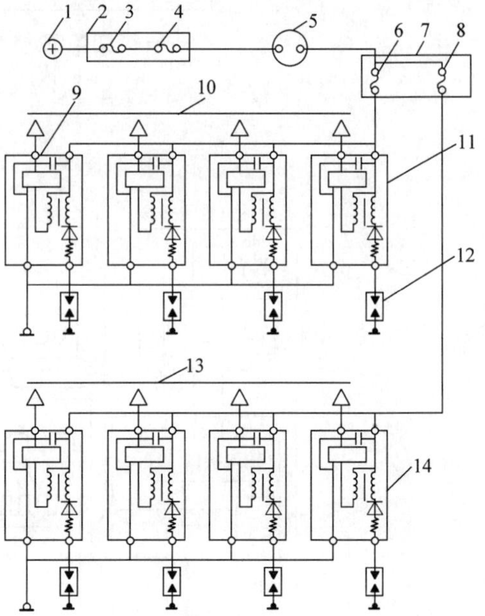

图 3-10　飞度发动机的点火系统

1—蓄电池　2—发动机室盖下熔丝/继电器盒　3—1 号熔丝(80A)　4—3 号熔丝(50A)　5—点火开关　6—15 号熔丝(15A)　7—仪表板下熔丝/继电器盒　8—14 号熔丝　9—ICM　10、13—来自 ECM/PCM　11—1 缸后点火线圈　12—火花塞　14—1 缸前点火线圈

（3）二极管配电点火方式　二极管配电点火方式如图 3-11 所示，其特点是四个气缸共用一个点火线圈，点火线圈为内装两个初级绕组、一个次级绕组的特制点火线圈，利用四个二极管的单向导电性交替完成对 1、4 缸和 2、3 缸的配电过程。

二极管配电点火方式的特性与同时点火方式相同，但对点火线圈要求较高，而且发动机的气缸数必须是数字 4 的整倍数，所以应用上受到一定限制。

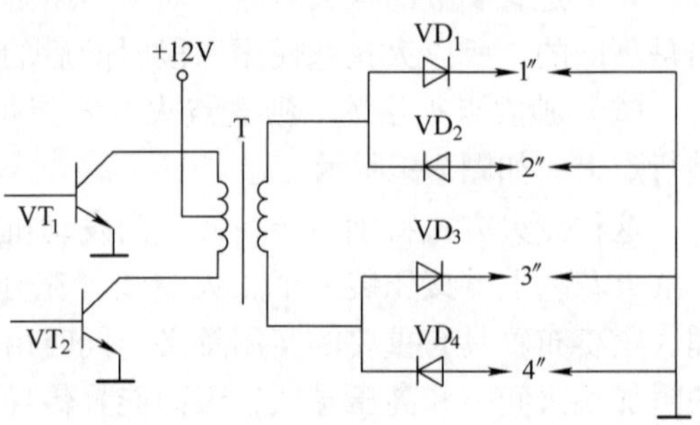

图 3-11　二极管配电点火方式

3.3　发动机点火电路综合控制系统的工作流程

3.3.1　传统控制点火电路的工作流程

典型传统点火电路工作流程如图 3-12 所示。

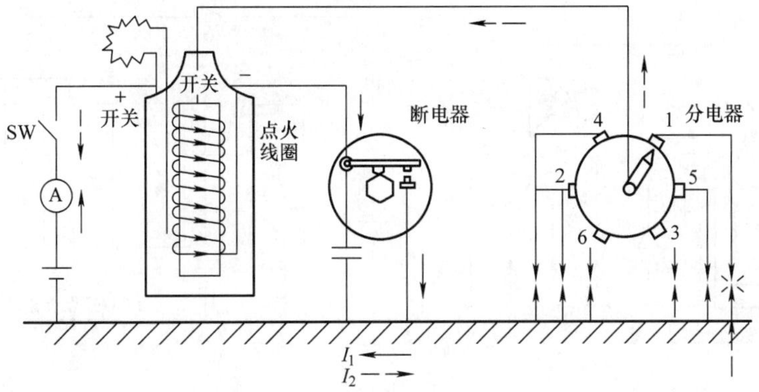

图 3-12　传统点火电路工作流程

1. 传统点火电路的工作流程

1）飞轮带动分电器轴转动，分电器间歇打开和闭合断电器。

2）断电器闭合，点火线圈一次电路通电储能；断电器打开，点火线圈二次电路通过互感产生高压。

3）配电器将二次电路高压分配到各个气缸。

4）传统点火系统特点：白金触点易坏。

2. 正常工作(起动后)时电的流动路线

1）初级电流在触点闭合时形成，以发电机、蓄电池为低压电源，以附加电阻及点火线圈初级绕组为负载形成回路，如图 3-12 中实线箭头所示：蓄电池或发电机“+”→点火开关 ON 档→附加电阻→点火线圈初级绕组→断电器活动触点→固定触点→搭铁→蓄电池或发电机“-”。

2）次级电流在触点从闭合到张开瞬间存在(张开后初级、次级电流均不存在)，以点火线圈次级绕组为高压电源，以火花塞电极气隙为负载形成回路。根据楞次定则可判断出高压电流方向与低压电流方向相反，如图 3-12 中虚线箭头所示：点火线圈次级绕组“+”→附加电阻→点火开关→蓄电池或发电机→火花塞侧电极→分电器盖→分火头→点火线圈次级绕组。次级电路设计成正极搭铁，有助于火花塞中心电极产生热电子发射，可降低电极间隙击穿电压 20% ~40%，减少火花塞中心电极和分火头铜片的蚀损。

3. 起动时电的流动路线

1）触点闭合时，点火线圈初级电流经附加电阻短路开关形成回路，如图 3-13 中实线箭头所示：蓄电池“+”→起动机开关→点火线圈初级绕组→继电器活动触点→固定触点→蓄电池“-”。

2）触点张开瞬间，点火线圈次级电流也经附加电阻短路开关形成回路，如图 3-13 中虚线箭头所示点火线圈次级绕组“+”→起动机开关→蓄电池→火花塞侧电级→火花塞中心电极→分电器盖→分火头→点火线圈次级绕组“-”。

3.3.2　电子控制点火电路的工作流程

电子点火系统与传统点火系统一样，均采用点火线圈储能和升压，先由点火线圈将低压电源转化为高压电源，然后再由分电器分配给各缸火花塞。其工作流程如图 3-14 所示。

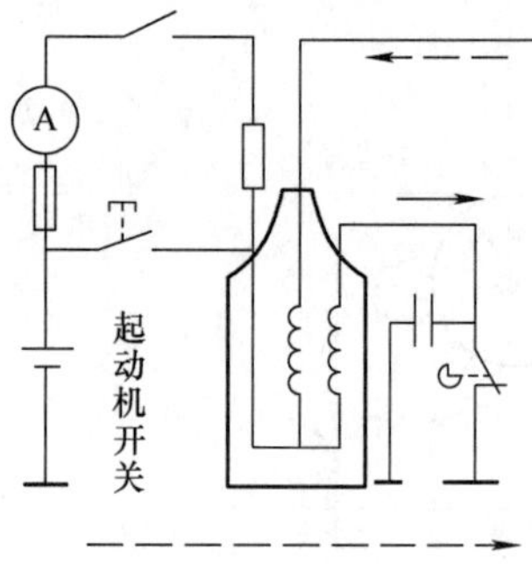

图 3-13　起动时点火电路电的流动路线

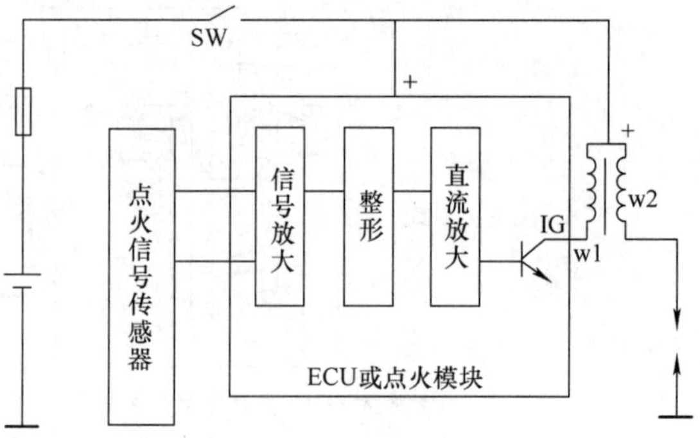

图 3-14　电子点火系统工作流程图

信号发生器的转子在配气凸轮的驱动下旋转，信号发生器内部就会产生信号电压，并输入点火控制器控制大功率晶体管的导通和截止。

当点火开关接通，VT 导通时，有初级电流流过；当晶体管 VT 截止时，初级电路突然被切断，铁心中的磁通量迅速变化，在初级绕组 W1 和次级绕组 W2 中都会感应产生电动势。由于次级绕组匝数多，因此能够感应产生足够击穿火花塞间隙的高压电，一般可达 20000 ~ 25000V。

发动机工作时，信号发生器转子在发动机凸轮轴的驱动下连续旋转，并不断产生点火信号控制晶体管的导通与截止，点火线圈就不断产生高压电并由分电器按点火顺序分配到各缸火花塞产生点火花点燃混合气，保证发动机正常工作。

基本工作流程：传感器产生信号→点火模块→功率晶体管通、断→点火线圈初级电路通、断→点火线圈次级绕组→产生高压。

3.3.3　微机控制点火电路的工作流程

电控点火系统工作流程如图 3-15、图 3-16 所示。

1. 闭合角的控制流程

所谓闭合角就是点火线圈初级电路的通电时间。为了保证点火系统工作时的点火能量，ECU 还必须根据蓄电池电源电压和发动机转速，从计算机内存储器存储的数据中，确定闭合角。

由于点火能量的高低是由点火线圈初级绕组电流的大小决定的，而该电流是按指数规律变化的，通电时间越长，其值越接近幅值，断电后在次级绕组中产生的感应电动势就越高，点火能量就越大。因此，通常总希望点火线圈初级绕组的通电时间长一些。但是，该电流过大会造成点火线圈发热乃至损坏以及电能损耗的加大。因此，科学地控制点火线圈初级电路的通电时间，是点火控制的要素之一。

在现代电子控制点火系统中，由于使用半导体开关(通常是用功率晶体管)来控制电流的通断，所以通电时间的控制是通过半导体开关的导通时间来实现的。由于电子点火系统中

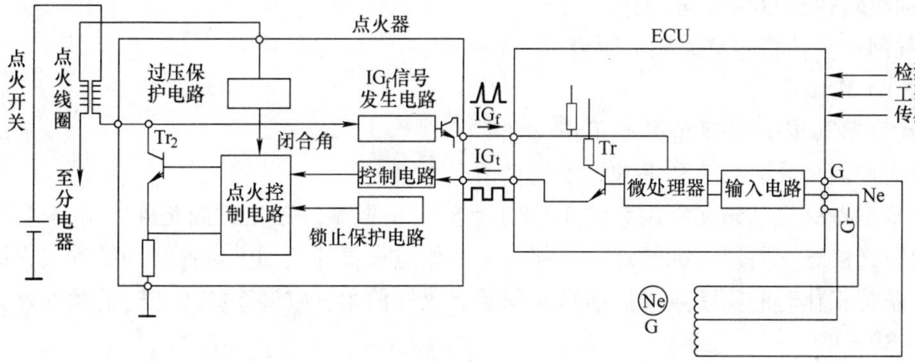

图 3-15　电控点火系统工作流程(一)

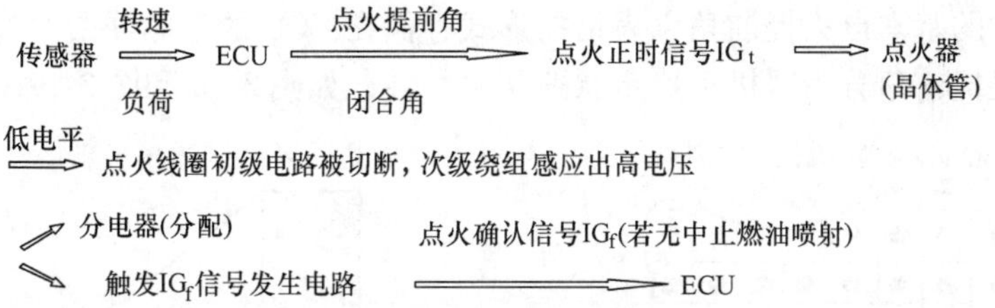

图 3-16　电控点火系统工作流程(二)

所使用的点火线圈均为高能型的，其电流幅值可达 30A 以上，为防止点火线圈损坏，在有些系统中，在控制通电时间的同时，还加入了恒流控制。

恒流控制的基本方法是在点火器功率晶体管的输出回路中设置一个电流采样电阻，用采样电流在该电阻上形成的压降反馈控制晶体管的基极电流，只要这种反馈为负反馈，就可以稳定晶体管的集电极电流，从而达到恒流控制的目的。

2. 点火提前角和爆燃的控制流程

影响发动机点火前提角的因素很多，例如发动机转速、负荷、进气压力、进气温度、大气压力等，但其中最主要的是转速和负荷。在 ECU 内存储了大量的数据，在发动机工作时，各种传感器分别将每个瞬间发动机转速、负荷、冷却液温度等信号输入 ECU。ECU 再对各种信号处理来决定点火提前角。

点火提前角也就叫点火时刻及点火正时。实际上的点火时刻都在压缩上止点之前的某一曲轴转角处。点火提前角是汽油发动机运行中的一个重要参数，它对发动机的动力性、经济性和环保性都有重大的影响。在自动变速器换档时，点火正时通过延迟来降低输出转矩和缓冲换档时的冲击。

在发动机电控系统中，点火提前角通常包括三部分内容：初始点火提前角、基本点火提前角和修正点火提前角，实际的点火提前角为这三部分之和：

最佳点火提前角 = 初始点火提前角 + 基本点火提前角 + 修正点火提前角

丰田汽车公司丰田计算机控制系统(TCCS)采用这种点火提前角控制方法。丰田 IG-GEL 发动机的原始点火提前角、基本点火提前角及修正点火提前角分别如下所述。

原始点火提前角(也称为固定点火提前角)为上止点前 10°，适用以下工况：

1）发动机起动。

2）发动机转速在 400r/min 以下。

3）节气门位置传感器怠速触点闭合。

4）车速为 2km/h。

5）发动机 ECU 内后备系统开始工作。

基本点火提前角分为怠速和平常行驶两种情况。

怠速的基本点火提前角在空调系统工作时为 8°，空调系统不工作时为 4°。由于怠速时点火提前角不必修正，所以实际的点火提前角为原始点火提前角加上怠速时的基本点火提前角，即空调系统工作时的实际点火提前角 = 原始点火提前角 + 空调系统工作时的基本点火提前角 = 10° + 8° = 18°。

空调系统不工作时的实际点火提前角 = 原始点火提前角 + 空调系统不工作时的基本点火提前角 = 10° + 4° = 14°。

平常行驶时的基本点火提前角以表格的形式存储在 ECU 的存储器中，如图 3-17 所示。

修正的点火提前角分为暖机和稳定怠速两种特性，如图 3-18 和图 3-19 所示。

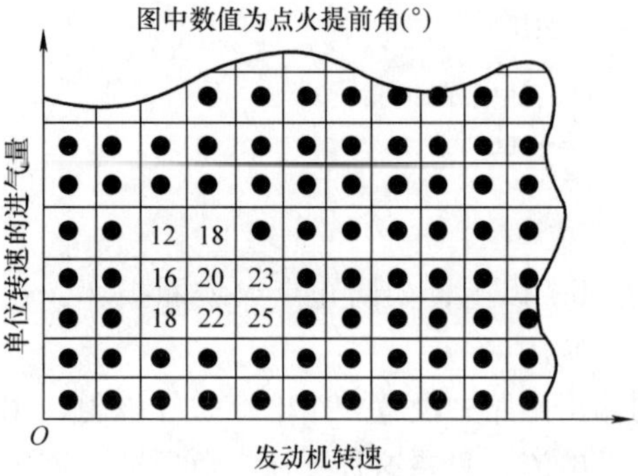

图 3-17 丰田 IG-GEL 发动机平常行驶的基本点火提前角

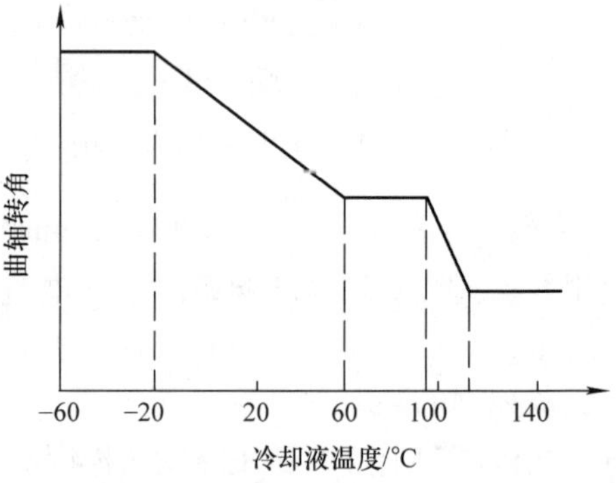

图 3-18 丰田 IG-GEL 发动机暖机时的点火提前角

平常行驶时，发动机的实际点火提前角就是上述三种点火提前角之和。

点火提前角的修正，除暖机和稳定怠速修正外，在有的车型上还采用空燃比反馈修正。由于空燃比反馈控制系统是根据氧传感器的反馈信号调整喷油量的多少来达到最佳空燃比控制的，所以这种喷油量的变化必然带来发动机转速的变化。为了稳定发动机转速，点火提前角需根据喷油量的变化进行修正。喷油量与点火提前角的关系如图 3-20 所示。

气缸内的混合气的正常燃烧是由火花塞处有序地向外推进的。如果因为某种原因使部分混合气的温度和压力都很高，以致在火花塞点燃的火焰前锋到来之前自燃，形成无方向的爆炸燃烧，简称爆燃。爆燃会引起发动机的强烈振动并伴有金属敲击声。爆燃是一种非正常燃烧，危害极大。它使发动机的动力下降、经济性变差、排污加重；使发动机过热，各机件的热负荷加重，冷却液温度失控；局部产生强烈的冲击波，破坏气缸壁上的润滑油膜，使发动机的工作条件恶化。

产生爆燃的原因主要有发动机温度过高、负荷过大，或者是汽油本身的抗爆性差。

推迟点火是消除爆燃的有效办法，但是如果点火时刻远离爆燃，那么发动机的动力性将下降，油耗也增加。现代的点火爆燃控制的目标是点火时刻在爆燃的界面上工作。

爆燃控制的点火提前角如图 3-21 所示。爆燃控制系统实际就是加了爆燃传感器的点火控制闭环系统。

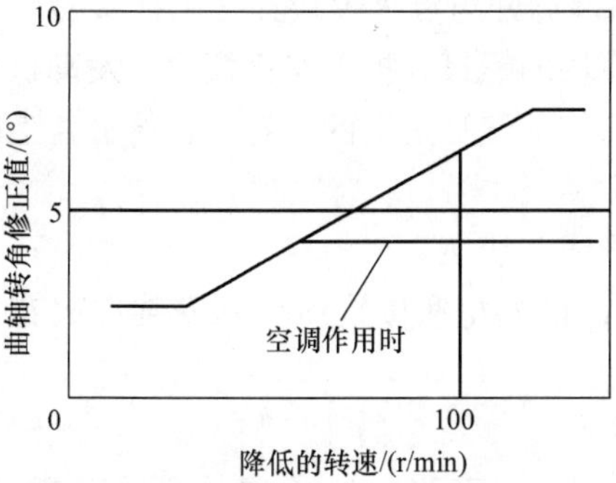

图 3-19　丰田 IG-GEL 发动机稳定怠速时的点火提前角

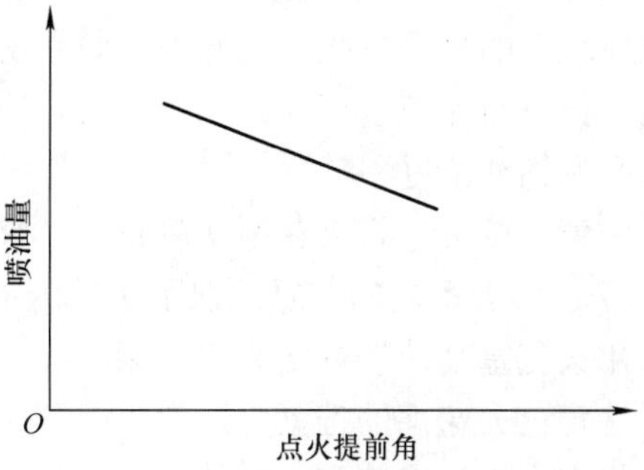

图 3-20　喷油量与点火提前角的关系

爆燃传感器安装在发动机缸体上，它把缸体的振动转换成电信号输入 ECU，ECU 内部经滤波电路，滤除与爆燃无关的信号，而只允许含有爆燃信号的特定频率范围的信号通过。然后，再将此信号与设定的爆燃强度基准值进行比较，若该信号大于基准值，说明该振动信号为爆燃引起的，则比较器输出爆燃信号至 ECU，以便进行爆燃控制处理。

由于发动机振动频繁且剧烈，为防止错误的爆燃判别，ECU 只在容易发生爆燃的点火之后的一段时间内允许振动信号进入比较电路进行比较，即只在此时间范围内进行爆燃判别。

当 ECU 有爆燃信号输入时，点火控制系统采用闭环控制方式，并在原点火提前角的基础上推迟点火提前角；如果爆燃不消失，则再推迟点火，直至爆燃消失。当爆燃消失后，在一段时间内维持当前的点火提前角。若无爆燃发生，则逐渐加大点火提前角一直到爆燃发生，然后又重复上述控制过程。可见，这是一种反馈控制过程，其控制流程如图 3-22 所示。

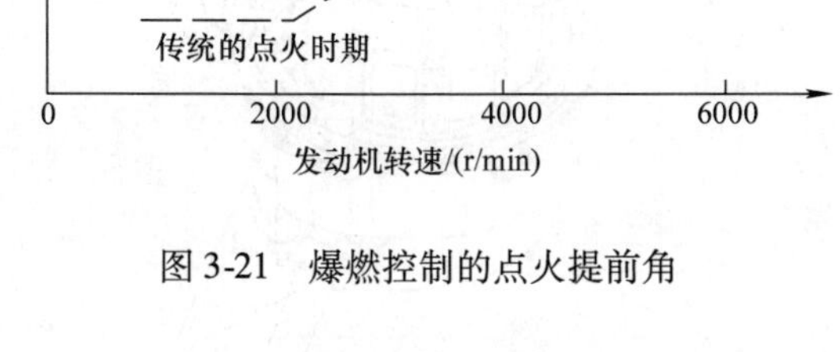

图 3-21　爆燃控制的点火提前角

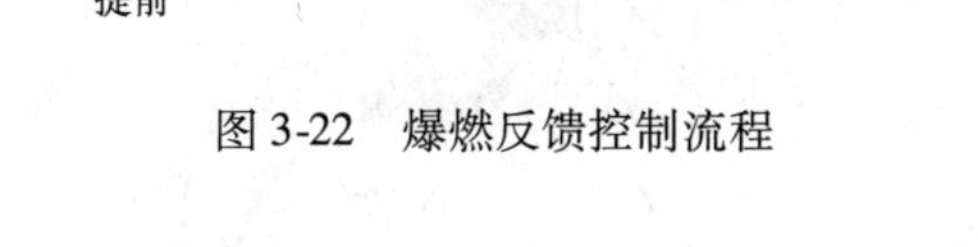

图 3-22　爆燃反馈控制流程

3.4　发动机点火电路综合控制系统的拆装与调试

传统点火电路、电子点火电路和计算机控制点火电路拆装方法类似。

1. 点火电路拆装流程和注意事项

（1）点火系统的拆卸　在拆卸点火系统前要关闭点火开关，拆下蓄电池负极搭铁线。

注意：拆卸之前应读取故障码。

拉开 ECU 上的锁扣，拔下与 ECU 连接的插接器。拆开与点火模块连接的插接器。拔下点火模块上的高压导线。松开进气歧管上连接点火模块的螺钉，拆下点火模块。发动机在冷态时，拔下与火花塞相连的高压导线。用火花塞套筒拧下气缸盖上的火花塞，将缸盖上的火花塞孔用棉纱堵好。

注意：按缸序将火花塞摆放整齐，整理好高压导线及线束。

（2）点火系统的装复　取下火花塞孔上的棉纱，将火花塞按缸序分别安装在火花塞孔中，用火花塞套筒按规定力矩拧紧。

注意：火花塞的拧紧力矩为 30N · m。

将点火模块安装到进气歧管上，拧紧紧固螺钉。将高压导线（有金属外壳端）按数字顺序插接在对应的各缸火花塞上。

注意：靠近车头端的为 1 缸。

在进气歧管定位后，将各高压导线的另一端与点火模块上标有字母的高压输出端按 1—A、2—B、3—C、4—D 对应插好。将点火模块和 ECU 的线束插接器插好。将连接 ECU 的插接器插好。安装蓄电池负极搭铁线。

2. 点火电路零部件及线路的拆装

（1）拆卸

1）脱开蓄电池的负极接线。

2）脱开分电器真空软管和引线插头。

3）拆下火花塞上的高压电线。在拔下或安装各高压线时，应握住橡皮套，不要弯曲或拉压高压线以免损坏其内部线芯，如图 3-23 所示。

4）拧下分电器法兰螺栓，从分电器座上拆下分电器总成。

（2）分解

1）拆下分电器盖和分火头。

2）拧下点火器螺钉，拆下信号发生器和点火器，如图 3-24 所示。

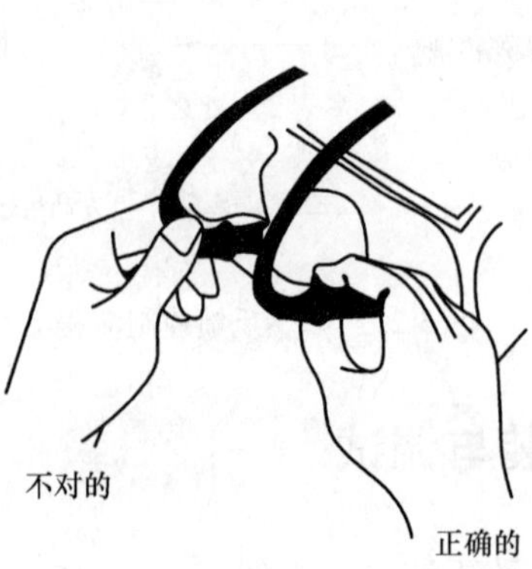

图 3-23　高压线的拆装方法

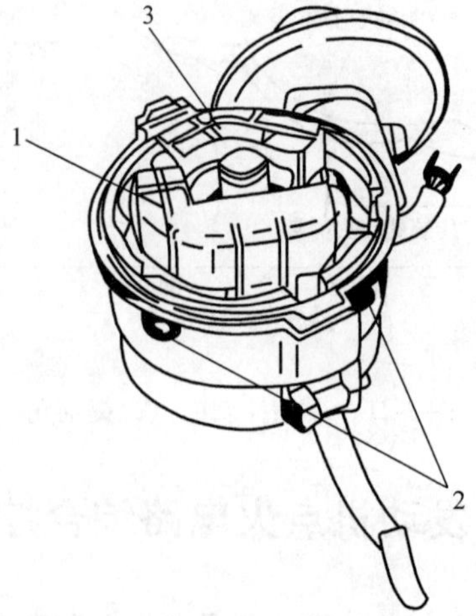

图 3-24　信号发生器和点火器的拆卸
1—点火器　2—点火器螺钉　3—信号发生器

3）松开座板安装螺钉，拆下真空点火控制器和信号发生器座板，如图 3-25 所示。检查座板是否转动平稳(图 3-26)，如果转动不平稳，应予更换。

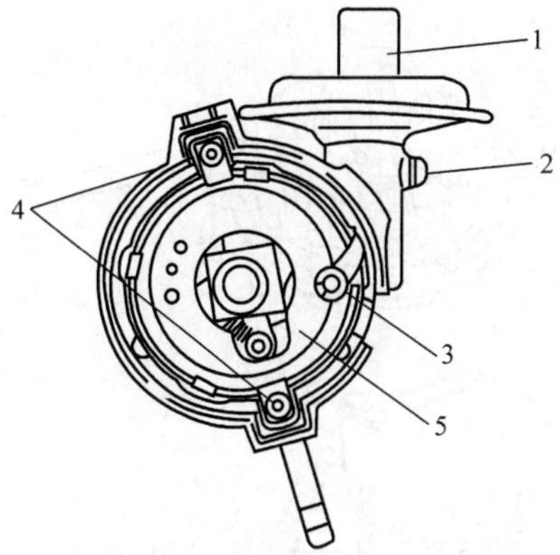

图 3-25　拆下真空点火控制器和信号发生器座板
1—真空点火控制器　2—螺钉　3—开口锁片
4—座板螺钉　5—信号发生器座板

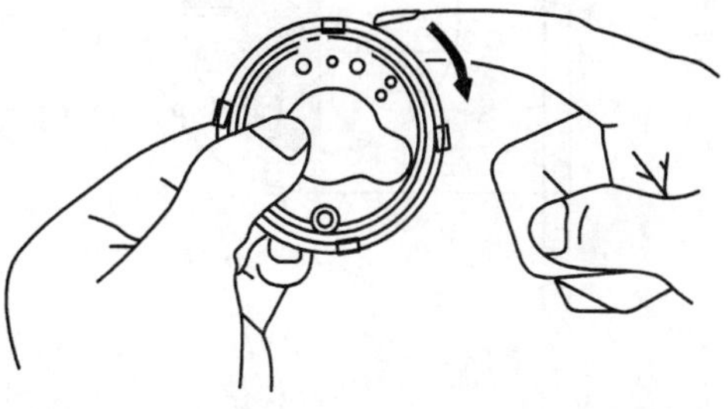

图 3-26　座板的检查

（3）装配调试

1）将座板上的四个卡扣嵌入分电器壳的卡槽内，将信号发生器座板安装到分电器壳体上，如图 3-27 所示。

2）安装真空点火控制器。

3）把信号发生器装到座板上，将信号转子间隙调整到规定的范围内。调整好后，拧紧两只信号发生器紧固螺钉。

4）将点火器装到分电器壳体上。

5）安装分火头、密封件及分电器盖。

（4）安装　安装分电器时，按下列程序将其插入分电器座内。

1）顺时针方向转动曲轴，使飞轮上的 8°(第一缸压缩上止点前)正时标记 1 指向正时配合标记 2，如图 3-28 所示。

注：传统点火系统的点火提前角有 7°和 10°两种。

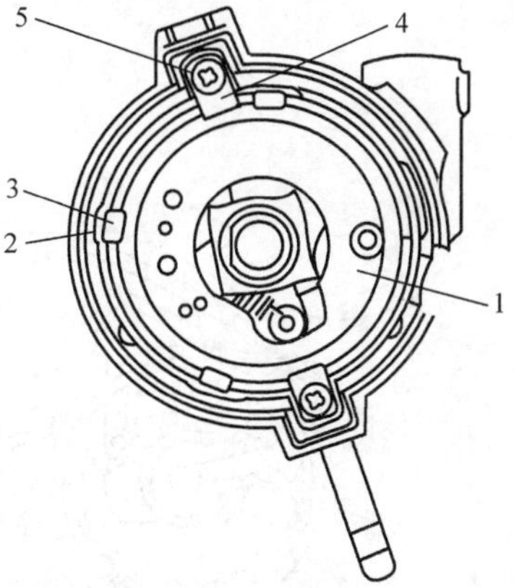

图 3-27　信号发生器座板的安装
1—信号发生器座板　2—卡槽　3—卡扣
4—座板垫圈　5—座板螺钉

2）对准标记 1 和 2 后，拆下气缸盖罩，观察第一缸处摇臂是否接触凸轮轴的凸轮。如果摇臂靠在凸轮上，则应再转动曲轴 360°，重新使两个标记对准。

3）拆下分电器盖，转动分火头，使分火头的中心线 1 与刻在分电器壳体上的标记 2 对准，如图 3-29 所示。

4）将分电器法兰的中心线与分电器座内的分电器固定螺栓孔对准，然后将分电器插入分电器座。将分电器装入后，分电器分火头的位置必须处于与上述分电器壳体上的标记(第一缸的侧电极)相对应的位置，如图 3-30 所示。用手拧紧固定螺栓，临时将分电器固定。

5）安装分电器盖的密封件和分电器盖，牢牢地扣住两个线夹。

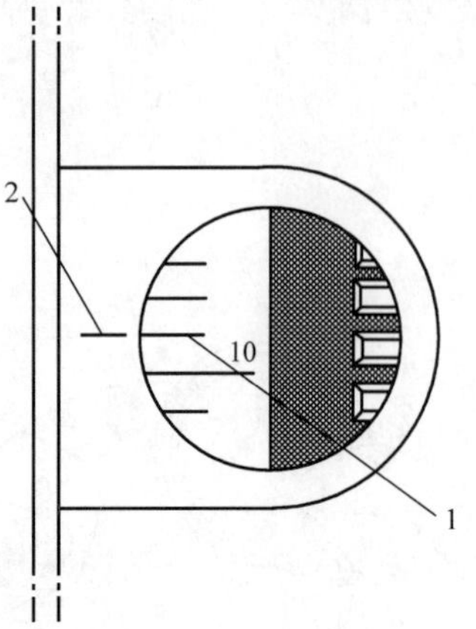

图 3-28　正时标记

1—上止点前正时标记　2—正时配合标记

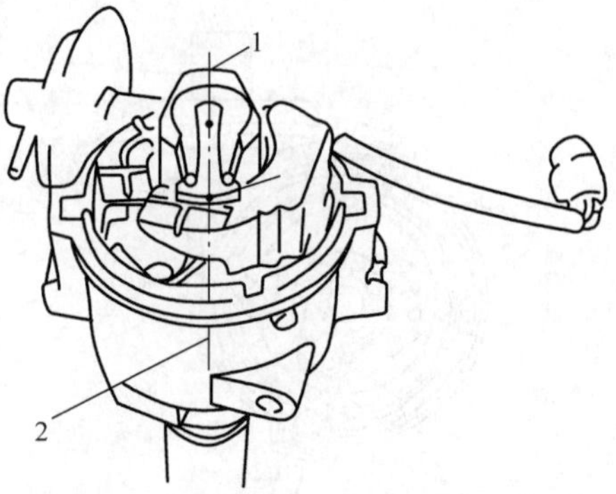

图 3-29　使分火头对准刻印标记

1—分火头中心线　2—刻线标记

6）把高压线接到分电器盖和火花塞上。各缸高压线接线顺序是：在分火头中心对齐分电器壳体标记的基础上，将分火头所指的分缸线引至第一缸火花塞，然后顺时针依次将各侧电极高压线引至第三缸、第四缸和第二缸，并使各高压线不要与其他零件接触，如图 3-31 所示。

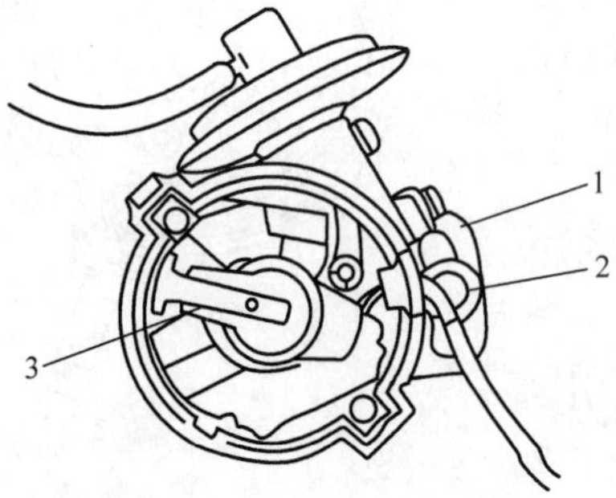

图 3-30　分电器安装后分火头的位置

1—分电器法兰　2—固定螺栓　3—分火头

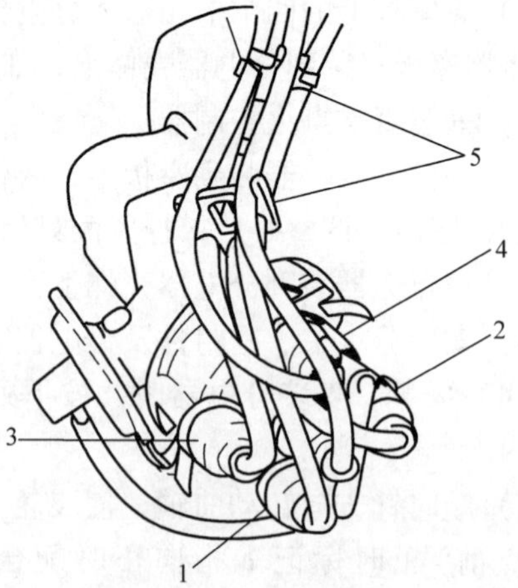

图 3-31　安装高压线

1—第一缸高压线　2—第二缸高压线　3—第三缸高压线　4—第四缸高压线　5—高压线夹

7）把真空软管接到真空点火控制器上，将分电器连线插头接好。

8）连接蓄电池的负极接线。

9）起动发动机，调整点火正时，调整好后，拧紧分电器固定螺栓。

3.5　发动机点火电路综合控制系统的检测

1. 火花塞的检测

火花塞的工作环境恶劣，要求火花塞能反复承受常温和 2000～2500℃ 的温度变化；能承受5MPa的爆发压力，要耐冲击；能承受20000～30000V的高电压；能承受因汽油及燃烧气体而产生的化学腐蚀环境，化学稳定性较好。合格的火花塞不仅有以上的要求，还要有一定的机械强度、着火性、热值和放电性能，且火花塞的电极要耐氧化。

火花塞不能乱用，一般情况下，要使用规定的标准火花塞。常见的火花塞见表3-1，不同发动机的火花塞的型号不同，使用时要注意型号及零件号。例如帕萨特的AWL发动机火花塞型号是101 000 063 AA，而帕萨特的BBG发动机火花塞型号是101 000 035 HJ。

表3-1　常见的火花塞

普通火花塞	多极火花塞	双极火花塞	铱金火花塞
			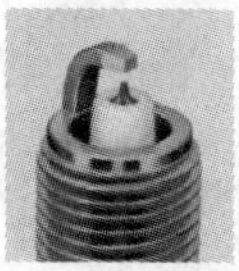
白金火花塞	混合三级火花塞	电极添入V字形切口火花塞	沿面放电火花塞

如图3-32所示，火花塞的冷热值是通过其裙部的长短来定的。热型火花塞的点火部绝缘体长度较长，点火部的受热面积大，火花塞的温度容易升高，不易被熏黑，但容易过热。冷型火花塞的点火部绝缘体长度较短，点火部的受热面积小，火花塞的温度很难升高，不易过热，但容易被熏黑。在发动机频繁起动，环境温度太低情况下，如果使用标准型火花塞经常出现积炭现象，则应使用热型火花塞。在长时间高速公路行驶，发动机频繁高速运转情况下，如果使用标准型火花塞经常出现点火爆燃现象，则应使用冷型火花塞。

污损后火花塞的放电会不正常，如图3-33所示，所以在汽车维修及保养作业中要检查和清洁火花塞。

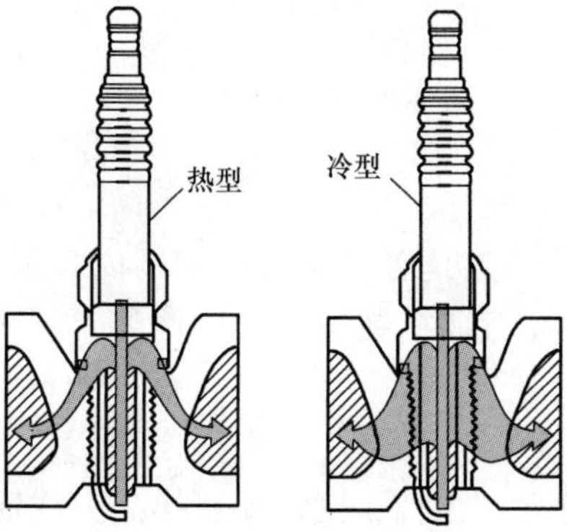

图3-32　热型和冷型火花塞

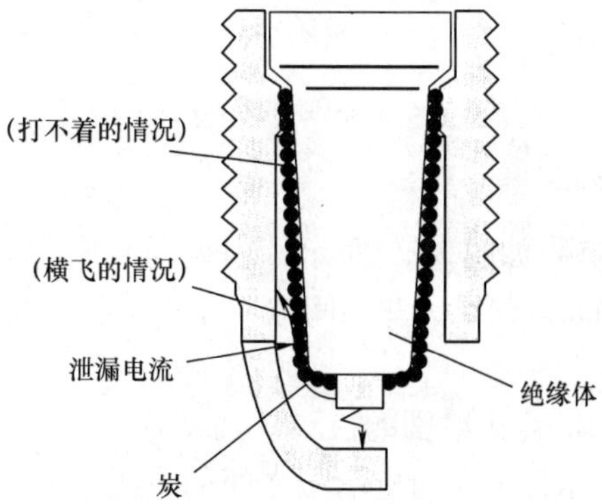

图3-33　污损后火花塞的放电

1）火花塞的电阻检查。在拆下火花塞检查和清洁之前就可以测量火花塞的绝缘电阻，用万用表测量火花塞的两极（测火花塞最高位置和火花塞搭铁位置）的电阻应大于10MΩ。

2）检查有无烧坏的电极或损坏的绝缘体，检查烧痕是否均匀，检查陶瓷绝缘柱上是否有裂纹，垫圈是否损坏，电极是否磨损或变形，是否有油污、积炭，中心电极绝缘柱上是否有裂纹。火花塞燃烧情况见表3-2。

表3-2　火花塞燃烧情况

正常燃烧	过度燃烧	熏　　黑	被打湿

3）通过观察火花塞有时可以发现发动机的故障。火花塞熏黑的原因可能是混合气太浓，高压电路有断路的地方致使燃烧不好，长时间空转或连续低速运转；火花塞过度燃烧的原因可能是点火时间太早，混合气过稀，冷却液、润滑油不符合要求，气缸压力过高等。

4）火花塞的保养和清洁如图3-34所示。不能使用钢丝刷来清除火花塞积炭，用火花塞清洁工具对积炭进行清理，用压缩空气从火花塞螺纹部吹净沙砾。

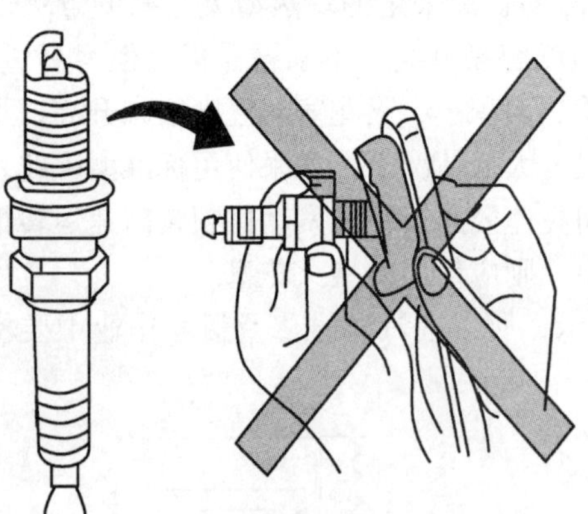

不要使用钢丝刷清洁火花塞

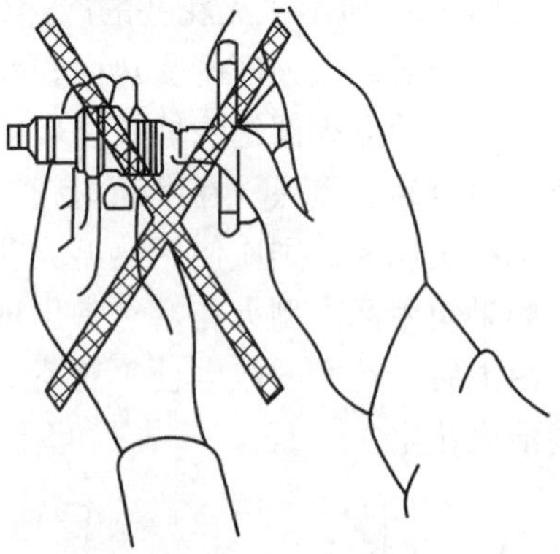

不要调整火花塞间隙

图3-34　火花塞的保养和清洁

5）如图3-35所示，用火花塞间隙规检查火花塞间隙是否在标准值范围内，参考值：1.1mm。如果火花塞间隙不在标准值范围内，尽量不要弯曲搭铁电极加以调整，应该予以更换。

2. 点火线圈的检测

用万用表测量端子之间的电阻。若所测电阻不符合规定值，则需要更换点火线圈。说明：电阻随温度变化，规定值一般是20℃时的值。例如本田F23A5发动机的初级绕组电阻为0.63～0.77Ω（正负接线柱之间电阻），次级绕组电阻为12.8～19.2kΩ（负极端子和高压线接柱之间的电阻）。

ECU 可以监控到点火线圈的工作情况，例如三菱 4G64 发动机的点火线圈对蓄电池短路时会出现 P0351-1（线圈 1-4 与蓄电池短路）和 P0352-1（线圈 2-3 与蓄电池短路）的故障码。点火线圈对地短路或断路会出现 P0351-2（线圈 1-4 对地短路）和 P0352-2（线圈 2-3 对地短路）的故障码。故障码出现后的失效控制模式为：与故障线圈对应的气缸停止喷油，停止燃油闭环控制，提高系统控制的目标怠速。

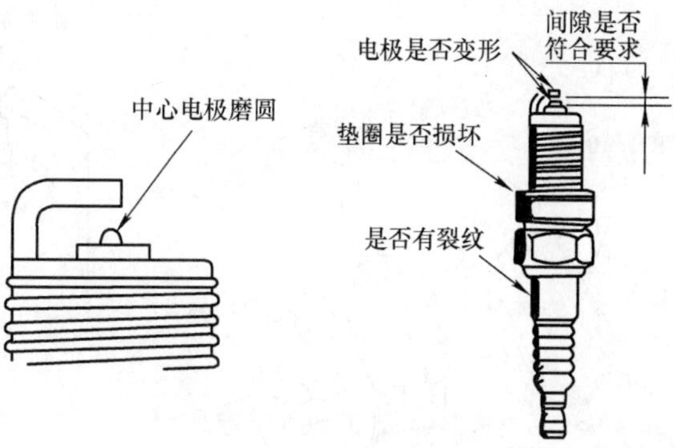

图 3-35　火花塞的检查

3. 高压线的检测

1）拉下橡皮套，小心地拆下点火高压线，切勿过度弯曲高压线，这样可能将高压线内部折断，检查盖和涂层有无裂纹。

2）检查高压线端子的状况。如果任一端子被锈蚀，需将其清理，如果端子折断或变形，需要更换高压线。

3）点火高压线的电阻在 20℃时最大值为 25kΩ，如果阻值不符合则需要更换高压线。

用万用表欧姆档测量高压线两端便可得到其阻值，但在修理实践中常常遇到测量阻值正常，但装到车上却工作不良的故障。根据修理经验，高压线的好坏往往不能通过测量其直流电阻来判断，它的损坏原因常常是高压线绝缘不良，造成急加速时车辆发抖，只有通过更换一组良好的高压线来验证。

4. 点火模块的检测

以本田雅阁点火模块为例：

1）拆下分电器盖、分电器内信号触发轮、防泄漏盖。

2）断开点火模块的导线。

3）接通点火开关。检查点火模块上的电源线的对地电压，应为蓄电池电压。如果不是蓄电池电压，则检查点火开关与点火模块之间的导线。如果是，进行下一步。

4）接通点火开关。检查点火模块与点火线圈之间导线对地的电压，应为 12V 左右，否则检查点火线圈和导线。

5）将 25 芯插头从 ECM/PCM 上断开，并且检查点火模块上的点火信号线是否与 ECM/PCM 上相对应的导线相通。

6）检查点火信号线对地电阻，应不导通。

5. 分电器的检测

如图 3-36 所示，检修分电器主要检查盖密封垫有无损坏，分电器盖是否有裂纹、磨损、损坏和堵塞，如果不正常，要清理或更换。

6. 点火提前角的检测

检查点火正时一般使用点火正时枪，正常范围为 8°～38°，检查方法如图 3-37 所示。有分电器的点火系统调整点火正时：逆着分电器凸轮旋转方向（逆时针）转动分电器外壳，点火提前；顺着分电器凸轮旋转方向（顺时针）转动分电器外壳，点火延迟。无分电器的点火系统正时一般不能调整。

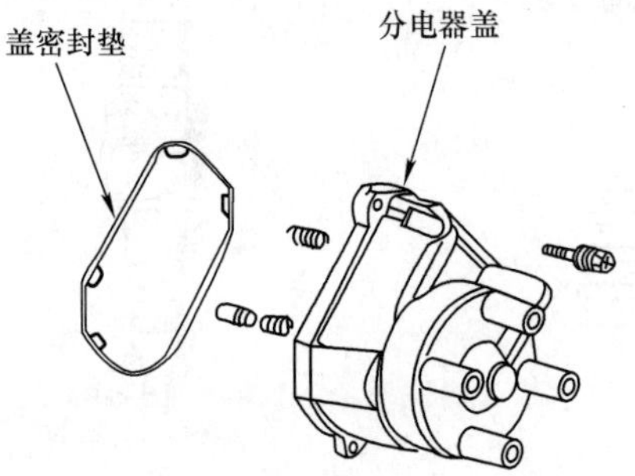

图 3-36 分电器盖

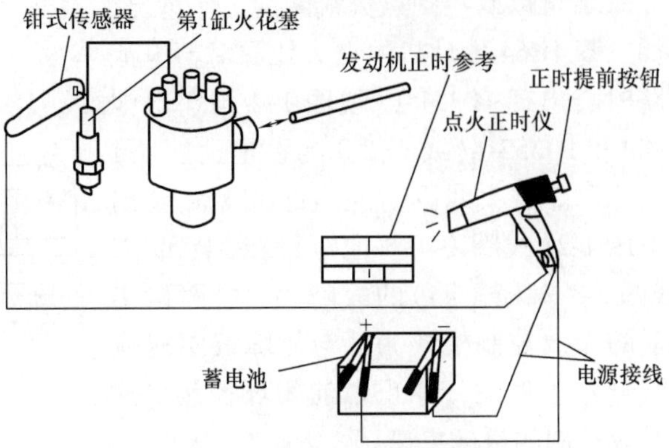

图 3-37 点火提前角的检查

为了避免伤人和破坏喷射及点火系统，在使用与维修过程中要注意：在发动机运转或处于起动转速时不允许触摸或拔下点火高压线；只能在关闭点火开关时拆下或连接喷射与点火系统以及测试仪器的导线；如果需要使发动机处于起动转速但不起动，例如在进行压缩压力检测时，要断开转速传感器的插头。完成工作后要查询故障码。

（1）丰田车系直接点火发动机点火正时检查

① 起动发动机达到正常工作温度。

② 发动机熄火后，在发动机上连接转速表及正时灯。变速器置于 N 位。

③ 起动发动机并加速到 2500r/min，保持 90s，然后降回怠速。

④ 检查怠速，应在 750r/min。

⑤ 发动机熄火，将诊断座中 TEI 与 E1 端子利用电线跨接。

⑥ 再次起动发动机并保持在(750±25)r/min 怠速运转，检查基本正时，应在 10°。如果点火正时不正确，则检查正时带是否跳齿，或检查节气门怠速接点(ID 与 E2)之间是否接通。

⑦ 如果正时带正常、怠速接点良好，检测空气流量传感器、压力传感器及冷却液温度传感器。另外要注意发动机是否有漏气，若一切均正常则发动机 ECU 不正常。

（2）丰田车系采用分电器发动机基本点火正时检查与调整

① 起动发动机达到正常工作温度。

② 发动机熄火，在发动机上连接转速表及正时灯，变速器置于 N 位。

③ 利用电线跨接诊断座中 TEI 与 E1 端子。

④ 检查点火正时，在转速为(750±25)r/min 时应在 10°。

⑤ 如果正时不在标准范围则直接调整分电器。

（3）本田车系发动机点火正时的检测

① 如图 3-38 所示，将本田 PGM 测试仪或者本田诊断系统(HDS)连接到数据传输插接器(DLC)上，然后检查故障码。如果出现故障码，在检查点火正时之前，应诊断故障原因，并进行维修。

② 起动发动机。让发动机转速无负载(空档)保持在 3000r/min，直到散热器风扇开始运转，然后让发动机怠速运转。

③ 检查发动机的怠速是否平稳且在规定的范围内。

④ 根据测试仪的提示，将测试仪转到“SCS”模式。

⑤ 把服务环路从线束上断开，然后把正时灯连接到服务环路上。

⑥ 将正时灯对准曲轴带轮上的指针(A)。在无负载情况下检查点火正时，点火正时在空档怠速时为 8°±2°(红色标记 B)。

⑦ 如果点火正时与技术标准不同，要更新 ECM/PCM。如果没有最新软件，更换一个确认良好的 ECM/PCM，然后重新检查。如果系统工作正常，则更换原来的 ECM/PCM。

⑧ 断开本田 PGM 测试仪或者 HDS 以及正时灯。

⑨ 用导线扎带将服务回路与线束扎紧。

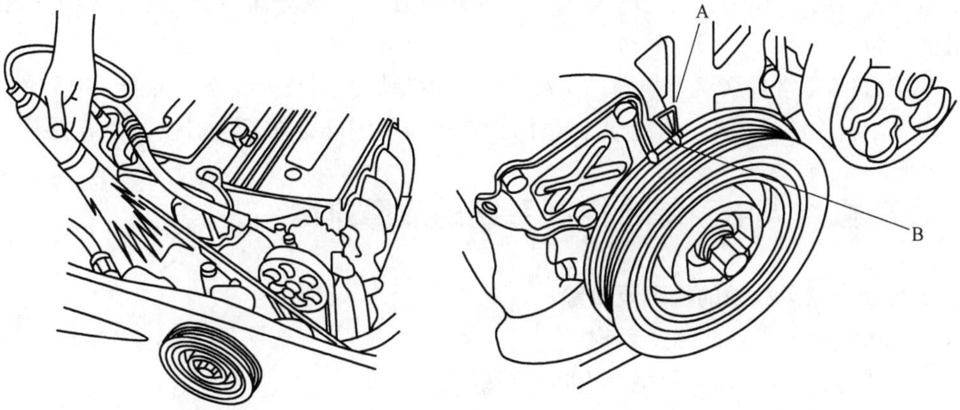

图 3-38　检查点火提前角

（4）用读取数据流的方法来检查点火提前角　捷达王的数据流见表 3-3。

表 3-3　捷达王数据流

显示组号	显示屏显示	显示区域内容
01(或 001)	Block 01 1 2 3 4	 怠速转速 发动机负荷 节气门角度 点火提前角

点火提前角在怠速时应为 6°~12°，如果显示大于 12°，可能有漏气现象，应检查进气系统；如果显示值小于 6°，可能有附加电器设备用电，应关闭附加电器，或转向盘处于某侧极限位置，应将转向盘回正。

7. 丰田轿车(采用无触点式点火)**点火信号发生器的检查**

1）用塞尺测量转子凸齿与传感线圈铁心间的间隙，应在 0.2~0.4mm。

2）用万用表检查点火信号发生器传感器线圈的电阻，其电阻值应在 140~180Ω。

8. 丰田轿车(采用无触点式点火)**点火电子组件的检查**

1）松开分电器上的电路插接器。

2）接通点火开关，用一个 1.5V 的干电池，将正负极分别接至点火电子组件的两输入线(粉红线与白线)上，用万用表检查点火线圈“-”接线柱与搭铁之间的电压。然后将干电池的极性颠倒过来，再次测量点火线圈“-”接线柱与搭铁之间的电压。两次测量结果应分别为1 ~2V和12V，否则说明点火组件有故障。加干电池测试的时间应尽可能短，每次不得超过5s。

9. 红旗轿车ECU点火输出控制工作状态的检测

将检测灯接到点火器插座2#端子与3#端子上，起动发动机，若检测灯闪烁，则表示ECU的点火输出控制工作正常。将点火开关转回OFF位置，插上点火器插座，按4项进行测试，若检测灯不闪烁，则进行线路检测。线路检测方法为：将点火开关置于OFF位置，拆下右前轮下护板，拉出ECU插接器的固定锁架，拔下ECU插座。用万用表测量ECU插座7#端子与点火器插座2#端子间的电阻值，应小于1.5Ω，点火器插座2#、1#、3#端子相互间的电阻值应为∞。

在ECU工作正常且线路无故障的情况下，将检测灯连到点火线圈1#端子和15#端子上，起动发动机，若检测灯闪烁，则点火器输出正常；若不闪烁，即点火器损坏，应更换。

3.6　发动机点火电路综合控制系统的故障排除

1. 点火线圈常见故障的检测及排除

（1）点火线圈的常见故障及影响

1）初级绕组、次级绕组断路。匝间短路或绕组搭铁。

2）绝缘老化、漏电。

3）内部导线连接点接触不良。

点火线圈的这些故障会造成：

1）无次级电压产生，或次级电压太低而不能点火。

2）虽能跳火，但由于次级电压降低，点火能量不足而出现高速断火、缺火，使发动机不易起动、怠速不稳、功率下降、排气污染及耗油增加等。

（2）故障检查方法　点火线圈的检查，通常是用万用表电阻档分别测量初、次级绕组的电阻，判断是否有绕组短路和断路的故障。如果测得电阻为无穷大，则为绕组有断路故障；若电阻过大或过小，则说明绕组有接触不良或短路之处。绕组是否搭铁，可用万用表测量点火线圈接线柱与点火线圈外壳之间的电阻来鉴别。电阻为零，说明绕组搭铁；电阻小于50MΩ说明绝缘性能差。

点火线圈的有些故障仅用万用表测量电阻的方法并不一定能反映出来。比如，点火线圈内部绝缘老化或有小的裂纹，这些只是在高压下产生漏电而造成次级电压下降，点火能量不足而使发动机工作不正常或不工作。这些故障需通过专用仪器才能准确判别。

2. 点火系高压配电部分常见故障及检查

（1）常见故障和影响

1）分电器盖有裂纹、脏污等导致漏电、窜电。

2）分火头有裂纹而漏电。

3）高压导线破损而漏电，导电性能下降。

4）分电器盖炭柱磨损或电刷弹簧失效。

这些故障会使点火系统火花减弱或无火、点火窜缸等，造成发动机工作不正常、功率下降、排气污染和油耗增加或不能起动等故障。

（2）故障检查　如怀疑高压配电部分有问题，可先打开分电器盖，观察分电器盖有无明显裂纹，炭柱是否太短及有无弹性。若有问题，可用测量绝缘电阻的方法来鉴别其好坏，一般绝缘电阻应在 50MΩ 以上。也可以用高压试火的方法来检查其漏电与否。如果可以看到跳火，则说明分火头漏电，需更换分火头。对于高压导线的检查，一是看是否有破损，二是用万用表测量导线的电阻值。

3. 火花塞常见故障及检查

（1）火花塞常见的故障　火花塞常见故障有因电极烧损、电极熔断、积炭、积油、积灰而漏电，绝缘体破裂而漏电，电极间隙不当等。这些故障会造成点火系统断火、缺火，使发动机运转不平稳或不能工作。

（2）故障检查　拆下火花塞，可以用肉眼大致判断出火花塞是否正常工作。火花塞的电极间绝缘性能也可以用万用表来检测，一般其绝缘电阻值应在 10MΩ 以上。如果低于 10MΩ，即使无积炭、积油等不良外观状态，也应更换火花塞。火花塞的电极间隙要用圆形塞规检测。电极间隙不正常，应用专用工具将其调整到正常值。更换其他型号的火花塞时，火花塞的热特性一定要与发动机相匹配，否则，会引起发动机早燃或火花塞严重积炭。

4. 点火信号发生器的常见故障及检查

（1）磁感应式点火信号发生器的常见故障及检查

1）常见故障及影响。这种点火信号发生器的常见故障是信号感应线圈短路、断路，转子轴磨损偏摆或定子(感应线圈与导磁铁心组件)移动，使转子和定子之间的气隙不当，造成信号减弱或无信号而不能触发电子点火器(或 ECU)工作，点火系统不能产生火花。

2）故障检查。磁感应式点或信号发生器的检查主要是两项。

① 检查导磁转子与定子之间的气隙，如果气隙不合适，可用与触点式分电器调整触点间隙类似的方法来调整。有些气隙是不可调的，若间隙不合适，只能更换信号发生器总成。

② 检查感应线圈的电阻，若电阻无穷大，则说明线圈断路，过大或过小都需更换信号发生器总成。

（2）光电式点火信号发生器的常见故障及检查

1）常见故障及影响。光电式信号发生器的常见故障是光敏、发光元件沾污、损坏，内部电路断路或接触不良等，使之信号减弱或无信号产生，造成发动机不能工作。

2）故障检查。打开分电器盖，检查光敏、发光元件表面是否脏污，线路连接是否良好。如果无问题，从发动机上拆下分电器，拆开分电器线路插接器，用导线将插接器两端的电源插孔连接起来，并将分电器外壳搭铁。打开点火开关(不起动)，然后慢慢转动分电器轴，从插接器信号插孔测量信号电压。如果电压表指示电压在 0 ~ 1V 摆动，说明信号发生器良好，否则，需更换分电器。

（3）霍尔效应式点火信号发生器的常见故障及检查

1）常见故障及影响。霍尔效应式点火信号发生器的常见故障是内部集成块烧坏，线路断脱，因而不能产生点火电压信号或信号太弱，不能使电子点火器触发工作。

2）故障检查。霍尔效应式点火信号发生器的检查方法与光电式的相同，也是将信号发生器接上电源后转动分电器轴，测量其信号输出电压，但电压波动的范围不一样。对于霍尔电压来说，导磁转子叶片插入缝隙时，霍尔元件上磁通量减弱，霍尔电压很微弱；而叶片离开缝隙时，则霍尔元件磁场加强，霍尔电压较高。由于霍尔电压较弱，不足以触发电子点火器工作，所以信号发生器内部加了信号放大和反相器。信号发生器输出的信号电压在转子叶片插入缝隙时是高电平，转子叶片离开时是低电平。

5. 电子点火器的常见故障及检查

（1）常见故障及影响　电子点火器常见故障大多由内部电子元器件短路、断路、漏电等原因而造成。

1）功率晶体管不能导通，点火线圈初级绕组不能通路。

2）功率晶体管不能截止，点火线圈初级绕组不能断路。

3）功率晶体管不能工作在开关状态，即不能饱和导通或不能完全截止，使点火线圈初级电流减小或断流不彻底，造成火花减弱或不能点火。

（2）故障检查

1）模拟点火信号检查法。可利用一只1.5V的干电池或蓄电池的单格电池来模拟信号电压。将正极的探针触及点火器信号输入接点，然后用负极间断搭铁。这时中央高压头应跳火。如果点火开关和有关电路都已接通，但仍无高压电跳火，则表明点火器有故障，应更换。

2）高压试火法。如果已确定点火信号发生器良好，可直接用高压试火的方法来检查。将分电器中央高压线拔出，使高压线端距发动机缸体5mm左右或将高压线端插入一备用火花塞并使其搭铁，起动发动机，看是否跳火。如果火花强，说明电子点火器良好，否则，电子点火器有故障。

6. 电子点火系统的常见故障分析及排除

（1）常见故障　电子点火系统的常见故障有不点火、火花弱、点火时间不当和缺火等。

（2）故障诊断　下面以发动机不能起动为例，阐述电子点火系统故障诊断的一般程序。不同车型的电子点火系统线路结构不尽相同，但都可以按图3-39所示的检查方法和故障诊断程序准确、迅速地排除故障，关键是对具体的点火线路结构要熟悉。

7. 磁感应式电子点火系统故障的诊断与排除方法

（1）点火系统低压电路部分故障

1）故障原因：点火线圈、电子控制器、磁感应传感器及其连接线路有故障。

2）故障的诊断与排除方法。

① 外部检查。检查点火系统线路连接是否正确、可靠；检查分电器等是否完好、安装是否可靠。

② 拆线间断搭铁试火花。拆下点火线圈负端子上的连接线，另接上一根导线。接通点火开关，用外力带动曲轴转动，将点火线圈上的连接导线间断搭铁，用中央高压线跳火。如果无火花，说明点火线圈及其线路有故障，应分别检修；如果有火花，应检查电子控制器。

③ 拆线间断加压试火花。断开点火开关，将点火线圈上的连接导线恢复到原来状态。取下传感器插头，接通点火开关，分别在插头的两接线端子上间断施加1.5V或者2V的直流电压。如果中央高压线跳火，故障在传感器，应检修；如果无火花，故障在电子控制器及其连接线路，应分别检修；若电子控制器损坏，应更换新品。

（2）点火系统高压电路部分故障

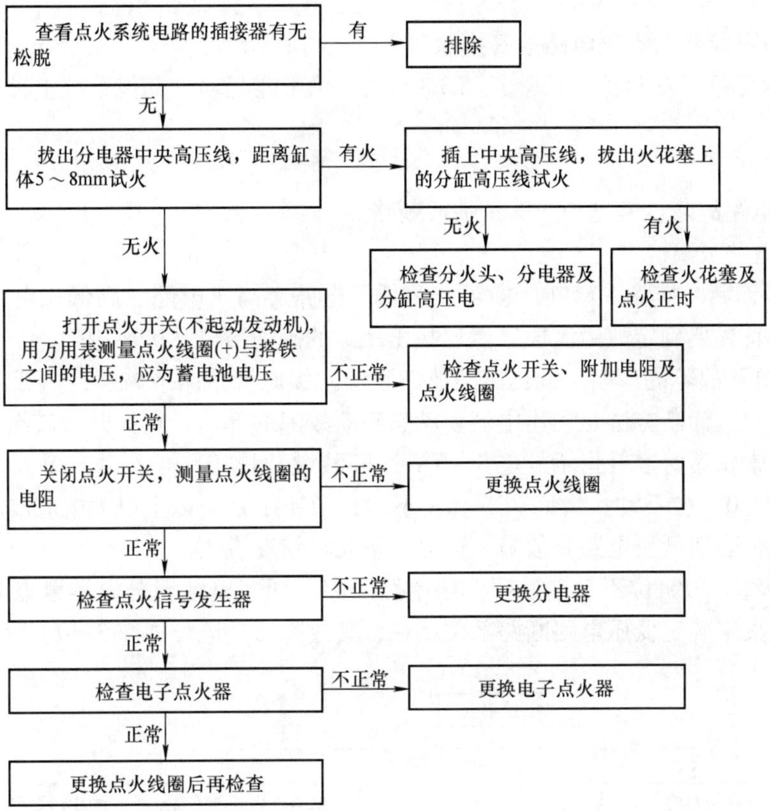

图 3-39　电子点火系统故障分析图

1）故障原因：配电器、分缸线、火花塞有故障；传感器信号电压极性接反，点火不正时等。

2）故障的诊断与排除方法。

① 外部检查。检查高压线是否脱落、插错；接通点火开关，用外力带动曲轴转动，检查分电器盖、火花塞是否漏电等。

② 间断跨接旁磁路试火花。拆开分电器盖，接通点火开关，用螺钉旋具间断跨接定子与转子爪极，用中央高压线在分火头上跳火。如果有火花，故障在分火头，应检查或更换；如果无火花，应拆下火花塞上的分缸线，检查跳火情况。

③ 转动曲轴试火花。断开点火开关，将中央线和分电器盖装好，从火花塞上拆下分缸线，接通点火开关，用外力带动曲轴转动，将分缸线在缸体上跳火。如无火花，故障在分电器盖或分缸线，应分别检修或更换；如果有火花，应拆下火花塞检查，有故障时应检修或更换，若各分缸线有火花，且火花塞良好，应检查传感器信号电压极性。

④ 转动定子底板试火花。断开点火开关，将分缸线和火花塞装好，取下分电器，接通点火开关。转动定子底板，当转子和定子爪极大致对齐时，中央高压线与搭铁处之间产生电火花，说明接线正确，否则应交换传感器信号线位置。如果传感器信号线连接正确，则应调整点火正时。

若点火系统同时出现多个故障，则按上述方法重复检查多次，直至所有故障均排除为止。

8. 发动机不能起动点火电路故障排除

（1）故障现象　发动机经正常起动 3 ~ 5 次，仍不能起动，其他系统正常，确定为点火系统故障。

（2）故障原因

1）低压电路故障，常见为线路搭铁或断路。

2）高压电路故障。

（3）故障诊断与排除　诊断区段可分为低压电路、高压电路、高低压电路综合故障三类。诊断时，首先要确定故障区段，然后找出故障的确切部位，进而排除。

1）低压电路故障的诊断。低压电路故障致使初级电流断路或减弱，造成起动机不能起动或高速不稳定。诊断方法是利用电流表动态判断故障的部位。点火开关转至 ON 位置，摇转发动机，正常状态时表针指示放电 3 ~ 5A，并间歇摆回“0”位。若异常，电流表有三种状态：指针在“0”位不动；指针在 3 ~ 5A 不动；指针在 10A 以上以大电流放电。这三种异常状态的出现，表明低压电路有故障，可分以下几种情况说明。

① 电流表在“0”位不动。表明低压电路断路，即蓄电池至分电器触点之间断路。可用逐点搭铁试火来确定低压电路断路部位所在，其故障诊断流程如图 3-40 所示。

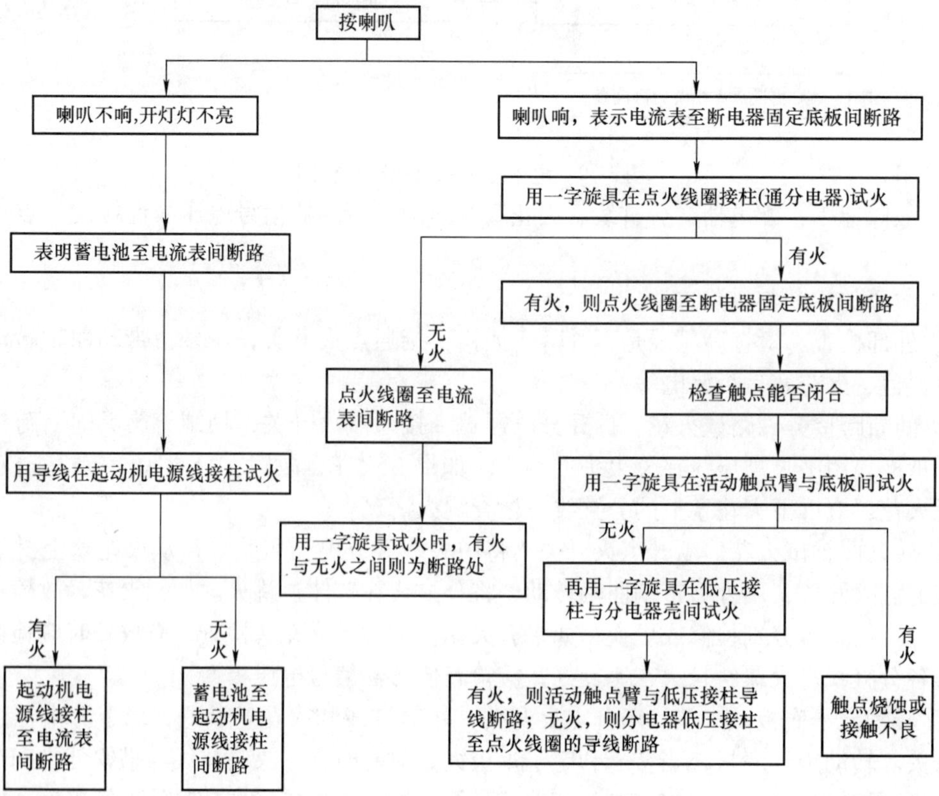

图 3-40　低压电路故障的诊断流程

② 电流表指示放电 3～5A，指针不回“0”位。点火开关转至 ON 位置并摇曲轴，电流表指针指向 3～5A 不动，则表明点火线圈的初级绕组至分电器活动触点臂之间有搭铁故障，其故障诊断流程如图 3-41 所示。

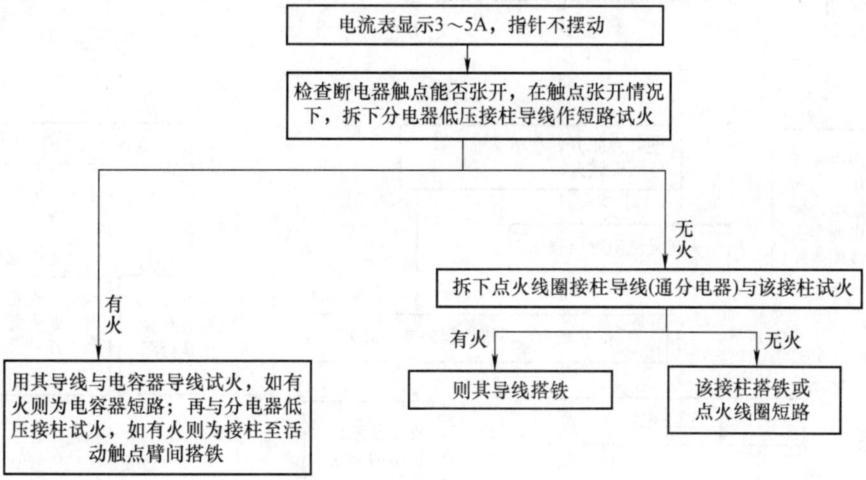

图 3-41　低压电路短路电流 3～5A 故障诊断流程

③ 电流表指示 10A 以上不动。表示低压电路搭铁，起动机运转时，电流表指示大电流放电，则说明点火开关、点火线圈电源接柱间搭铁，或点火开关至仪表板导线搭铁。可用依次拆断法来确定搭铁故障部位所在，其故障诊断流程如图 3-42 所示。

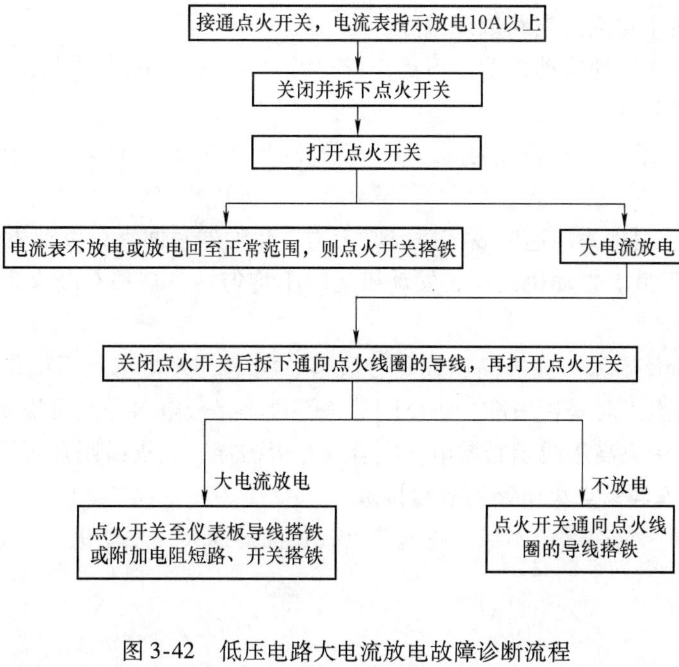

图 3-42　低压电路大电流放电故障诊断流程

2）高压电路故障的诊断。若电流表指示放电 3～5A，并间歇摆动回“0”位，表明低压电路工作正常，故障发生在高压电路。

将高压分线离火花塞上端 3 ~ 5mm 处试火，若无火或火花弱及发动机起发动征兆，如排气管放炮、化油器回火和曲轴反转等即为高压电路故障，其故障诊断流程如图 3-43 所示。

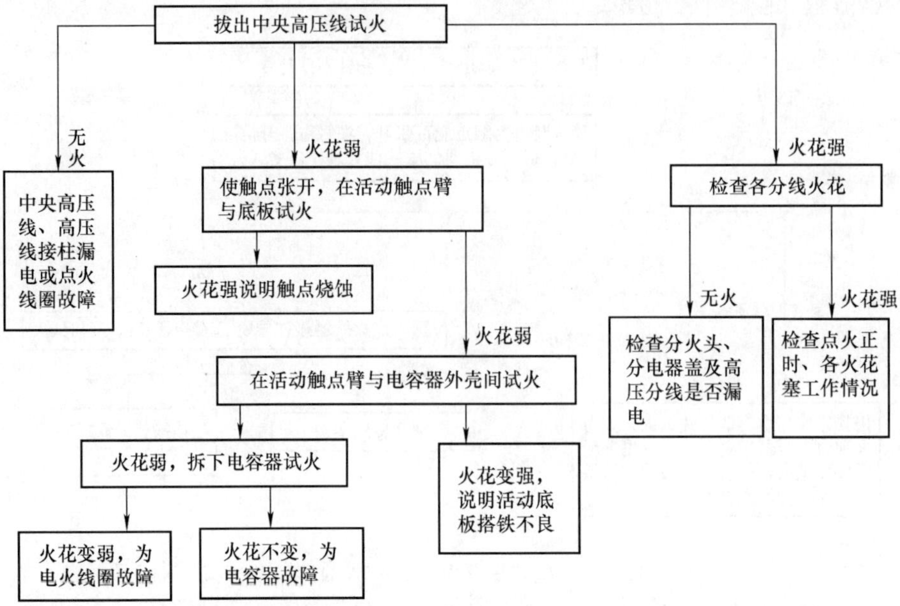

图 3-43　高压电路的诊断流程

3）高低压电路综合故障诊断。当点火系统存在低压电路和高压电路的综合故障时，应分别利用低、高压电路故障诊断的方法进行综合诊断，以确诊故障所在。

9. 发动机动力不足点火电路故障排除

（1）故障现象　发现发动机动力不足，行驶无力，经检查确定是点火系统故障。

（2）故障原因分析

1）少数缸工作不良。多表现为高、中、低速时发动机工作不均匀并有节奏的振抖，排气管冒黑烟并放炮。

2）点火过迟。表现为加速时发闷，行驶无力，化油器易回火，发动机过热。

3）触点工作不良。发动机发闷，发动机运转不均匀，各缸都有断火现象，排气管冒黑烟且有突突声。

（3）故障诊断及排除　检查高压线是否脱落、漏电，火花塞是否工作不良，分电器盖绝缘是否不良；点火正时是否失准，触点间隙是否过小，分电器壳是否松动；断电器触点是否烧蚀，分火头及中央高压线是否漏电，电容器是否击穿，点火线圈是否损坏等。

10. 发动机工作异常点火电路的故障排除

（1）故障现象　怠速运转不稳，高速断火，化油器回火，发动机抖动等。

（2）故障原因

1）低速缺火。

2）高速缺火。

3）个别缸不工作。

4）点火过早。

5）点火过迟。

（3）故障诊断及排除　检查火花塞间隙是否过小或过大，触点间隙是否过小或过大，电容器工作状况是否良好；用断缸法判断不工作的气缸，检查点火正时是否失准，火花塞是否工作不良，高压分线是否漏电，分电器盖绝缘是否良好。

3.7　发动机点火电路综合控制系统故障案例分析

案例 1：捷达都市先锋在起动时发动机有起动迹象，但始终不能起动。

首先检查供油系统，未发现异常。接着检查点火系统，因该车无中央高压线，故拔下第一缸高压线，做跳火试验，结果发动机竟然起动了，且一缸分缸线跳出的火花正常。当停止跳火试验后，发动机马上又熄火。从以上现象分析，可能是第一缸火花塞损坏了。换上一个新的火花塞后，发动机顺利起动，怠速平衡，加速正常。虽然另外三缸工作正常，该车维修工作也可以结束，但针对该车发现了一些问题：

1）一缸缺火发动机为什么不能起动？

2）起动后若有一缸缺火，发动机为什么会立即熄火？

为此查找了该车型点火系统的相关资料。原来，该车采用双火花静态高压分配点火系统，无需分电器。在静态高压线壳体内有两个点火线圈，在点火线圈次级绕组的两个输出端上各接一个火花塞，形成点火回路，工作状况如图 3-44 所示。

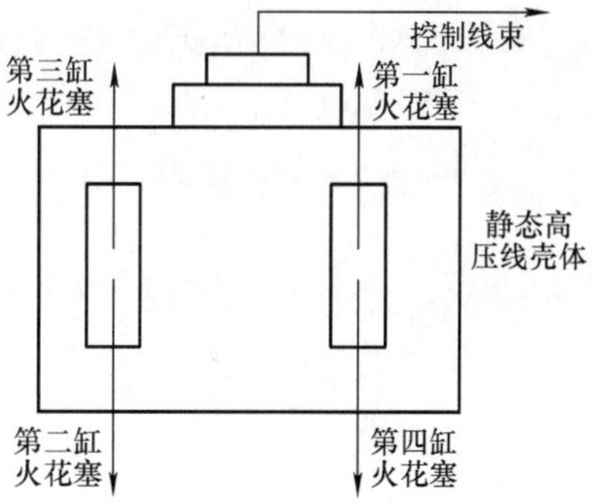

图 3-44　双火花点火线圈

当双火花点火线圈上的次级绕组当中的一个输出端所连接的第四缸恰好处于排气行程上止点时，气缸压力接近大气压，火花塞电极间气体电阻较小，易被击穿跳火，所以大部分跳火能量集中在做功的第一缸上。

根据以上原理，我们找到了问题的答案。若该车任一火花塞线路损坏，都会造成两个缸不工作，从而导致发动机不能起动；若该车任一火花塞短路，则另三缸仍可正常点火工作，发动机同样可以起动，但工作状况很差。

案例 2：捷达 5V 发动机行驶 13 万 km 后，出现了发动机发抖，加速无力的现象。

更换火花塞，其症状减轻。路试急加速时，发动机有明显的放炮声，用点火正时仪进行检测时，发现第二缸高压线有断路现象，在更换后，其故障消失。

案例 3：捷达王行驶了 15 万 km，发动机怠速、中速、高速发抖。

用 V. A. G1551 测试时，发现空气流量传感器、氧传感器有故障。更换后故障有所减轻。但是，在路试时，仍有明显的发抖。更换火花塞后路试，发动机在怠速、中速时无明显症状出现，但是在高速时故障出现。更换点火放大器后，其故障消失。

案例 4：宝来 1. 8T 自动变速器车型怠速时抖动明显，特别是热车后更为明显。

经检查确存在此故障现象，无故障码，读取数据流并检查发现 01-08-015 第 3 区有中断识别记录达到 163。识别记录表明该缸存在失火现象。根据一般故障经验，试着更换了火花塞、点火线圈，并进行了试跳火后故障无法排除，测量点火控制线束电阻正常。

因失火记录还有可能由于气缸压力不足引起，测量气缸压力，1、2、4 缸在 1200kPa 左右，而 3 缸压力只有 5.7kPa，在气缸内加注少许机油后不能使气缸压力提升。根据此情况拆检气缸盖，发现第 3 缸的排气门有明显的漏气冲坏现象，修复后故障排除。

案例 5：雷克萨斯 LS400 怠速不稳，空档用力踩加速踏板时，发动机转速起伏较大且有突然性，同时“CHECK”灯亮。

读取故障码：13-G、NE 信号异常，25-空燃比过稀，26-空燃比过浓。清除故障，重新起动，“CHECK”灯亮，再次读取故障码为 13。检查凸轮轴、曲轴位置传感器线路未发现异常。检查正时带轮上正时标记，发现正时记号与机体记号相差一个齿。重新校正，一切正常。

第 4 章　发动机电控单元的故障及检修

解析要点：

- 发动机电控单元故障引起汽车的表征现象。
- 发动机电控单元各组成部分的结构特征。
- 发动机电控单元的工作流程。
- 发动机电控单元的拆装与调试。
- 发动机电控单元各组成部分的检修。
- 发动机电控单元故障诊断与排除。
- 发动机电控单元故障及案例分析。

4.1　电控单元故障引起的发动机表征现象

发动机电控单元是发动机综合控制的主体，相当于人的“大脑”，是汽车发动机四大路径的控制中心，是现代汽车的“神经系统”。发动机电控单元工作质量的好坏直接关系到汽车能否正常工作，与发动机各系统的工作都有直接关系，发动机电控单元出现问题会引起汽车出现如下表征现象：

1）发动机无法起动。

2）发动机起动困难。

3）发动机动力不足。

4）发动机运转不良。

5）发动机冒烟和排气管放炮。

6）发动机进气管回火。

7）发动机怠速不稳。

8）发动机怠速熄火。

9）发动机油耗过高。

10）发动机抖动。

11）发动机气流声很大。

12）发动机尾气超标等。

4.2　电控单元的结构特征分析

电控单元俗称微机或电脑，一般简称为 ECU，是电控系统的核心。发动机电控单元不同厂家对其的称呼也不一样。例如通用汽车公司称其为 ECM；福特汽车公司早期称其为 MCU，后来又称其为 EEC；本田汽车公司称其为 ECM 或 PCM。

早期的汽车电控系统多采用一个 ECU 控制汽车的某一个系统，如果有多个系统就要采用多个 ECU 控制，称为单独控制；现代汽车都采用集中控制系统，利用微处理器使控制功能集中化，将多种控制功能集中到一个 ECU 上，就可以不必设置多个传感器和 ECU。根据车辆的不同，控制有所区别，大体包括如下控制项目。

1. 电控燃油喷射(EFI)系统

(1) 喷油量控制　发动机控制器(ECU)将进气量和发动机负荷作为主要控制信号，以确定喷油脉冲宽度(即基本喷油量)，并根据循环冷却液温度、进气温度、进气压力、尾气氧含量等信号修正喷油量，最后确定总喷油量。

(2) 喷油正时控制　采用多点顺序燃油喷射系统的发动机，ECU 除了控制喷油量外，还要根据发动机各缸的点火顺序，将喷油时间控制在最佳时刻，以使燃油充分燃烧。

(3) 断油控制

1) 减速断油控制。汽车在正常行驶中，驾驶人突然松开加速踏板时，ECU 将自动中断燃油喷射，直至发动机转速下降到设定的低转速时再恢复喷油。

2) 超速断油控制。当发动机转速超过安全转速或汽车车速超过设定的最高车速时，ECU 自动中断喷油，直至发动机转速低于安全转速一定值且车速低于最高车速一定值时恢复喷油。

(4) 燃油泵控制　当打开点火开关后，ECU 控制燃油泵工作 3s，用于建立必要的油压。若此时发动机不起动，ECU 控制燃油泵停止工作。在发动机起动和运转过程中，ECU 控制燃油泵正常运转。

2. 电控点火装置(ESA)

(1) 点火提前角控制　发动机运转时，ECU 根据发动机的转速和负荷信号，计算相应工况下的点火提前角，并根据发动机的冷却液温度、进气温度、节气门位置、爆燃信号等修正点火提前角，最后得到一个最佳的点火正时。在点火正时前的某一预定角，ECU 控制点火线圈的初级绕组通电，在到达点火正时角时，ECU 切断点火线圈初级电路并在次级绕组中感应出高压电，使相应气缸的火花塞跳火，点燃混合气。

(2) 通电时间(闭合角)控制　点火线圈初级电路在断开时需要保证足够大的电流，以使次级绕组产生足够高的电压。与此同时，为防止通电时间过长而使点火线圈过热损坏，ECU 根据蓄电池电压及发动机转速等信号，控制点火线圈初级电路的通电时间。

(3) 爆燃控制　ECU 接收到爆燃传感器输入的信号后，对该信号进行处理并判断是否即将产生爆燃。当检测到爆燃信号后，ECU 立即推迟发动机点火提前角，避免爆燃产生。

3. 怠速控制系统

ECU 根据怠速开关闭合信号判断发动机是否工作在怠速工况。当发动机处于怠速工况时，ECU 根据怠速节气门传感器的输出信号和发动机转速与目标转速之差决定怠速电动机的旋转方向和旋转角度，以调节怠速节气门的开度。当发动机实际转速低于目标转速时，电动机正转，电动机轴通过齿轮机构将节气门打开一微小的开度，增加发动机进气量，使发动机转速增加；当发动机实际转速高于目标转速时，电动机反转，将节气门关闭一微小的开度，减少发动机进气量，使发动机转速降低，逐渐逼近目标转速。

当发动机处于怠速工况时，若发动机负荷增大(如空调压缩机起动)，ECU 控制怠速电动机调节怠速节气门开度来提高发动机转速，防止发动机熄火。

4. 排放控制系统

（1）汽车尾气排放污染控制　在汽车发动机的排气管上安装三元催化转化器可净化排气中的 CO、HC、和 NO_x 三种有害气体成分，但三元催化转化器只能在空燃比接近理论值（$A/F=14.7:1$）的范围内起作用。在排气管中安装氧传感器，它可通过检测排气中氧的含量来获取混合气空燃比的高低。ECU 根据氧传感器输入的信号，对喷油量进行修正，实现空燃比的反馈控制，使混合气的空燃比接近理论空燃比，三元催化转化器能更有效地起净化作用，使有害气体的排放量降到最低。

（2）废气再循环（EGR）控制　当发动机的废气排放温度达到一定值时，ECU 根据发动机的转速和负荷信号，控制 EGR 阀的开启动作，使一定数量的废气进行再循环燃烧，以降低排气中 NO_x 的排放量。

（3）活性炭罐清污电磁阀控制　ECU 根据发动机冷却液温度、转速和负荷等信号，控制活性炭罐清污电磁阀的开启工作，将活性炭吸附的汽油蒸气吸入进气管，进入发动机燃烧，降低汽油蒸气排放。

5. 进气控制系统

ECU 根据发动机的工作状况和进气系统的特性，改变进气管长度或进气管容积，或者改变汽车气门正时和升程控制，利用气流惯性产生的压力波来提高充气效率，以提高发动机功率和转矩。

6. 增压控制系统

ECU 根据发动机的工作状况，通过控制相关配置将空气预先压缩后再供入气缸，以期提高空气密度、增加进气量。

7. 巡航控制系统

ECU 根据行车阻力自动调节节气门开度，使汽车行驶速度保持一定，避免了驾驶人频繁踩加速踏板的疲劳，改善了汽车的燃料经济性和排放污染性。

8. 警告系统

当发动机电子控制系统出现故障时，ECU 点亮仪表板上的故障指示灯，提醒驾驶人发动机已出现故障，应立即检查修理。

9. 自诊断与警告系统

当发动机电子控制系统出现故障时，ECU 将故障以代码的形式存储在 ECU 的存储器中，维修人员通过故障诊断插座，使用专用故障诊断仪调出故障信息，或根据故障指示灯的闪烁情况确定故障信息。

10. 失效保护系统

在电控系统工作时，当 ECU 检测到某些传感器、执行器及其控制电路出现故障时，ECU 将控制发动机按预先内存的程序继续工作或停止工作以保护发动机。

11. 应急备用系统

若汽车出现了故障就立即关闭电子控制系统，会给驾驶人带来很大的麻烦，为此发动机控制系统设有备用运行功能，以协助驾驶人将汽车开到维修站。备用运行功能只有在发动机出现故障时才启用，此时正常运行功能被关闭，ECU 用存储器中预先设定的参数代替传感器检测的信息来控制发动机，使发动机继续运行。如果故障被排除，正常功能立即投入使用，备用运行功能自动关闭。

12. CAN 总线接口

发动机 ECU 预留 CAN 通信接口，以便与车内其他电子控制单元通过 CAN 总线方式进行数据通信，形成车内局域网。

电控单元要实现各项控制功能，必须收集信号作为参考参数。例如电控单元控制喷油器开启时刻的参考参数有节气门位置、发动机冷却液温度、空气流量或进气压力/温度、发动机转速和节气门位置、氧传感器信息和蓄电池电压等。电控单元计算点火提前角的参考参数有节气门位置及发动机转速、进气压力(进气压力及温度)、爆燃信息、车速信息和进气总量等。

电控单元外形如图 4-1 所示，其主要由输入回路、模-数转换器和数-模转换器、微型计算机、输出回路组成。另外还有电源部分，用来对汽车所提供的电源进行滤波和稳压，以供给电脑内部稳定的直流电源。

图 4-1　电控单元

（1）输入回路　如图 4-2 所示，输入回路将传感器传来的模拟信号进行转换，去除杂波并变成数字信号供中央处理器进行处理，也有部分传感器直接传来数字信号，则无需进行转换，但需要进行整形，例如光电式和霍尔式曲轴位置传感器传来的信号。

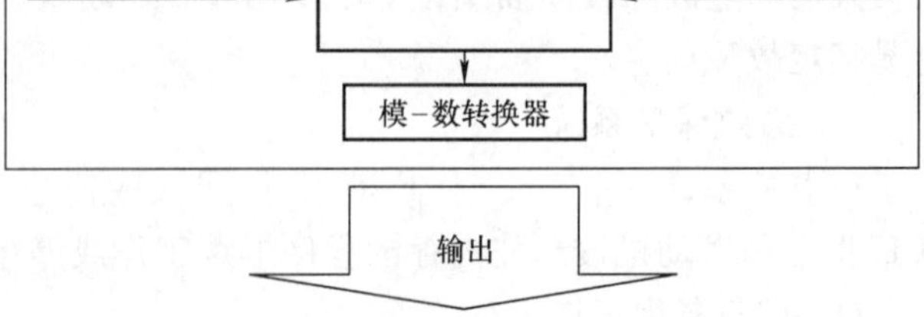

图 4-2　电控单元的原理

（2）模-数转换器　传感器输入的信号有模拟信号和数字信号两种，其中模拟信号是指输出信号随时间变化而连续变化，数字信号是脉冲信号。模拟信号虽经传感器输入回路处理，都已变成相应的电压信号，但这些信号微机不能直接处理，需经过相应的模-数转换器，将这些模拟信号量转换成微机能识别的数字信号才能输入微机。如传感器输出的信号已是脉冲信号，则可不经转换器直接输入微机。

(3) 微机 微机是微型计算机的简称，它是电控单元的核心部件。汽车上使用的一般都是8位或16位的处理器，也就是说一次可控制、计算和传输8位或16位的二进制数，这是微机的中央指挥机构。微机的作用是根据发动机工作的需要，把各种传感器送来的信号用内存的程序和数据进行处理，并把运算结果送往输出回路。微机由中央处理器、存储器(包括只读存储器和随机存储器)和输入/输出口(I/O)等部分组成。

存储器用来存储程序和各种数据，又可分为：

1) 只读存储器(ROM)，用来存放ECU的监控程序，即ECU本身运行所必需的一些程序。

2) 可编程只读存储器(EPROM或EEPROM)，用来存储执行装置或其他控制装置动作的控制程序，例如燃油喷射的控制、点火提前角的控制、怠速控制和自我诊断程序。

3) 随机存储器(RAM)，用于暂存来自各种传感器的数据，供中央处理器使用。也可存储系统的故障码。随机存储器内的内容在断电后就会消失。

4) 自适应存储器(属于随机存储器的一种)，用于ECU的"自我学习"和根据车况变化自动调整相关参数，如"怠速学习"等。

(4) 输出回路 中央处理器在接收到各传感器传来的各种信号后，经过处理、分析、运算和对比，再发出相应的控制信号。由于控制信号是数字信号，而且输出的电流很小，用这种输出信号一般不能直接驱动执行器工作，要先经过转换变成模拟信号(即D-A转换)，然后再经放大电路进行功率放大后才可驱动执行装置动作。也有部分输出信号无需进行转换，直接经放大后输出给执行元件。

目前，汽车发动机的电子控制装置除上述基本装置外，还增设了抗电磁干扰保护装置、自诊断装置和备用系统等装置。

(5) 电源电路 向ECU提供电源的电路称为供电电路。它主要由继电器、点火开关和熔丝等组成。电源部分由12V直流电源供电，来自蓄电池的电流一路通过点火开关进入系统和ECU，它是系统工作的主电源，也向ECU传递系统电压信号，ECU据此修正对执行机构的控制；另一路是通过熔丝直接进入ECU，不间断的电源使ECU保持了系统自学习后的参数，并在关机瞬间为下一次起动做好准备。并不是所有电源电路都是这样的，常用主要有以下几种形式。

1) 没有怠速步进电动机的电源电路。如图4-3a所示，点火开关直接控制主继电器的工作，当点火开关接通后，主继电器的线圈通电，使主继电器触点闭合，接通蓄电池与ECU之间的电源电路，蓄电池给ECU的"+B"和"$+B_1$"端子供电。ECU的主要用电必须经该电路获得。断开点火开关，主继电器线圈断电，触点打开，ECU的"+B"和"$+B_1$"端子则不通电。蓄电池与ECU的BATT端，通过EFI熔断器始终相连。该电路称为ECU的备用电源电路。即使点火开关断开时，蓄电池也保持与ECU的BATT端通电，不受点火开关的控制，以免存储器中的诊断代码或存储的数据消失。

2) 装有步进电动机的电源电路。如图4-3b所示，主继电器也受ECU的控制，其目的是当点火开关断开后，ECU能继续接通继电器2s，使步进电动机回位。

3) 其他类型的电源电路。各种发动机的控制单元的电源电路是不同的，本田飞度轿车的控制单元电源电路使用了双继电器来进行控制。

如图4-4所示，E9、IG1端子由点火开关IG2供给PCM12V信号，收到后PCM进行如

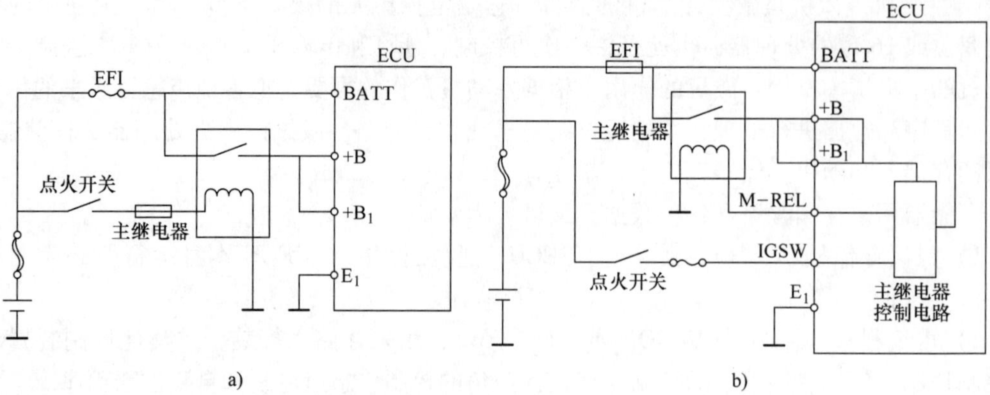

图 4-3 常见的电源电路

a）没有步进电动机的电源电路 b）有步进电动机的电源电路

下操作：

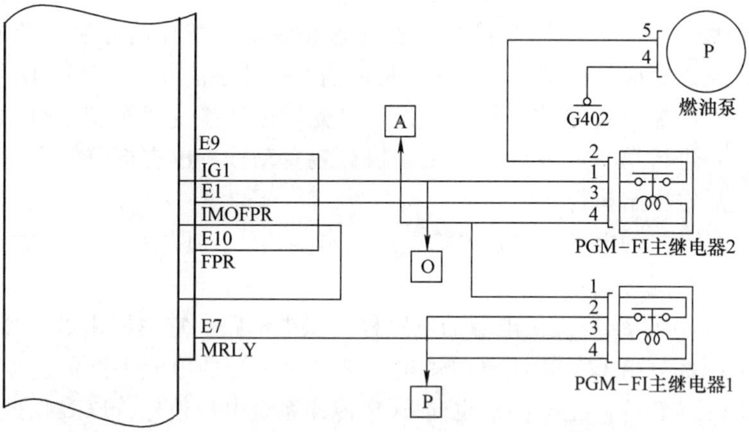

图 4-4 飞度 ECM/PCM 电源电路(一)

① 通过 E7 控制主继电器 1，主继电器 1 触点接通后给 PCM 自身、主继电器 2、点火线圈等供电，所以非常重要。

② 通过控制主继电器 2，控制燃油泵的工作，燃油泵运转 2s 后停止工作，若在 2s 期间，发动机起动，则燃油泵一直运转，直至发动机熄火。

③ PCM 开始自检，并同时控制故障指示灯工作。E9 断开会造成燃油泵不运转，发动机不点火，喷油器不工作，汽车无法起动，故障灯一直为熄灭状态；与 HDS 无法通信，无故障码。

如图 4-5 所示，A2、A3 为主电源端子，由主继电器 1 供给，两个端子都断开后，发动机无法起动，发动机故障指示灯不亮，防起动指示灯闪烁，无故障码。

A2、A3 电源线路控制主继电器 1 搭铁。此外，断开 E7 后，打开点火开关后，PCM 内存储的故障码会被清除。这是因为每次收到 IG 信号后，PCM 会把存储器的电源释放，重新从两条主电源线取用电源，如果主电源未能供给，则存储器的信息将丢失。断开 E7 后，主电源将不能给 PCM A2、A3 供电。E7 断开后防起动指示灯不亮，匹配不能成功；无法起动，无故障码，原来存储在 PCM 内的故障码会被清除。

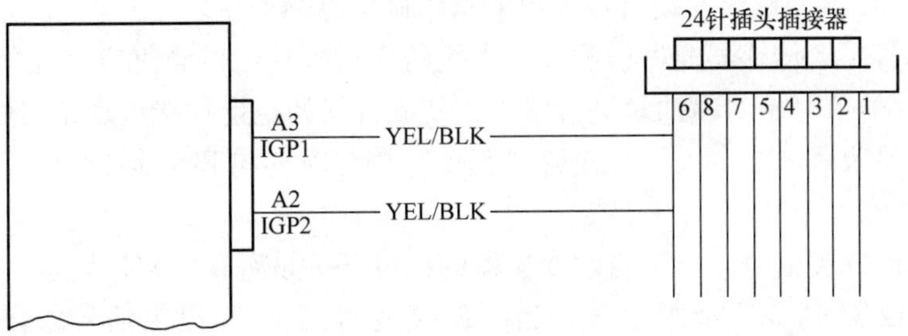

图 4-5　飞度 ECM/PCM 电源电路(二)

如图 4-6 所示，搭铁线路一共有四条：A5、A6 为电源搭铁，断开任何一个都无故障症状，两个都断开则无法起动；A23、A24 为控制部件搭铁，两个都断开后能起动，但有故障码，故障灯亮，故障码为电控发动机系统 PGM-FI 的 P0700 以及自动变速器的 P1894 和 P1895。

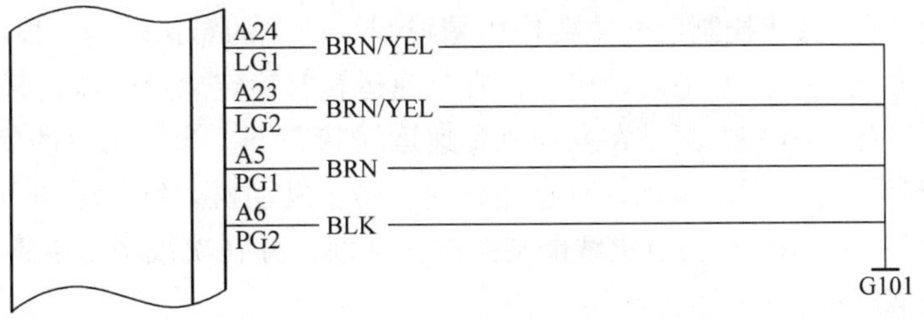

图 4-6　飞度 ECM/PCM 电源电路(三)

(6) 发动机控制系统的主要装置

1) 各种传感器和开关信号。

① 空气流量传感器。空气流量传感器安装在进气管道上，用来检测发动机进气量大小，并将进气量转变成 1 ~ 5V 信号输入到 ECU，以供 ECU 计算喷油量和点火时间。

② 节气门位置传感器。节气门位置传感器安装在节气门体上，与节气门轴相连，驾驶人通过加速踏板操纵节气门的开度。节气门位置传感器将节气门的开度转换为 0 ~ 5V 信号输入到 ECU，作为 ECU 判断发动机运行工况的依据。

③ 进气温度传感器。进气温度传感器是一种热敏式负温度系数传感器，其作用是将进入气缸的空气温度转变成电信号输入到 ECU，以便根据进气温度的变化调节喷油量的大小。

④ 冷却液温度传感器。冷却液温度传感器是一种热敏式负温度系数传感器，用来检测发动机冷却液的温度，作为对喷油和点火控制的修正信号。

⑤ 曲轴位置传感器。曲轴位置传感器用来检测曲轴转角和发动机转速，作为喷油和点火控制的信号。

⑥ 上止点位置传感器。上止点位置传感器用来检测气缸活塞上止点位置，作为 ECU 控制点火时刻的基准信号。有的曲轴位置传感器也可以检测上止点位置信号。

⑦ 车速传感器。车速传感器是一种霍尔式速度传感器，ECU 根据车速传感器检测到的汽车速度信号控制发动机的怠速和汽车加减速过程的空燃比。

⑧ 爆燃传感器。爆燃传感器检测气缸有无爆燃信号，它将信号输送给 ECU，当检测到爆燃信号后，ECU 立即推迟发动机点火提前角，避免爆燃产生。

⑨ 氧传感器。氧传感器通过检测排气中氧的含量来获取混合气空燃比的高低。ECU 根据氧传感器输入的信号，对喷油量进行修正，使混合气的空燃比接近理论空燃比。

⑩ 点火开关信号。当点火开关接通“起动”档位时，向 ECU 提供点火信号，控制发动机点火。

⑪ 空档起动开关信号。检测自动变速器的档位开关是否在空档位置。

⑫ 空调(A/C)选择、请求信号。当空调接通时向 ECU 提供信号，告之发动机负荷增加。

2）执行器。

① 电动燃油泵。电动燃油泵的主要任务是供给燃油系统足够的具有规定压力的汽油。ECU 通过控制燃油泵继电器来控制电动燃油泵的起动/停止。

② 电磁喷油器。电磁喷油器是发动机电控喷射系统的一个关键的执行器，它接受 ECU 送来的喷油脉冲信号，喷油脉冲宽度决定喷油器针阀开启时间，即决定喷油量大小。

③ 怠速控制阀。怠速控制阀的主要作用是控制发动机的怠速转速。ECU 对发动机怠速的控制包括两个方面：一方面是发动机在正常怠速运转时稳定怠速转速，起到防止发动机熄火和降低油耗的目的；另一方面是在发动机怠速运转状态下，当发动机的负荷增加(例如接通空调、动力转向等)情况下，自动提高怠速转速，防止发动机因负荷增加而导致熄火。

④ 点火线圈。由 ECU 控制点火线圈初级电路通断，并在次级绕组中感应出高压电，使相应气缸的火花塞跳火，点燃混合气。

⑤ 活性炭罐清污电磁阀。ECU 根据发动机冷却液温度、转速和负荷等信号，控制活性炭罐清污电磁阀的开启工作，回收燃油系统的汽油蒸气。

⑥ 废气再循环电磁阀。ECU 控制废气再循环电磁阀的开启动作，使一定数量的废气进行再循环燃烧，以降低气缸燃烧温度，从而减少 NO_x 的产生。

4.3　电控单元的工作流程

1. 喷油量控制流程

ECU 对喷油量的控制是通过控制输出到喷油器电磁线圈的脉冲宽度来实现的，喷油量与脉冲宽度成正比。喷油脉冲宽度控制范围为 1 ~ 10ms。

发动机在不同工况下运转，对混合气浓度的要求也不同。特别是在一些特殊工况下(如起动、急加速、急减速等)，对混合气浓度有特殊的要求。ECU 要根据有关传感器测得的运转工况，按不同的方式控制喷油量。喷油量的控制方式可分为起动控制、运转控制、断油控制和反馈控制。

(1) 起动时喷油量控制流程　起动时，发动机由起动机带动运转。由于转速很低，转速的波动也很大，因此这时空气流量传感器所测得的进气量信号有很大的偏差。基于这个原因，在发动机起动时，ECU 不以空气流量传感器的信号作为喷油量的计算依据，而是按预先给定的起动程序来进行喷油控制。ECU 根据起动开关及转速传感器的信号，判定发动机是否处于起动状态，以决定是否按起动程序控制喷油。即 ECU 判定发动机处于起动状态的条件如下：

① 起动开关闭合。

② 发动机转速低于300r/min。

在起动喷油控制程序中，ECU按发动机冷却液温度、进气温度、起动转速计算出一个固定的喷油量。这一喷油量能使发动机获得顺利起动所需的浓混合气。冷车起动时，发动机温度很低，喷入进气道的燃油不易蒸发。为了能产生足够的燃油蒸气，形成足够浓度的可燃混合气，保证发动机在低温下也能正常起动，必须进一步增大喷油量。由ECU控制，通过增加各缸喷油器的喷油持续时间来增加喷油量。所增加的喷油量及加浓持续时间完全由ECU根据进气温度传感器和发动机冷却液温度传感器测得的温度高低来决定。发动机冷却液温度或进气温度越低，喷油量就越大，加浓的持续时间也就越长。

（2）运转时喷油控制流程　在发动机运转过程中，ECU主要根据进气量和发动机负荷来计算喷油量，此外，还要参考节气门开度、发动机冷却液温度、进气温度、大气压力及怠速工况、加速工况、全负荷工况等运转参数来修正喷油量，以提高控制精度。由于ECU要考虑的运转参数很多，为了简化ECU的计算程序，通常将喷油量分成基本喷油量、修正量、增量三个部分，并分别计算出结果。然后再将三个部分叠加在一起，作为总喷油量来控制喷油器喷油。

1）基本喷油量。基本喷油量是根据发动机每个工作循环的进气量，按理论混合比（空燃比14.7∶1）计算出的喷油量。

2）修正量。修正量根据进气温度、大气压力等实际运转情况，对基本喷油量进行适当修正，使发动机在不同运转条件下都能获得最佳浓度的混合气。修正量的内容如下：

① 进气温度修正。进气温度越高，进气氧含量越少，适当减少喷油量。

② 进气压力修正。进气压力越高，进气氧含量越多，适当增加喷油量。

③ 蓄电池电压修正。蓄电池电压变化时，自动对喷油脉冲宽度加以修正，以14V为基础按0.15ms/V进行修正。

3）增量。增量是在一些特殊工况下（如暖机、加速等），为加浓混合气而增加的喷油量。加浓的目的是为了使发动机获得良好的使用性能（如动力性、加速性、平顺性等）。加浓的程度具体表示如下：

① 暖机增量。在冷车起动结束后的暖机运转过程中，发动机的温度一般不高。在较低的温度下，喷入进气歧管的燃油与空气的混合较差，不易立即汽化，容易使一部分较大的燃油液滴凝结在冷的进气管道及气缸壁面上，结果造成气缸内的混合气变稀。因此，在暖机过程中必须增加喷油量。暖机增量比的大小取决于冷却液温度传感器所测得的发动机温度，并随着发动机温度的升高而逐渐减小，直至温度升高至80℃时，暖机加浓结束。

② 加速增量。在加速工况时，ECU能自动按一定的增量比适当增加喷油量，使发动机能输出最大转矩，改善加速性能。ECU根据节气门位置传感器测得的节气门开启的速率鉴别出发动机是否处于加速工况。

③ 大负荷增量。部分负荷工况是汽车发动机的主要运行工况。在这种工况下的喷油量应能保证供给发动机的混合气具有最经济的成分，通常应稀于理论混合比。在大负荷及满负荷工况下，要求发动机能输出最大功率，因而喷油量应比部分负荷工况大，以提供稍浓于理论混合比的混合气。大负荷信号由节气门开关内的全负荷开关提供，或由ECU根据节气门

位置传感器测得的节气门开度来决定。当节气门开度大于70°时，ECU 按规定混合比计算喷油量。

（3）断油控制流程　断油控制是 ECU 在一些特殊工况下，暂时中断燃油喷射，以满足发动机运转中的特殊要求。它包括以下几种断油控制方式。

1）超速断油控制流程。超速断油是在发动机转速超过允许的最高转速时，由 ECU 自动中断喷油，以防止发动机超速运转，造成机件损坏，也有利于减小燃油消耗量，减少有害排放物。ECU 将转速传感器测得的发动机实际转速与控制程序中设定的发动机最高极限转速(一般为6000～7000r/min)相比较，当实际转速超过此极限转速时，ECU 就切断送给喷油器的喷油脉冲，使喷油器停止喷油，从而限制发动机转速进一步升高；当断油后发动机转速下降至低于极限转速约100r/min 时，断油控制结束，恢复喷油。

2）减速断油控制流程。汽车在高速行驶中突然松开加速踏板减速时，发动机仍在汽车惯性的带动下高速旋转。由于节气门已关闭，进入气缸的混合气数量很少，在高速运转下燃烧不完全，使废气中的有害排放物增多。减速断油控制就是当发动机在高转速运转中突然减速时，由 ECU 自动中断燃油喷射，直至发动机转速下降到设定的低转速时再恢复喷油。其目的是控制急减速时有害物的排放，减少燃油消耗量，促使发动机转速尽快下降，有利于汽车减速。

减速断油控制过程由 ECU 根据节气门位置、发动机转速、冷却液温度等运转参数，作出综合判断，在满足如下条件时，执行减速断油控制。

① 节气门位置传感器中的怠速开关接通。

② 发动机冷却液温度已达正常温度。

③ 发动机转速高于某一数值(减速断油转速)。

减速断油转速数值由 ECU 根据发动机冷却液温度、负荷等参数确定。通常冷却液温度越低，发动机负荷越大(如使用空调时)，该转速越高。当上述三个条件都满足时，ECU 就执行减速断油控制，切断喷油脉冲。上述条件只要有一个不满足(如发动机转速已下降至低于减速断油转速)，ECU 就立即停止执行减速断油，恢复喷油。

3）溢油消除控制流程。起动时燃油喷射系统向发动机提供很浓的混合气。若多次转动起动机后发动机仍未起动，淤积在气缸内的浓混合气可能会浸湿火花塞，使之不能跳火。这种情况称为溢油或淹缸。此时驾驶人可将加速踏板踩到底，并转动点火开关，起动发动机。ECU 在这种情况下会自动中断燃油喷射，以排除气缸中多余的燃油，使火花塞干燥。ECU 只有在点火开关、发动机转速及节气门位置同时满足以下条件时，才能进入溢油消除状态。

① 点火开关处于起动位置。

② 发动机转速低于500r/min。

③ 节气门全开。

因此，电子控制燃油喷射式发动机在起动时，不必踩下加速踏板，否则有可能因进入溢油消除状态而使发动机无法起动。

4）减转矩断油控制。装有电子控制自动变速器的汽车在行驶中自动升档时，控制变速器的 ECU 会向燃油喷射系统的 ECU 发出减转矩信号。燃油喷射系统的 ECU 在收到这一减转矩信号时，会暂时中断个别气缸(如2、3缸)的喷油，以降低发动机转速，从而减轻换档冲击。

（4）燃油反馈控制流程　燃油喷射系统进行反馈控制的传感器是氧传感器。反馈控制（闭环控制）是根据排气中氧含量的变化，测定出进入发动机燃烧室混合气的空燃比值，把它输入计算机与设定的目标空燃比值进行比较，根据差值调节电磁喷油器喷油量，使空燃比保持在设定目标值附近。因此，闭环控制可达到较高的空燃比控制精度，并可消除因产品差异和磨损等引起的性能变化，工作稳定性好，抗干扰能力强。但是，对特殊的运行工况，如发动机起动、加速、满负荷等需加浓混合气的工况，仍需采用开环控制，使电磁喷油器按预先设定的加浓混合气配比工作，充分发挥发动机的动力性能。所以 ECU 对喷油量的控制采用开环和闭环相结合的控制方式。

2. 喷油正时控制流程

燃油喷射采用多点顺序喷射方式，在发动机运转期间，由 ECU 控制喷油器按进气行程的顺序轮流喷射燃油。喷油正时由 ECU 根据曲轴位置传感器输入的信号判别各缸的进气行程，并适时输出喷油脉冲信号，进行顺序喷射。喷射时序如图 4-7 所示。

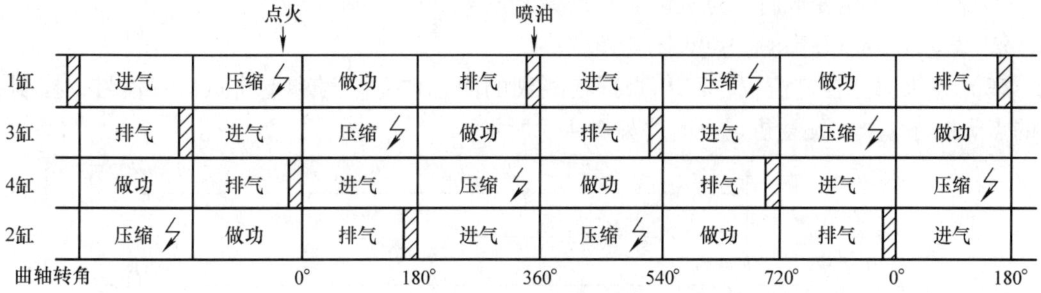

图 4-7　　燃油喷射时序示意图

图中曲轴转角 0°对应 1 缸压缩行程上止点位置，上止点位置传感器检测到的上止点位置信号实际上比该角度提前一定的角度 θ。气缸工作一个工作循环曲轴转过角度为 720°，曲轴位置传感器产生 n 个交变信号（n 为曲轴位置传感器齿盘轮齿个数），上止点位置传感器在 1 缸压缩行程上止点位置前 θ 产生 1 个交变信号，ECU 根据这些信号及喷油脉冲宽度计算每缸的喷油正时，使该缸进气行程开始时喷油结束。

3. 点火控制流程

发动机运转时，ECU 根据发动机的转速和负荷信号，计算相应工况下的点火提前角，并根据发动机的冷却液温度、进气温度、爆燃信号等修正点火提前角，再根据曲轴位置传感器信号判别曲轴转速、位置及哪一缸处于压缩行程上止点，然后控制点火线圈点火。点火系统可采用无分电器同时点火方式，每两个气缸合用一个点火线圈，对两个气缸同时点火。两缸同时点火的组合原则是，一缸工作在压缩行程，另一缸工作在排气行程。对于 4 缸发动机，1 缸、4 缸共用一个点火线圈，3 缸、2 缸共用一个点火线圈。

（1）点火提前角控制流程　从火花塞点火至压缩行程上止点的曲轴转角称为点火提前角。点火提前角的选择应满足下列要求。

① 发动机输出功率最大。

② 燃油经济性最好。

③ 气缸不发生爆燃。

④ 排放指标好。

发动机运行时，加大点火提前角可增大发动机输出转矩，但容易产生爆燃；减小点火提前角可防止爆燃，但输出转矩变小。ECU 主要依据以下条件来调整点火提前角。

① 发动机转速上升时，加大点火提前角。

② 发动机负荷增加时，减小点火提前角。

③ 进气温度越低，点火提前角越大。

④ 发动机冷却液温度越低，点火提前角越大。

⑤ 爆燃传感器检测到爆燃信号时，点火提前角减小 15°。

（2）点火闭合角控制流程　点火闭合角是指从点火线圈初级电路开始通电到点火线圈初级电路断电的曲轴转过角度。对点火闭合角的控制，在保证点火线圈初级电路断电时次级电路能产生足够高的点火电压的前提下，点火闭合角应尽量小。点火闭合角基本值根据点火线圈确定，发动机运行时 ECU 根据蓄电池电压和发动机转速进行修正，修正值不超过基本值的 15%。

① 蓄电池电压变低时，点火闭合角增大。

② 发动机转速升高时，点火闭合角变小。

（3）点火时序控制流程　ECU 根据检测到的曲轴位置信号和上止点位置信号，控制各缸的点火时序。4 缸发动机点火时序如图 4-8 所示。

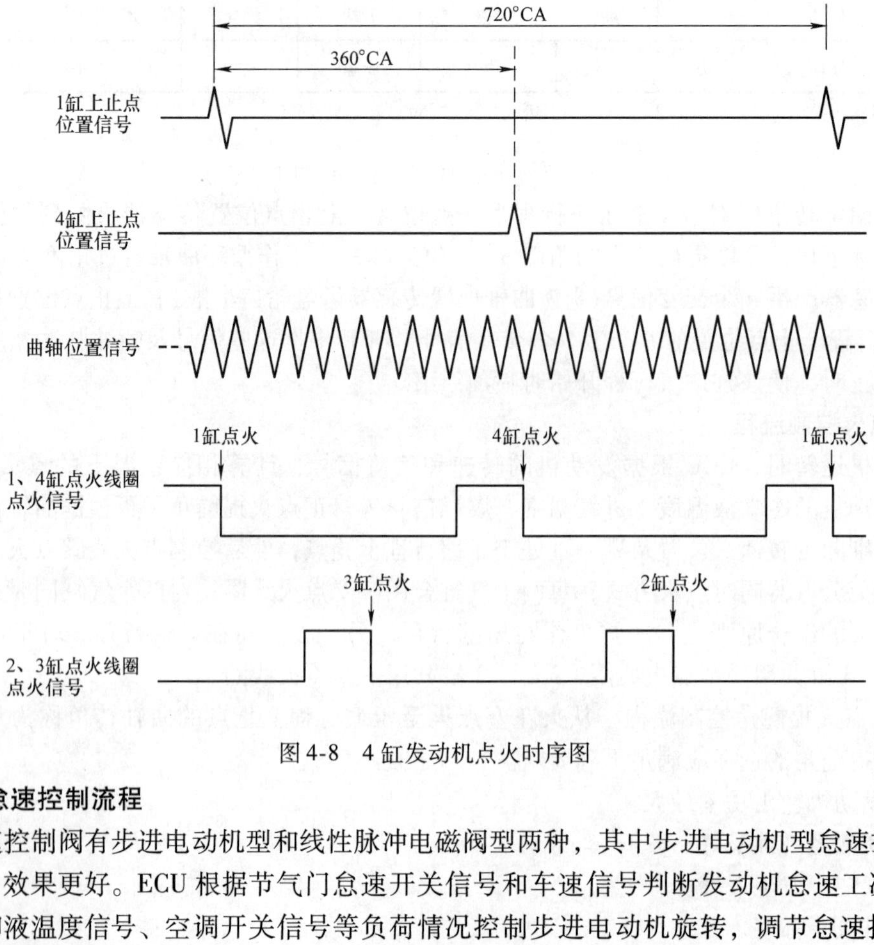

图 4-8　4 缸发动机点火时序图

4. 怠速控制流程

怠速控制阀有步进电动机型和线性脉冲电磁阀型两种，其中步进电动机型怠速控制阀应用较多，效果更好。ECU 根据节气门怠速开关信号和车速信号判断发动机怠速工况，然后根据冷却液温度信号、空调开关信号等负荷情况控制步进电动机旋转，调节怠速控制阀开度，从而调节旁通空气量，使发动机转速达到目标转速。

步进电动机型怠速控制阀控制流程如下：

（1）起动初始位置的确定　为改善发动机再起动性能，在点火开关断开后，ECU控制怠速控制阀处于全开位置，以使下次起动容易。

（2）起动控制　发动机起动时，由于怠速控制阀预先设定在全开位置，经过怠速控制阀的附加空气量最大，发动机最容易起动。但发动机起动后，若怠速控制阀仍保持在全开状态，怠速转速会过高。ECU存储器中存储有怠速控制时与发动机冷却液温度对应的怠速控制阀开度数据表和发动机转速数据表，在发动机起动期间或起动后，发动机转速超过由冷却液温度确定的值时，要求ECU控制步进电动机，关小阀门到由冷却液温度确定的位置。

（3）暖机控制　在暖机时，根据冷却液温度所确定的位置，怠速控制阀逐渐关闭。当冷却液温度达到70℃时，暖机结束，发动机转入正常运转。

发动机暖机起动后，发动机的怠速转速应能达到规定的快怠速转速1500r/min；在发动机冷却液温度达到正常温度70℃后，怠速转速应下降到正常怠速值，一般为750r/min。发动机经过暖机，冷却液温度达到正常温度后，若打开空调开关，发动机转速从750r/min升到1000r/min左右。

（4）反馈控制　发动机在怠速工况下，冷却液温度达到正常温度且发动机负荷不变时，ECU根据发动机的实际转速与预先存储的目标转速相比较，如果发动机的实际转速低于目标转速，ECU会控制怠速控制阀将阀门开大，反之，如果发动机的实际转速高于目标转速，ECU会控制怠速控制阀将阀门关小。

（5）发动机负荷变化的控制　发动机怠速运转时，如空档起动开关、空调开关接通或断开，都会使发动机的负荷发生变化。为防止发动机因负荷变化而引起发动机熄火或怠速波动，在转速出现变化前，ECU控制怠速控制阀开大或关小。

（6）电器负载增大时的怠速控制　在怠速运转时，使用的电器负载增大到一定程度时，蓄电池电压会降低。为保证系统工作电压正常，需要控制怠速控制阀开大，增加空气量，提高发动机的怠速转速，提高发动机的输出电能。

（7）学习控制　ECU通过控制步进电动机的正反转步数，确定怠速控制阀的位置，达到调整怠速的目的。但发动机在使用期间，性能会发生变化。虽然怠速控制阀的位置未变，怠速转速也可能会与初始的数值不同。这时ECU利用反馈控制，使发动机的转速达到目标值，同时，ECU将步进电动机转过的步数存储起来，在以后的怠速控制中使用。

5. 燃油泵控制流程

1）当接通点火开关后，ECU控制燃油泵工作3s，用于建立必要的油压。

2）点火开关接通3s后，如果发动机转速高于30r/min，燃油泵继续运转；如果发动机转速低于30r/min，燃油泵停止运转。

3）发动机熄火时，燃油泵停止运转。

6. 炭罐电磁阀控制流程

发动机在运转时，ECU根据发动机冷却液温度、转速等信号控制炭罐电磁阀工作。同时满足以下条件时炭罐电磁阀开启：发动机冷却液温度大于或等于60℃；发动机转速大于或等于2000r/min。

满足以下条件之一时炭罐电磁阀关闭：发动机冷却液温度小于50℃；发动机转速大于

或等于 1500r/min。

7. 废气再循环（EGR）电磁阀控制流程

废气再循环阀的开度随节气门的开度增大而增大，即废气再循环量随发动机负荷的增大而增大。满足下列条件之一废气再循环阀关闭：发动机起动时；怠速开关闭合时；发动机冷却液温度低于 70℃时；发动机转速低于 900r/min 或高于 3200r/min。

当不满足上述条件时，ECU 根据发动机转速和进气量确定 EGR 率，控制废气再循环阀开度。EGR 率最大不超过 25%。

$$\text{EGR 率}=\frac{\text{再循环排气量}}{\text{空气进气量}+\text{再循环排气量}}$$

8. 电控单元故障诊断控制流程

当发动机控制系统出现故障时，ECU 能对故障进行诊断，并以故障码的形式存储起来，通过仪表板故障指示灯闪亮报警。

（1）故障指示灯

① 无故障时，将点火开关转到 ON 位置，故障指示灯点亮；发动机起动后，故障指示灯熄灭。

② 有故障时，将点火开关转到 ON 位置，故障指示灯点亮；发动机起动后，故障指示灯不熄灭。

③ 跨接故障诊断插座的诊断跨接端子，将点火开关转到 ON 位置，但不起动发动机。无故障时，故障指示灯常亮；有故障时，按以 0.5s 为周期闪烁故障码后停 1s 的方式循环显示故障码。例如出现代码为 3 和 5 的故障，故障指示灯闪烁的波形如图 4-9 所示。

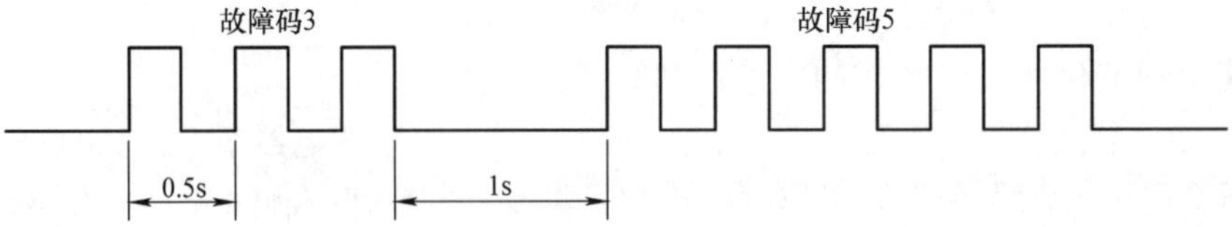

图 4-9　故障指示灯闪烁的波形

（2）故障记录　ECU 将检测到的故障分为“永久性故障”和“临时性故障”，并将其以故障码的方式存储。如果 ECU 检测到某个故障连续出现时间超过 500ms，此故障被确定为“永久性故障”。此后如果此故障消失，此故障被确定为“临时性故障”。在连续 50 次起动发动机都没有检测到此故障时，ECU 自动清除该临时性故障记录。

（3）故障码表　发动机故障码表见表 4-1。

表 4-1　发动机故障码表

故障码	故障名称	判别依据	备用方式
1	进气温度传感器故障	进气温度测量值大于 90℃或小于 -40℃	20℃
2	冷却液温度传感器故障	冷却液温度测量值大于 110℃或小于 -40℃	80℃
3	空气流量传感器故障	节气门开度变化时空气流量测量值没有相应变化或超过最大值	根据节气门开度确定
4	进气压力传感器故障	进气压力测量值大于或小于正常大气压一定值	正常大气压

（续）

故障码	故障名称	判别依据	备用方式
5	节气门位置传感器故障	怠速开关闭合时节气门位置信号电压应为 0V	
6	氧传感器故障	混合气加浓工况时氧传感器应输出 1V 电压	
7	曲轴位置传感器故障	发动机运转时没检测到曲轴位置传感器输出的交变信号	
8	爆燃传感器故障		点火提前角推迟 15°
9	车速传感器故障		
10	蓄电池电压	蓄电池电压高于 14V 或低于 10V	
11	喷油器故障		
12	点火线圈故障	无点火反馈信号	
13	怠速控制阀故障		
14	炭罐控制阀故障		
15	EGR 控制阀故障		

9. OBD-Ⅱ的控制流程和特征

1）统一诊断插头。诊断插头为统一 16 端子，并装置在驾驶室，驾驶人侧仪表板下方。在 16 个端子中，其中 7 个是标准定义的信号端子，其余 9 个由生产厂家设定。ISO-1994-2 标准规定第 7 号和第 15 号端子是传送资料端子。SAEJ 1850 标准规定第 2 号和第 10 号端子是传送资料端子（表 4-2）。

表 4-2　OBD-Ⅱ诊断插头标准端子功用

端子	功用	端子	功用
1	提供制造厂应用	9	提供制造厂应用
2	SAEJ 1850 所制定的资料传输线	10	SAE 制造厂所制定的资料传输线
3	提供制造厂应用	11	提供制造厂应用
4	直接车身搭铁	12	提供制造厂应用
5	信号回路搭铁	13	提供制造厂应用
6	提供制造厂应用	14	提供制造厂应用
7	ISO-9141-2 所制定的资料传输线 K	15	ISO-9141-2 所制定的资料传输线 L
8	提供制造厂应用	16	接蓄电池正极电源

2）解码器和车辆之间采用标准通信规则。

3）统一故障码含义。OBD-Ⅱ的故障码含义见表 4-3。故障码由五位字母和数字组成，第一位是总成控制系统代号，规定由一个英文字母表示（表 4-4），共有四个：P 代表汽车发动机和自动变速器控制系统，C 代表汽车底盘控制系统，B 代表汽车车身控制系统，U 代表规定内容。第二位是编码企业代号，编码企业代号规定由一位阿拉伯数字表示。其中 0 代表 SAE 定义的故障码；其他 1、2、3、……9 为各汽车制造公司自行定义的故障码。第三位是系统故障码。第四位和第五位是原厂编码顺序代号。例如 P1352，P 为总成控制系统代号，1 为编码企业代号，3 为系统故障码，52 为原厂编码顺序代号。

表 4-3 OBD-Ⅱ的故障码含义

代号	含义	代号	含义
P0	发动机/变速器控制系统，由 SAE 统一制定的故障码	P1	发动机/变速器控制系统，由厂家各自制定的故障码
P2	发动机/变速器控制系统，预留故障码	P3	发动机/变速器控制系统，预留故障码
C0	底盘控制系统，由 SAE 统一制定的故障码	C1	底盘控制系统，由各厂家各自制定的故障码
C2	底盘控制系统，预留故障码	C3	底盘控制系统，预留故障码
B0	车身控制系统，由 SAE 统一制定的故障码	B1	车身控制系统，由各厂家各自制定的故障码
B2	车身控制系统，预留故障码	B3	车身控制系统，预留故障码
U0	网路连接相关故障码	U1	网路连接相关故障码
U2	网路连接相关故障码	U3	网路连接相关故障码
P01XX	燃油和空气侦测系统	P02XX	燃油和空气侦测系统
P03XX	点火系统	P04XX	废气控制系统
P05XX	怠速控制系统	P06XX	控制系统
P07XX	变速器控制系统	P08XX	变速器控制系统
P09XX	SAE 预留的故障码	P00XX	SAE 预留的故障码
P10XX	由厂家自行制定的故障码	P11XX	燃油和空气侦测系统
P12XX	燃油和空气侦测系统	P13XX	点火系统
P14XX	废气控制系统	P15XX	怠速电动机控制系统
P16XX	电脑控制系统	P17XX	变速器控制系统
P18XX	变速器控制系统	P19XX	SAE 预留的故障码
P10XX	SAE 预留的故障码		

表 4-4 发动机与变速器的故障码

OBD-Ⅱ故障码	系统区分	OBD-Ⅱ故障码	系统区分
P01XX	燃油和进气系统	P06XX	控制系统
P02XX	燃油和进气系统	P07XX	变速器故障码
P03XX	点火系统	P08XX	变速器故障码
P04XX	废气控制相关系统	P09XX	SAE 预留部分
P05XX	车速感知，怠速控制相关系统	P00XX	SAE 预留部分

4）具有行车记录器控制流程。此功能可在故障码发生时，瞬间记录下相关的数值，以便发现间歇性故障，进而简化了检查和维修的程序，从而减少故障发生和维修的间隔时间。

5）监控排放控制流程。OBD 系统随时监测零部件和系统的故障，保证车辆在使用中排放不超过 OBD 法规的要求。这样持续监测排放的过程，大幅度减少由于故障造成的排放超标。

三项连续监控：失火检测、燃油系统和大部分的元件监控。

八项非连续的监控：三元催化转化器、加热式三元催化转化器、油箱油气蒸发、二次空气喷射、空调系统、氧传感器、氧传感器加热器和EGR。

6）解码器能够进行读码，记录数值，清码等。

7）标准的技术缩写术语，定义系统工作元件。

8）OBD-Ⅱ还对配置某些附加的传感器硬件有要求，例如附加的加热氧传感器，需装在带有三元催化转化器的排气管下游；采用更精密的曲轴或凸轮轴位置传感器，以便更精确地检测是否缺火。

4.4　电控单元的拆装与调试

由于电控汽车结构的特殊性(其检测、控制机件多且复杂，广泛涉及电子技术和微处理技术)，如果维修人员仍采用传统的维修方法，就势必会感到“无能为力”。尽快适应现代汽车的维修要求，已成为广大汽车维修工作者的迫切愿望。但由于长期受传统修理方式的影响，以及对电喷发动机或多或少仍有一种神秘感，以致在对其维修时常会出现认识上的误区，迷惘而不知所从。在维修中适时地拆下或装上连接线，是传统维修人员十分熟练而清楚的基本操作。但对电控汽车而言，操作不当或时机不对，将会给维修工作带来困难，甚至可能引起严重后果。

1）电控汽车的电控单元(ECU)都具有记忆功能。当电控系统出现故障时，ECU会存储其对应的故障码。维修人员便可从故障自诊断系统中读取故障码，进而查找故障原因和故障部位。

若在读取故障码之前贸然拆下蓄电池连接线(或拔掉电源熔丝)，由于中断了ECU的电源，存储其内的故障码便会自动消除。

如果再想获得故障信息(故障码)，就必须重复(再现)故障发生时的工作状况和环境条件(例如:特定范围的发动机转速及负荷、发动机的某种冷却液温度、某种进气温度以及有关传感器的某种工况等)，显然，这是非常麻烦和费时的。

因此，在维修电控汽车之前应按要求先读取并记录故障码，然后才能进行其他的维修作业，以免不慎丢失故障码。

2）当点火开关处于接通(ON)位置时，无论发动机是否运转，都不可拆下蓄电池连接线或熔丝。因为突然断电将会使电路中的线圈产生自感电动势而出现很高的瞬时电压(有时高达近万伏)，从而使ECU及相关传感器等微电子器件严重受损。

必须引起注意的是，除蓄电池连接线外，其他凡是与蓄电池电压相同的电气装置的导线，当点火开关处于接通(ON)位置时，也都不能拆除。否则，也同样会使相关的线圈产生自感而烧坏ECU或传感器。

这些电气装置包括点火系统、怠速控制步进电动机、ECU的可编程只读存储器(PROM)、喷油器、空调及其他电磁离合器，还有ECU某些连接线等。

3）在对电控发动机燃油系统进行检查作业之前，应拆下蓄电池的连接线(或熔丝)，以免发生火灾。

即在拆卸油路之前应先关闭点火开关，再拆下蓄电池连接线或熔丝。由于供油系统中残存一定的压力，故还得对燃油系统“卸压”。

较简单的方法是在拆卸油路的接头处裹上布条或棉纱，并在其下面放一油盆，然后慢慢松动接头将燃油导入盆内，以防飞溅。

当燃油检测装置(如油压表)接入管路后，若需用蓄电池电源对其测试，也必须先关闭点火开关，再接蓄电池连接线，然后打开点火开关。否则，将可能产生电火花而引起火灾。

特别要指出的是，当燃油系统检查完毕后，在拆卸检测装置之前，同样必须先关闭点火开关，然后拆下蓄电池连接线，方可执行燃油系统的作业。

4）发动机维修完成后，需清除掉 ECU 中的原故障码。

对大多数电喷发动机而言，拆下蓄电池连接线或拆下通往 ECU 的熔丝，保持断电 30s 即可清除掉 ECU 中的故障码。但是，个别发动机则不适用这种拆卸电源的办法，否则将会使其石英钟和音响等附属设备的内存(包括防盗码)一起被消除掉。

因此，应按该车的维修手册所指示的方法去消除故障码，切不可随意拆除电源线。

通过解读故障码，大多能正确识别故障可能发生的原因和部位，但有时也会出现判断失误，造成误导。实际上，故障码仅是一个是或否的界定结论，不可能指出故障的具体原因。

若欲判定故障部位，还需根据发动机的故障征兆，进一步分析和检查才能做到。

1）自诊断系统也有显示不出来的传感器故障。ECU 在对传感器信号进行检测时，只能接收其内设范围以外的(传感器)超常信号，从而判别传感器有无故障。

一般在解读故障码后，只要对相应的传感器、导线插接器、导线进行检查，找到并排除断路、短路的故障点，即告成功。但是，若因某种原因使传感器的灵敏度下降(虽在 ECU 设定的范围之内,但反应迟钝、输出特性偏移等)，则自诊断系统就检测不出来了。

尽管发动机确有故障表现，但自诊断系统却输出了表示无故障的正常代码。这时就应该根据发动机的故障征兆进行分析判断，继而对传感器单体进行针对性的检测，以找到并排除传感器故障。

例如，当发动机怠速不稳并伴有行驶中发动机运转失调的现象，系统又无故障码输出时，首先应考虑(怀疑)的便是空气流量传感器或者是进气歧管(真空)压力传感器出了故障。因为这两个传感器性能的好坏直接影响到基本燃油喷射量，尽管此时没有显示相应的故障码，也应该对它们进行检查。

2）自诊断系统可能显示错误的故障码。这是由于工况信号失误而引起的。

例如，一辆奥迪 V6 2. 8L 轿车，故障码显示的是“冷却液温度传感器短路或断路”故障；而发动机的故障征兆却是，无论冷车或热车都不好起动，并且伴有回火、怠速不稳现象，发动机的转速始终提不高。显然这些故障与冷却液温度传感器的关系并不密切(检查冷却液温度传感器,并无故障)。后经调查、询问才知道该车曾加注过含铅汽油。将三元催化转化器从车上拆下，发动机工作恢复正常。剖开三元催化转化器后，发现其内部严重堵塞，可断言该车的故障是由此而引起的。

总之，当故障码出现后，应与发动机的实际故障征兆相对比分析，以得到合理的判断，不应把故障码奉为唯一的依据。

3）维修不当会引发错误的故障码。

例如在发动机运转过程中，若随意拔下传感器插头进行试验，则每拔掉一个传感器插头，ECU 就会记忆一个相应传感器的故障码。

另外，若上一次对电喷汽车修理后，由于操作不当而未能完全消除旧的故障码，那么在本次读码时，那些残存的旧码仍然要重复显示，给维修工作带来混乱及困难。

ECU 所控制的仅是发动机的电喷部分，而无法兼顾(监测)发动机的全部(尤其是纯机械部分)。因此在进行维修时，必须首先正确区别两类故障的发生部位和表现特征，方能准确、迅速地判定和排除故障。

1）在 ECU 自诊断系统正常的前提下，若发动机有故障征兆而故障警告灯未亮(即无故障码出现)，这些故障往往与电喷控制系统无关。

此时，应按传统发动机故障的判断步骤进行排查；切记不要盲目检查电控系统的执行器、传感器和电路，否则不仅徒劳无功，稍有不慎反会损坏与 ECU 相关的某些器件。

例如，当火花塞的高压线有缺陷时，往往会出现怠速不稳、加速断火、排气“放炮”等故障现象，而 ECU 并不能检测到这类故障。

2）电喷发动机控制系统的工作可靠性很高，使用中出现故障的概率很小。

故在一般的检修中不要随便拆检其器件或无意识地拆除其插接器或导线(尤其是 ECU 的有关部分)。

只有在确认发动机本身及点火系统已排除机械类故障后，才可对其进行检查。检查时，要根据本车型资料，按规定的程序和要求，一丝不苟地执行。

3）即便是电喷控制系统本身的故障，往往也是以一般的机械故障形式出现。如接线不良、喷油器或滤清器脏污堵塞、进气道有积炭等。

因此，在对 ECU 自诊断系统所显示的故障进行检查时，也应首先从简单的机械故障查起。尤其是显示“进气系统故障”时，应特别注意加(机)油口和量(机)油孔是否密封可靠、空气流量传感器与进气系统相配零件是否松脱、进气歧管压力传感器的真空软管是否破裂或密封不严甚至脱落等。

在对电控汽车进行维修时，要时刻谨记电子和微电子器件的特性及禁忌，不可违章操作。例如，由于电控系统对工作(或检测)电压非常敏感，在对其电路进行检测时，稍不注意就可能损坏电子元器件或传感器；又如，某些电喷发动机上装备的可编程只读存储器(PROM)，在其拆、装过程中要求维修人员必须自身搭铁(即接通大地,消除静电)，否则，维修人员身体上的静电就会操作微机电路等。

在维修电控汽车时，经常发现一些故障是因拆过蓄电池或更换控制单元后引起的。这时需要按一定程序或用专用仪器重新设定。

1）基本怠速。基本怠速是指在急加速补偿装置全关状态下，完全由节气门开度或空气旁通道来保持发动机的最低而且持续稳定运转的怠速。调整怠速主要由有以下几种方法：控制单元进入自诊断(丰田)、跨接设定线(三菱)、拆下节气门位置传感器或怠速电动机插头(日产)。

2）TPS 设定值。TPS 设定值是指节气门开关或位置传感器在怠速时应有的信号电压值。在拆过去蓄电池或清洗节气门体后，应用专用仪器重新设定，否则会造成怠速太高、高速不稳。

3）怠速学习。ECU 记忆资料消失或不正确时，必须以特定步骤或程序，重新建立怠速运转状况资料模式，这种设定即怠速学习。如果车辆仅仅是因为拆过蓄电池或清洗一些元件后，就出现耗油、混合气过浓或过稀、怠速不稳等症状，应做怠速学习记忆。可以用仪器或按以下程序进行。

档位置于 P 位或 N 位；起动发动机，并使之达到工作温度，使冷却风扇运转；

将档位置于 N 位，维持怠速 1min，再移到 D 位，维持怠速 1min；

路试，使节气门开度保持在 21% ~50% 范围内加速。提升档位到最高位；再使车辆保持 80 ~100km/h 的车速匀速行驶几分钟，怠速运转 1min；重复路试步骤几次。

4）换档点。依据发动机负荷条件，确认与某个自动变速器档位对应的最佳车速及转速。如果因拆过蓄电池或变速器，而出现换档冲击的现象，应做 ECU 学习记忆，可以参照 3）的程序。

5）程式设定(PROGRAM)。主 ECU 从原厂供货时，未将存储器的资料输入确认，必须利用专用仪器输入程式资料设定。

6）程式再设定(REPROGRAM)。主 ECU 中的存储器资料可能有错误或有新修正资料，而利用专用仪器重新整理 ECU 记忆资料的设定。

7）确认码设定(CODING)。新的主 ECU 可提供给多种车型使用。当要使用时，必须利用专用仪器输入一级确认代码的设定。

8）再确认设定(RECODING)。主 ECU 已在车上使用，但因系统变更或自修正，要重新改定确认码的设定来改变主 ECU 的控制模式。

9）网络学习设定。全车系中数个 ECU 之间均有连线，但因电源曾经中断或资料连线中断，而必须使各 ECU 之间恢复正确连线的特定步骤程序的设定作业。

10）网络省电设定。全车的 ECU，在断开点火开关 60 ~180s 后即会进入省电模式，最大耗电量在 0.3A 以下。如果超过，必须依据一定程序来设定恢复网络省电模式。

奥迪/大众车系电控系统学习设定：拆过 ECT、ECU 或更换 TPS、节气门体、CO 电位计等元件，须做学习设定。

日产/INIFTI 电控系统学习设定：控制元件及变速器作用元件可能有磨损，为修正补偿这些状况，须做怠速学习。

发动机电控系统是一个较为复杂的机电一体化的综合性控制系统，采用了较多的电子元器件和集成电路，这些电子产品对使用环境的要求比较高，尤其对温度、湿度和电源系统电压的平稳性要求更加严格。因此维护和检修现代电控发动机时必须注意以下各项，以免造成人为的故障，甚至损坏电子元器件。

拆检与电控单元连接零部件的注意事项：

1. 进气系统检修注意事项

在电控燃油喷射系统中，ECU 主要根据空气流量传感器测得的空气流量或进气管压力传感器测得的进气歧管压力来控制喷油量，因此进气系统密封不严而漏气对系统的影响程度，要比化油器式发动机要大。对进气系统检修应注意如下几点。

1）发动机机油尺、机油加油口盖、乙烯塑料软管等不应漏装或脱落，否则会影响发动机运行。

2）空气流量传感器(或进气压力传感器)与气缸之间的进气系统零件脱开、松动或裂开时(如喷油器安装不当而漏气、进气软管破裂、真空管破裂等)，均会因吸入空气而导致发动机失调，造成怠速不稳、易熄火、动力性和加速性能变差。

2. 燃油系统检修注意事项

1）在拆卸油管前首先应卸压，以防止较高压力的燃油喷洒出来引起火灾。

2）安装油管接头时，对于螺栓型管接头，安装时必须使用新垫片。先用手将接头螺栓拧紧，再用工具拧紧到规定力矩。对于螺母型管接头，应注意先在喇叭口上涂一薄层润滑油，同样先用手拧紧，再用工具把接头拧紧到规定力矩。

3）喷油器拆下后O形圈不可重复使用，安装喷油器前先用汽油润滑O形圈。注意不可用发动机机油、齿轮油或制动液润滑。安装时要边左右转动边安装，要对正，不能歪斜。上部安装不良或O形圈损坏会造成漏油，下部密封不良会引起漏气。

4）燃油系统维修后应仔细检查有无漏油处。打开点火开关，不起动发动机，用跨接线连接诊断座FP和+B端子(丰田车系)，使燃油泵强行工作运转。夹住回油管，系统油压将上升至400kPa。检查燃油系统有无漏油之处，确认无部位漏油后才能正式起动。起动后使发动机怠速运转，再仔细检查有无部位漏油，此后才能关上发动机室盖正常运行。

3. 电控系统检修注意事项

1）安装蓄电池时特别注意正、负极不可接反，以防损坏ECU和控制部件。

2）在车身上使用电弧焊时，应先断开蓄电池负极线。

3）点火开关接通后，不可断开任何正在工作的带有电感的电气装置，如怠速控制阀、喷油器等。因为断开这些装置时，其线圈会产生很高的感应电压(有的会超过7000V)，易使ECU和控制部件损坏。

4）检修时，除在程序中特殊指明外，不要用低阻抗指针型仪表测试ECU和传感器，必须使用高阻抗(10MΩ以上)的仪表。

5）不要用普通试灯去测试任何与ECU相连的电气装置。因为试灯功率大、额定电流大，容易损坏电子元器件。可用33Ω电阻串联一个发光二极管自制一个试灯。

6）禁止用搭铁试火或拆线刮火的方法对电路进行检查。

7）汽车上的扬声器不要安装在离ECU太近的地方。

8）车上不宜安装功率超过8W的无线电台。如必须安装时，天线应尽量远离发动机控制单元，否则会对发动机控制单元产生不良影响。

9）在晴天拆装发动机控制单元或检测控制电路时，应注意防止静电。人体产生的静电电压较高，可能损坏ECU控制电路。故操作前应先使自己接触车身以释放静电。

10）雨天检修及清洗发动机时，应防止将水溅到电子设备及线路上。

11）一般情况下，不要拆开电控单元盖板。因为电控单元的故障较少，即使有故障，在没有检测手段的情况下，打开电控单元盖板也不能解决任何问题，反而可能因为操作不当而导致新的故障。

4.5　电控单元的检测

电控单元及其控制线路的故障可用专用的检测仪或通用的电控单元解码器来检查。这些仪器可准确地查出故障的所在之处。如果没有这些仪器，则可利用万用表来测量电控单元一侧插座上各端子的电压或工作电阻，据此判断电控单元及其控制线路有无故障。这时必须以被检车型的维修技术资料作为依据，包括电控单元一侧插座上各端子分别与哪些装置相连接、各端子在发动机不同工作状态下的标准电压值等。检测时如发现异常，则表明有故障。与执行器连接部分异常，则表明电控单元有故障；与传感器连接部分异常，则可能传感器或线路有故障。

检测时，先将电控单元连同其线束一起从车上拆下，不要拆下线束插头。将电压表测试笔依次从线束插头后部导线的侧旁插入，使之与端子后部接触，以便测量其电压。如需测量电阻，则应拆下线束插头。将测量结果分别与标准值进行比较，即可判断出故障所在之处。

在检测 ECU 端子的电压和电阻时，注意事项如下：

1）在检测之前，应先查找汽车电子控制系统及其他电气系统各熔断器、熔丝及有关的线束插头(插接器)在车上的位置(具体车型参见其维修手册)，而后检查汽车电子控制系统及其他电气系统各熔断器、熔丝及有关的线束插头(插接器)是否良好。

2）在点火开关处于开启(ON)位置时，蓄电池电压应不低于 11V，过低的蓄电池电压会影响测量结果。

3）必须使用高阻抗的万用表(阻抗应大于 10MΩ/V)，低阻抗的万用表会损坏 ECU。最好使用汽车专用万用表进行检测。

4）必须在 ECU 和线束插接器(插头)处于连接的状态下测量 ECU 各端子的电压，并且万用表的测笔应从线束插头的导线一侧插入，以测量各端子的电压。

5）不可在拔下 ECU 的线束与插接器的状态下，直接测量 ECU 的各端子电阻，否则会损坏 ECU。

6）若要拔下 ECU 的线束插接器测量各控制线路，则应先拆下蓄电池负极搭铁线。不可在蓄电池连接完好的状态下拔下 ECU 的线束插接器，否则可能损坏 ECU。

7）在检测时，应先将 ECU 连同线束一同拆下，在线束插接器处于连接的状态下，按检测数据表中的顺序，分别在点火开关关闭(OFF)、开启(ON)及发动机运转状态下，测量 ECU 各端子与搭铁端子之间的电压。也可以拔下 ECU 线束插接器，测量各控制线路的电阻，从而确定控制线路是否正常。

8）ECU 对过电压、静电非常敏感，如有不慎就会损坏 ECU 中的芯片，造成整个系统瘫痪。在车上进行电焊之前，要戴好防静电器(也可用导线一头缠在手腕上,一头缠在车体上)，拔下 ECU 上的插接器后再进行电焊；给蓄电池进行专门充电时，要将电池从车上拆卸下来或摘下蓄电池电缆后再进行充电。

汽车正常运行时，电控系统的输入信号、输出信号的电压值都有一定的变化范围。当某一电路出现异常，信号的电压值超出了规定范围或送入 ECU 不能识别的信号时，并且这一现象在一定时间内不会消失，ECU 便判断为这一部分出现故障。此时 ECU 便把这一故障以代码的形式存入其内部的随机存储器中，同时点亮故障指示灯，这就是电控系统故障自诊断的基本原理。

当某一电路产生故障后，其信号就不能作为汽车的控制参数。为了维持汽车的工作，ECU 便从其程序存储器(只读存储器 ROM 或 PROM)中调出某一固定数值，作为汽车的应急参数，保证汽车可以继续工作。当 ECU 本身出现故障时，ECU 便自动启动备用控制回路对汽车进行简单控制，使汽车可以开回家或是开到附近的修理机构进行维修，这种功能就是故障运行，又称“缓慢回家”功能。另一方面，当 ECU 检测到某一执行器出现故障时，为了安全起见，会采取一些安全措施，这种功能叫故障保险。

电控系统故障自诊断系统是针对电控系统中的传感器、ECU本身和执行器而进行的。当传感器和ECU本身发生故障时，往往采取故障运行方式，而当执行器发生故障时，往往采取故障保险措施。

（1）传感器的故障自诊断与故障运行　由于传感器本身就产生电信号，因此ECU对传感器的故障自诊断不需要专门的线路，而只需要在软件中编制传感器输入信号识别程序，即可实现对传感器的故障自诊断。工作时，各传感器的信号不断地输入ECU，ECU根据其内部设置的传感器信号，由监测软件判别输入的信号是否有异常。每一种被监测的传感器都设定了正常的信号范围。如果某一传感器信号电压超出正常范围或信号丢失，传感器信号监测软件就判定该传感器有故障或有关线路有问题，驱使故障指示灯闪亮，并将该故障的代码储存到ECU内的RAM存储器中。

在电控系统故障自诊断系统中设有安全保险功能电路。该功能主要是依靠ECU内的软件来完成，当诊断出某传感器发生故障时，ECU的安全保险功能电路立即发挥作用。它依靠ECU存储器内存的数据，使电控系统继续工作或者停机。

（2）电控系统的故障自诊断与备用回路　ECU内部如果偶尔发生故障，控制程序就不可能正常运行，ECU就处于异常工作状态，这样便会使汽车因ECU本身故障而无法行驶。为了保证汽车在ECU本身出现故障时仍能继续运行，在ECU内部出现异常情况时，电控系统故障自诊断系统仍能显示其故障，并记录下故障码，自动调用备用回路完成控制任务，进入简易控制运行状态，用固定的控制信号使车辆继续行驶。采用备用系统工作时，电控系统将故障指示灯点亮，如图4-10所示。

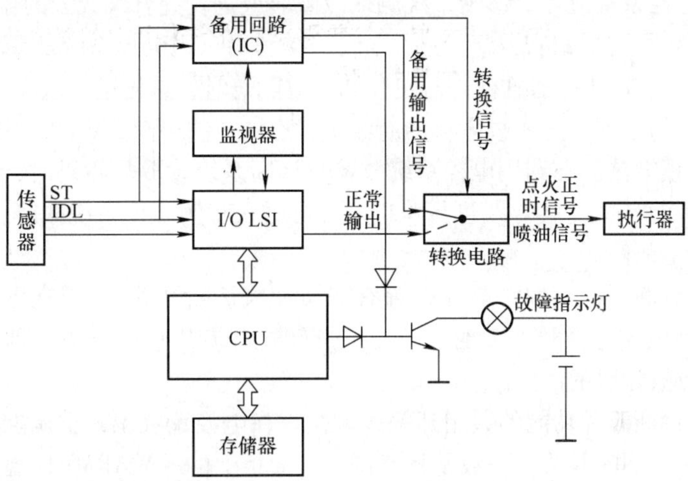

图4-10　电控系统的故障自诊断与备用回路

（3）执行器的故障自诊断和故障保险　汽车电子控制系统中，执行器是决定发动机运行和汽车行驶安全的主要部件。当执行器发生故障时，往往会对汽车的行驶安全造成一定的影响。电控系统对于执行器故障的处理方法通常是，当确认为执行器故障时，由ECU根据故障的严重程序采取相应的安全措施。为了保证这些安全措施的实施，在ECU中又专门设计了故障保险系统。

在电子控制系统工作时，由于ECU对执行器进行的是控制操纵，即ECU向执行器输出控制信号，而执行器无信号返回 ECU，因此要想对各执行器的工作情况进行诊断，一般需要增设专用故障诊断电路，即 ECU 向执行器发出一个控制信号，执行器要有一条专用电路来向 ECU 反馈其控制信号的执行情况。

车用电控系统故障自诊断测试就是利用电控系统的故障自诊断系统，对汽车电控系统的故障进诊断。为了尽可能地节省 ECU 的存储器，在现代汽车中，电控系统故障自诊断系统对汽车电控系统故障的诊断结果，通常都是以故障码的形式存储在 ECU 的随机存储器中，并以故障码的形式提供给汽车维修技术人员。

当汽车电控系统出现故障时，电控系统故障自诊断系统便通过仪表板上的故障指示灯(电子控制系统不同,故障指示灯在仪表板上的位置和标识也不同,如发动机电控系统的故障指示灯为“Check Engine”灯、安全气囊电子控制系统为“SRS”灯等)来提示驾驶人或使用人员。至于故障的类型和故障部位，则需通过启动电控系统故障自诊断系统，方可读取故障码，再由故障码表查找出该故障码所代表的故障。读取故障码的方法有利用故障诊断仪法和利用人工读码法两种。

(1) 车用电控系统故障自诊断模式的类型　在现代汽车用电控系统故障自诊断系统中，对于电控系统故障的诊断主要采用两种不同的诊断模式：第一种是静态诊断，简称 KOEO 诊断模式，即点火开关打开、发动机不运转。在进行这种模式的诊断时，只需打开点火开关，不起动发动机，在发动机静态时，将车用 ECU 中所存储的故障码读取出来，利用 ECU 内已存有的汽车电控系统的故障码进行诊断。第二种故障诊断模式是动态诊断模式，简称 KOER 诊断模式，即点火开关打开，发动机运转。在这种模式的诊断中，主要是在发动机运行状态下，利用电控系统故障自诊断系统测取故障码或进行混合气成分的监测。

(2) 进入电控系统故障自诊断系统的方法　在利用车用电控系统故障自诊断系统进行故障自诊断测试，读取 ECU 随机存储器中存储的故障码时，首先进入故障自诊断测试状态。由于汽车制造厂家的不同，进入故障自诊断测试状态的方法也有一定的区别。

1) 跨接导线读取法。在利用电控系统故障自诊断系统读取故障码时，需要将诊断输入插头(端子)和搭铁插头用跨接导线进行跨接，方可进入车用电控系统故障自诊断测试状态，读取 RAM 中存储的故障码。

2) 打开专用诊断开关读取法。在设置有“按钮式诊断开关”，或在电子控制装置上设置有“旋钮式诊断模式选择开关”时，按压或旋转这些专用诊断开关，即可进入故障自诊断测试状态，进行故障码的读取。

3) 打开兼顾诊断开关功能的共用开关读取法。在电控系统中，空调控制面板上的相关控制开关可兼作故障诊断开关，一般是将空调控制面板上的“WARM(加温)”和“OFF(关机)”两个按键同时按下一段时间，即可使故障自诊断系统进入故障自诊断状态，读取 ECU 随机存储器中存储的故障码。

4) 利用点火开关的约定操作程序读取法。在规定时间内，将点火开关进行“ON—OFF—ON—OFF—ON”循环一次，便可使电控系统故障自诊断系统进入故障自诊断状态。

5) 利用加速踏板的约定操作程序读取法。在规定时间内，将加速踏板连续踩下 5 次，即可使电控系统故障自诊断系统进入故障自诊断状态。

6) 利用专用电脑检测仪读取法。各种汽车电控系统均配备有专用的电控系统故障诊断仪，即解码器，将该仪器与汽车电控系统故障检测插头或(插座)相连，便可直接进入故障自诊断测试状态，进行故障码的读取。

（3）车用电控系统故障自诊断系统故障码的显示方法

1）利用仪表板上的故障指示灯的闪烁规律显示故障码。大部分现代汽车采用这种方法进行显示：当系统进入故障自诊断测试状态读取故障码时，电控系统故障自诊断系统控制仪表板上的故障指示灯以闪烁次数和点亮时间长短来表示故障码。这种显示方式有一位数码、二位数码、四位数码和五位数码四种。

2）用指针式电压表显示故障码。将故障码输出驱动电路接通后，用指针式万用表的直流电压档（万用表内阻应大于50kΩ）检测故障检查端子（或插孔）上的电压，以观察电压表指针的摆动来读取ECU中存储的故障码。这种显示方法与利用仪表板上的故障指示灯法读取故障码的基本原理相同，只是采用指针式电压表指针的摆动情况代替故障指示灯进行故障码显示。

3）发光二极管（LED）显示法。在有些汽车电控系统故障自诊断系统中，故障码可由一个或多个发光二极管进行显示，这些发光二极管通常安装在电子控制装置上。采用不同数量的发光二极管时，其显示方法和意义也不相同。

（4）故障码的内容与故障码表　对于不同的车型、出厂年代、制造厂家，故障码有不同的含义，由程序设计人员在进行电子控制单元的程序设计时预先约定。当电控系统的控制程序不变时，其故障码也不会改变。

故障码表是由各制造厂家提供，以表格的形式对故障码及其所代表的故障加以解释和描述，以便汽车工程技术人员和汽车维修技术人员进行维护和修理时参考。

要了解各种故障码的内容，必须查阅各种车型的维修手册或有关技术资料。

（5）车用ECU内存中故障码的清除　故障码清除的基本原理由存储故障码的ECU存储器的特点所决定。故障码一般存储在ECU的随机存储器中，存储器各存储单元的状态由ECU根据故障诊断情况确定，由系统电源保持。因此，当点火开关关闭后，仍要向电子控制单元提供电源，以保持这些存储单元的工作状态。如果将电子控制单元的存储器电源切断，则各存储器的状态将在很短的时间内均变为初始值，这样存储器中的故障信息就不复存在了。

清除故障码的基本的方法就是切断汽车电子控制单元的电源。具体做法是把电子控制系统的熔断器拔掉约30s即可。有时也可以直接把蓄电池负极搭铁线拆下约30s，但是在有些车型上，其他电子装置也可能有需要电源维持的信号，如果断开蓄电池负极搭铁线，可能会造成这部分有用信息丢失。如电子石英钟和音响等装置内部存储的数据或信息便会因电源切断而被清除。因此，在清除故障码时，最好按照维修手册中所指示的方法进行。

1. 奔驰车系故障诊断座的位置与故障码的读取

（1）奔驰诊断座位置　不同款奔驰车系诊断座的位置如图4-11所示。

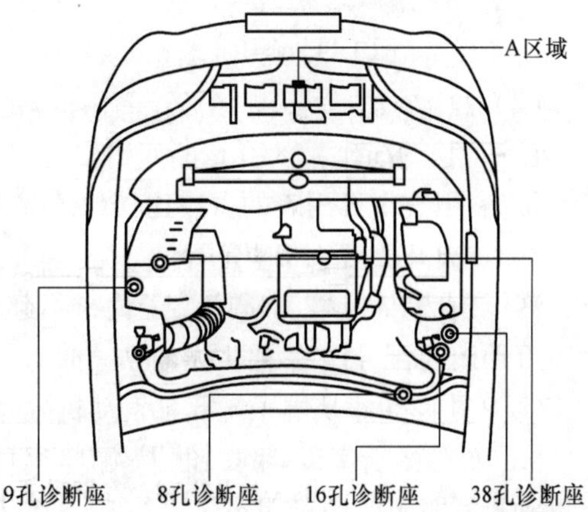

图4-11　奔驰车系诊断座位置

1）201，126，124 车型。诊断座在发动机室，乘客侧前方，靠近蓄电池处。

2）1996 年以前的 140 车型和 202，129 车型。诊断座在发动机室，乘客侧前方，ECU 盒内。

3）1996 年以后的 140 车型。诊断座在发动机室，乘客侧前方。

4）210 车型。诊断座在发动机室，驾驶人侧前方，熔丝盒内。

5）203，220，215，163 车型。诊断座在驾驶室驾驶人座仪表板左下方。

奔驰诊断座形式很多，有 8 孔、9 孔、16 孔和 38 孔，如图 4-12 ~ 图 4-15 所示。

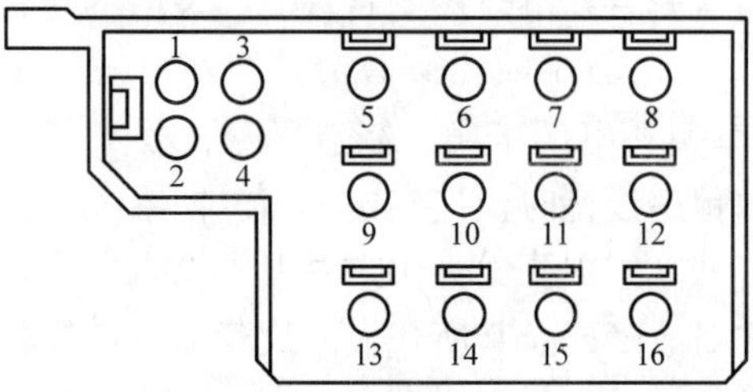

图 4-12　奔驰车系 16 孔诊断座

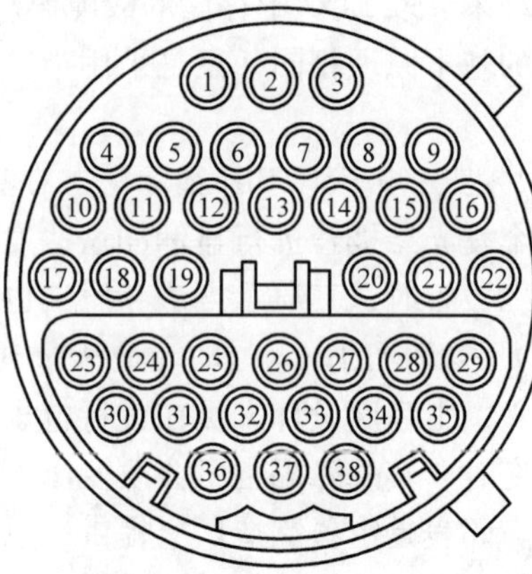

图 4-13　奔驰车系 38 孔诊断座

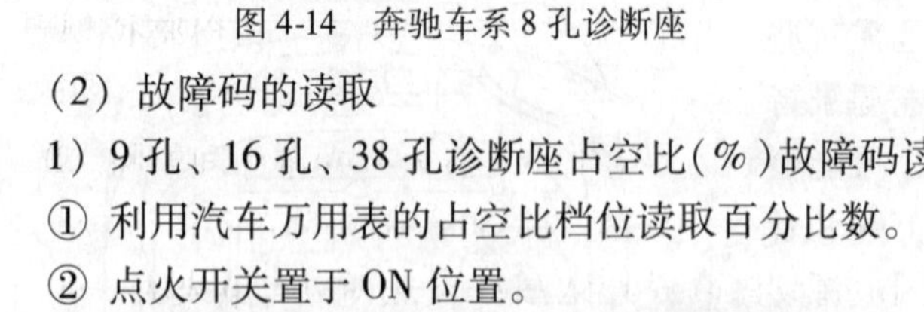

图 4-14　奔驰车系 8 孔诊断座

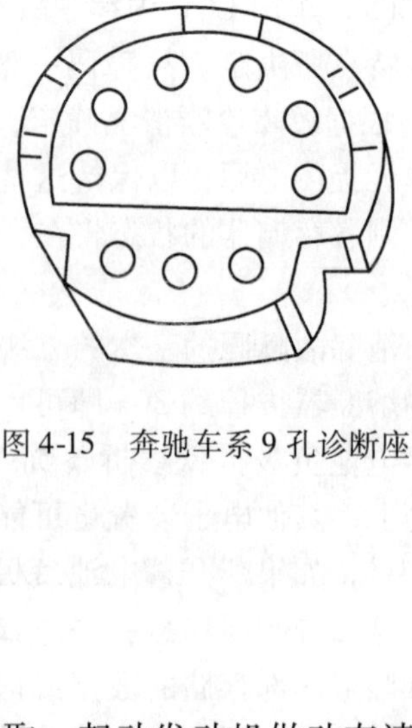

图 4-15　奔驰车系 9 孔诊断座

（2）故障码的读取

1）9 孔、16 孔、38 孔诊断座占空比（%）故障码读取。

① 利用汽车万用表的占空比档位读取百分比数。

② 点火开关置于 ON 位置。

③ 红表笔插入需测试的端子内，不起动发动机做静态读取；起动发动机做动态读取，汽车万用表的百分比读数即故障码。

④ 9 孔诊断座从端子 3 读出发动机故障码。

⑤ 16 孔诊断座（不带按钮）从端子 3 读取发动机故障码，38 孔诊断座从端子 14 和 15 读取发动机故障码。

2）8 孔、16 孔带按钮诊断座故障码读取。利用诊断座上的按钮读取故障码。

① 将 8 孔、16 孔的端子 4 与搭铁之间跨接 LED 灯。

② 点火开关置于 ON 位置。

③ 按下按钮 4s 后放开，由 LED 灯可读取一组故障码。读取下一组故障码时，重复按压按钮 4s。

3）跨接 LED 灯故障码读取。

① 跨接诊断线：16 孔诊断座为端子 1 和 7，38 孔诊断座为端子 1 和 19。

② 跨接 LED 灯：16 孔诊断座为端子 4 与搭铁之间，38 孔诊断座为端子 3 和 19 之间。

③ 点火开关置于 ON 位置。

④ 跨接线跨接 2 ~ 4s，由 LED 灯读取一组故障码。读取另一组故障码重复跨接 2 ~ 4s，直到读完全部故障码。

（3）故障码的清除

1）利用诊断座上按钮及 LED 灯读取故障码后的清除程序。

① 按故障码读取程序，按住按钮 4s 后，待故障码显示完毕后，等待 3s，再压按钮 6 ~ 8s 后放开，将点火开关置于 OFF 位置 30s 以上，即可清除故障码。

② 再次读取故障码，看是否仍有故障码。

③ 若有多组故障码，则重复步骤①，直到 LED 灯显示“1”，即表示系统正常，故障码清除完毕。

2）利用 LED 灯和跨接线读取故障码后的清除程序。

① 按故障码读取程序，将 LED 灯搭铁端搭铁 4s 移开，故障码显示完毕后等待 3s，再搭铁 6 ~ 8s 移开，点火开关置于 OFF 位置 30s 以上，即可清除刚刚显示的故障码。

② 若还有其他故障码存在，则重复步骤①，直到 LED 灯显示“1”，即表示系统正常，故障码清除完毕。

（4）诊断座各端子功能　诊断座各端子功能见表 4-5 ~ 表 4-9。

表 4-5　8 孔诊断座各端子功能

端子	功　能	端子	功　能
1	搭铁	5	防滑差速器(ASD)测试孔
2	按钮	6	安全气囊(SRS)测试孔
3	故障指示灯	7	空调(A/C)测试孔
4	发动机故障码	8	点火故障码

表 4-6　9 孔诊断座各端子功能

端子	功　能	端子	功　能
1	发动机转速信号	5	高压线圈(一)
2	搭铁	6	电源
3	故障指示	7、8、9	电磁点火触发器
4	高压线圈(一)		

表 4-7　16 孔诊断座各端子功能

端子	功　能	端子	功　能
1	发动机转速信号	9	电控悬架故障诊断
2	搭铁	10	空脚
3	故障指示	11	防盗系统故障诊断
4	发动机故障码	12	遥控器系统故障诊断
5	防滑差速器(ASD)测试孔	13	自动变速器(A/T)故障诊断
6	安全气囊(SRS)诊断孔	14	发动机综合控制系统
7	空调故障诊断	15	空脚
8	点火系统故障诊断	16	电源

表 4-8　不带按钮的 16 孔诊断座各端子功能

端子	功　能	端子	功　能
1	搭铁	9	电控悬架(ADS)测试孔
2	空脚	10	点火信号，与 ECU25 号端子相通
3	故障指示	11	防盗系统测试孔
4	诊断信号	12	遥控系统测试孔
5	防滑差速器(ASD)测试孔	13	电控变速器测试孔
6	安全气囊(SRS)测试孔	14	发动机综合控制系统
7	发动机转速传感器	15	空脚
8	EZL 诊断点火测试信号	16	空脚

表 4-9　38 孔诊断座各端子功能

端子	功　能	端子	功　能
1	车身搭铁	16	空调系统故障诊断
2	主继电器输出电源(T1,87)	17	点火系统/燃油系统故障诊断
3	起动信号	18	点火系统故障诊断
4	LH 控制系统诊断线(104,109,120 右)	19	诊断电控单元故障诊断
5	LH 控制系统诊断线(120 左)	20	中央控制系统故障诊断
6	ABS 和 ASR 故障诊断	21	电动车窗系统故障诊断
7	恒速、怠速控制系统故障诊断	22	防滑制动系统故障诊断
8	电源监控模块诊断	23	防盗系统故障诊断
9	ASD 故障诊断	26	防滑差速器(ASD)故障诊断
10	自动变速器故障诊断	29	电动座椅系统故障诊断
11	电控悬架故障诊断	30	SRS 故障诊断
12	动力转向系统故障诊断	31	遥控系统故障诊断
13	TNA 信号测试或空脚	33	旅程故障诊断
14	百分比测试或空脚	35	电动门锁系统故障诊断
15	电子仪表板故障诊断	36	辅助加速系统故障诊断

注：24、25、27、28、32、34、37、38 端子没有使用。

2. 宝马车系故障诊断座的位置与故障码的读取

（1）诊断座位置　宝马 3、5、7、8 系列为 20 孔诊断座，位于发动机室左侧或右侧上角，如图 4-16 所示。

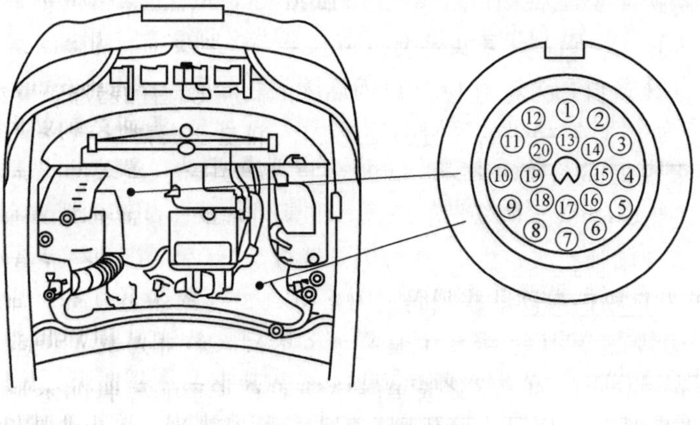

图 4-16　宝马车系 20 孔诊断座

（2）故障码的读取　宝马车系故障码的读取方法共有四种。

1）由组合仪表上“CHECK ENGINE”灯读取发动机故障码(适用美规宝马车系)。

① 1988 年以前宝马系列发动机故障码。从组合仪表上“CHECK ENGINE”灯可读出四位故障码。

a. 点火开关置于Ⅱ位置。

b. 约 3s 后，“CHECK ENGINE”灯开始闪烁，显示故障码。

c. 故障码与故障码之间停顿 3s。除 12 缸发动机外，第 1 位数都是“1”，12 缸发动机第 1 位数是“2”。

d. 若指示灯不亮，而发动机不能起动，应检查发动机 ECU 的电源和搭铁线路，并且注意起动时，有无发动机转速信号。

② 1988 年以后宝马系列发动机故障码。

a. 点火开关置于 ON 位置。

b. 在 5s 内踏加速踏板 5 次。

c. 约 3s 后便由“CHECK ENGINE”灯闪烁发动机故障码。

注意：如果输出故障码为“1444”或“2444”，表明无故障码输出；当输出“1000”或“2000”码后，表明故障码已输出完毕。

③ 1994 年宝马系列发动机故障码。故障码读取方法与 1988 年以后生产的产品读取方法相同，1994 年生产的宝马 3、5、7 系列发动机故障码为 2 位码或 3 位码。

a. 点火开关接通 ON 后，“CHECK ENGINE”灯先闪亮 5s。

b. 接着闪亮 2. 5s 起动码，闪亮一次或两次。

直列 6 缸以下发动机没有起动码。V8 以上发动机设此码。闪亮一次，代表发动机右侧 1 缸—6 缸控制系统不良；闪亮两次，代表发动机左侧缸控制系统不良。

c. 起动码后接着是故障码(2 位或 3 位)。

d. 一组故障码输出结束后，又闪亮两次，然后输出另一组故障码。

2）由 LED 灯读取故障码(适用欧规宝马车系)。

欧规宝马车系组合仪表上无“CHECK ENGINE”灯，采用LED灯跨接在发动机ECU端子上的方法，通过LED灯闪烁读取故障码。

① DME ECU为55针发动机故障码的读取。

a. 将LED灯跨接在55针ECU的端子15和18上。

b. 点火开关置于ON位置。

c. 在5s内踩加速踏板5次。由LED灯闪烁读取故障码。

② DME ECU为88针发动机故障码的读取。

a. 将LED灯跨接在88针ECU端子8和26上。

b. 点火开关置于ON位置。

c. 在5s内踩加速踏板5次，由LED灯闪烁读取故障码。

3）由宝马20针诊断插头读取故障码。

① 将LED灯跨接在诊断座端子15(编号为RXD)和20(编号为TXD)上。

② 点火开关置于ON位置。

③ 在5s内踩加速踏板5次，由LED灯闪烁读取故障码。

4）由宝马SYSTEM TESIER专用仪器读取故障码。

(3) 故障码的清除　清除故障码有四种方法。

1）连续起动5次，即可清除故障码。

2）使用专用仪器宝马SYSTEM TESTER，以999程式码方式，直接清除故障码记忆。

3）断电法。拆除蓄电池负极电缆15s以上，即可清除故障码，但音响、驾驶信息中心、电动座椅ECU将失去密码，因此不宜用此法。

如果全车被锁不能打开时，可用切断DME的DMA防盗密码线的方法起动发动机。

4）拆开发动机ECU插头15~30s，即可清除故障码。

3. 大众/奥迪车系故障诊断座的位置与故障码的读取

(1) 诊断座位置　奥迪诊断座有两组、三组、四组及“CHECK”诊断座按钮等几种，具体位置如下所述。

1）驾驶座脚踏板旁。

2）驾驶室仪表板左侧，熔丝盒内。

3）发动机室左侧后部，熔丝盒内。

4）驾驶室变速杆前，工具箱旁。

奥迪A6(V6)、A8(V8)、100/S诊断座位置在发动机室左上角熔丝盒内，如图4-17所示。在盒内左上角。一个黑色两针插座是电源线和搭铁线，一个白色两针插座是信号线(K、

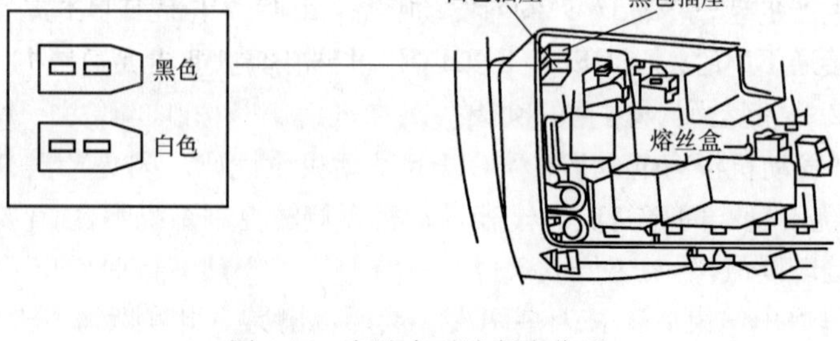

图4-17　奥迪车系诊断座位置

L 线）。

大众车系诊断座位于变速杆附近，或驾驶人侧车厢脚踏板附近，或发动机室内，靠近驾驶人座的围板上，形状为方形，如图 4-18 所示。

奥迪车系由于所测试的系统不同，诊断座的位置也有所不同。图 4-19 和图 4-20 所示是奥迪 90 和奥迪 100 诊断座的位置和形状。

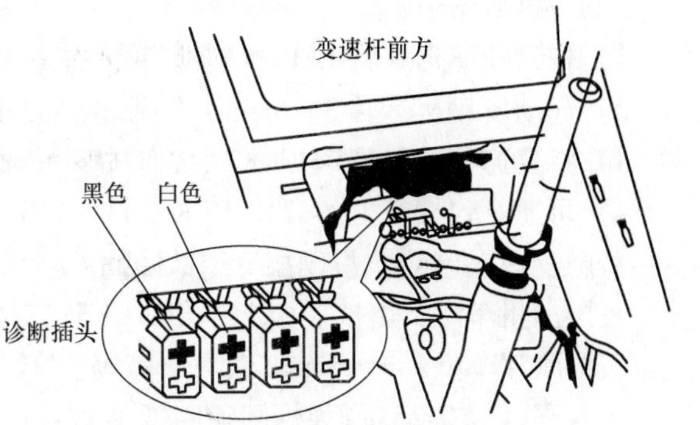

图 4-18　大众车系诊断座位置

桑塔纳 2000 诊断座位置在变速杆的防尘罩下面。取开防尘罩，即可看见一个 16 孔诊断座，如图 4-21 所示。

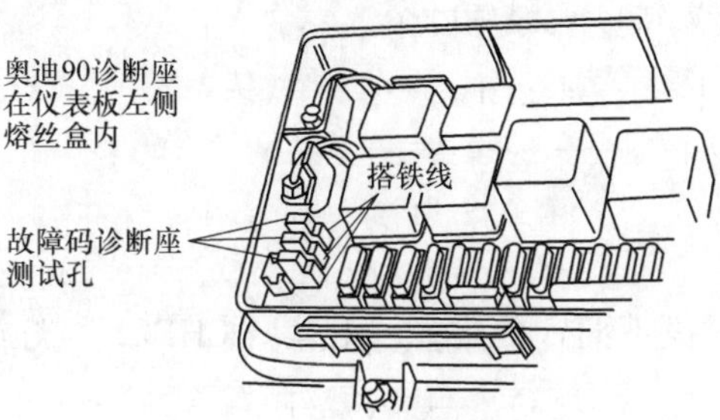

图 4-19　奥迪 90 诊断座形状及位置

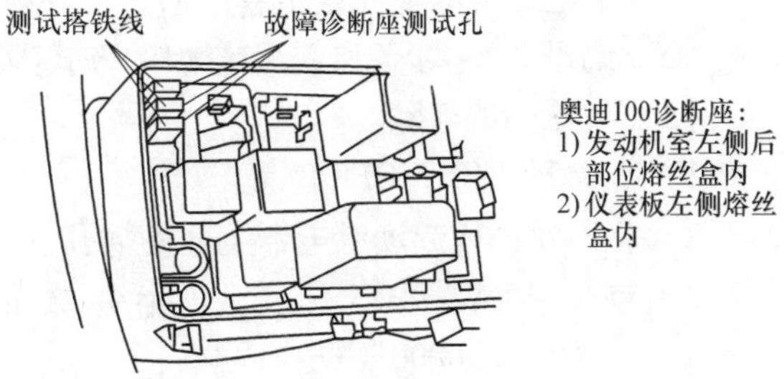

图 4-20　奥迪 100 诊断座形状及位置

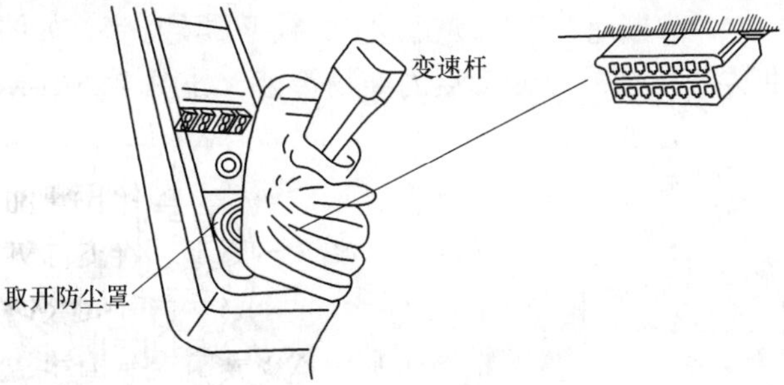

图 4-21　桑塔纳 2000 诊断座位置

帕萨特诊断座位置在变速杆上盖板右边。取开一块防尘小板，即可看见一个 16 孔诊断座。另一位置是在驾驶室驾驶人右侧的置物箱下方，有一个 16 孔诊断座，如图 4-22 所示。

高尔夫、捷达诊断座位置在转向盘下方，有一个 16 孔诊断座，如图 4-23 所示。

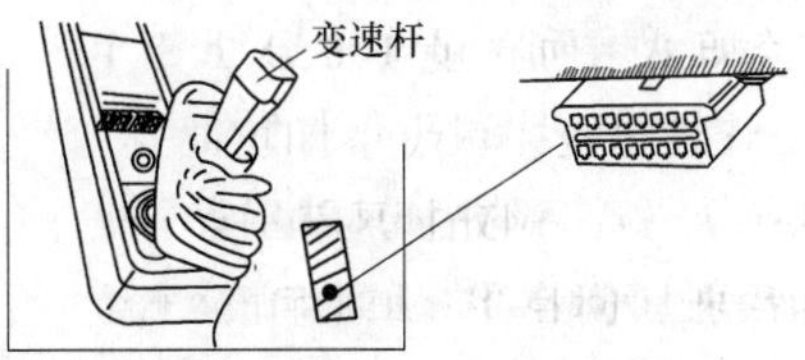

图 4-22　帕萨特诊断座位置

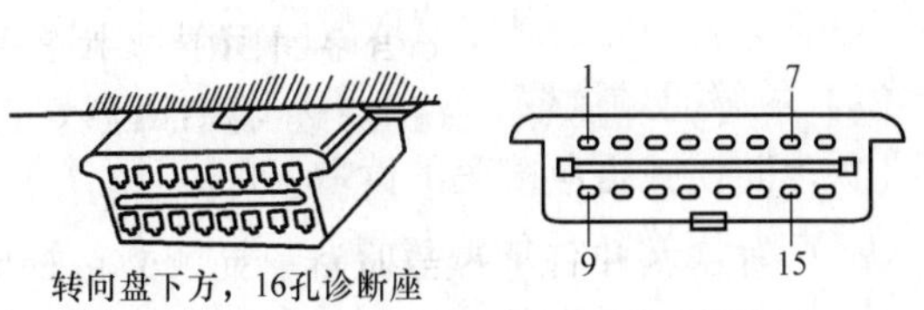

图 4-23　高尔夫、捷达诊断座位置

（2）故障码的读取

1）按诊断座形式将LED灯连接好。

2）起动发动机运转5~6min，然后将点火开关置于ON位置。

3）将变速杆前的“CHECK”按钮按下4s放开。

4）可通过仪表板上的“CHECK”灯、LED灯闪烁读取故障码。

每触发一次(4s)，只读取一组故障码。

美国加州车型：由仪表板上“CHECK”灯读取故障码。

美国联邦车型：由LED灯读取故障码。

正常码以每0.25s的闪烁间隔闪烁。

故障码由四位数组成，每个数闪亮0.5s，间隔2.5s。一组数闪完后，再触发4s，读取下一组故障码。

ECU中记忆的故障码全部输出后，以0000码或4444码结束。

0000码以2.5s灯亮和2.5s灯熄的方式闪烁四次。

（3）故障码的清除

1）点火开关置于OFF位置。

2）将熔丝插入起动继电器上面的插孔内。

3）点火开关置于ON位置，等待4s之后，再拔下插入的熔丝，观察“CHECK”灯或LED灯是否闪烁“0000”结束码。

4）再插入熔丝，并等待10s以上，拔下熔丝即可清除故障码。

4. 沃尔沃车系故障诊断座的位置与故障码的读取

（1）诊断座位置　AB诊断座位于发动机室左侧减振器支柱旁，如图4-24所示。OBD-Ⅱ诊断座位于驾驶室仪表板左下方或驻车制动后的杂物箱处，如图4-25所示。

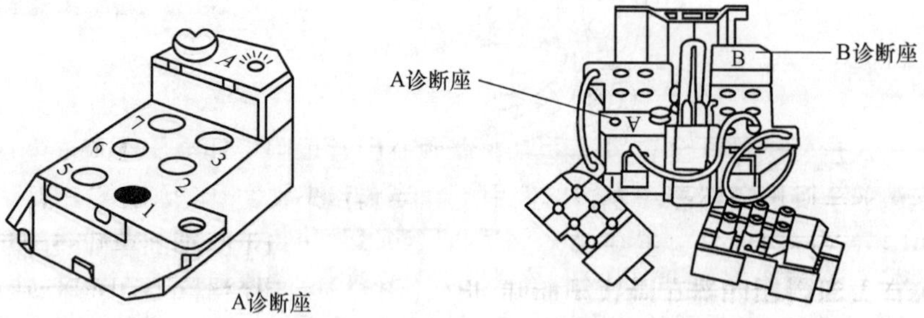

图4-24　AB诊断座位置

由AB诊断座形式图和位置图可见，诊断座上除了端子外，还有检查按钮A、选择插接线B和LED指示灯，以便读取故障码。

（2）故障码的读取

1）诊断模式Ⅰ故障码的读取。

① 点火开关置于OFF位置。

② 将选择插接线B插入端子2。

③ 点火开关置于ON位置。

④ 按压检查按钮A，约1~3s后释放。

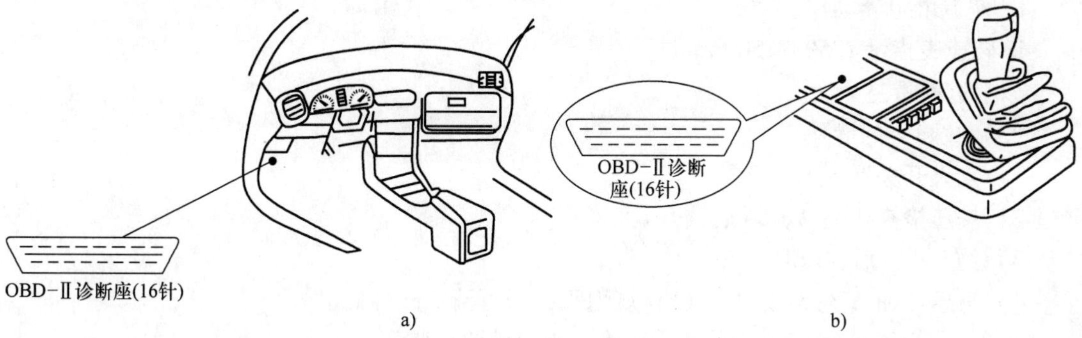

图 4-25　OBD-Ⅱ诊断座位置

⑤ 通过诊断座上的 LED 灯闪烁读取故障码。

⑥ 每次只能读取一个故障码，要读其他码须再按一次按钮，重复步骤④，直到第一个故障码出现为止。故障码由三位数组成，每一位数只有 1 ~ 4，只有新款 960 型，才有数字 5。LED 灯以 0.5s 的闪烁频率闪示数字，每位数之间停顿 3s。

2）诊断模式Ⅱ故障码的读取。

① 点火开关置于 OFF 位置。

② 将诊断插接线插入端子 2。

③ 迅速按压按钮 A 两次(每次 1s)。

④ LED 灯快速闪烁。

⑤ 检查节气门。

a. 节气门在怠速位置，LED 灯显示“333”码。

b. 节气门全开位置，LED 灯显示“332”码。

c. 变速杆在 D 位，LED 灯显示“124”码。

⑥ 顶起驱动轮，起动发动机，按两次按钮 A(每次约 1s)。

a. 空调开关 ON→OFF，LED 灯显示“114”码。

b. 空调压缩机工作，LED 灯显示“134”码。

c. 有凸轮轴信号时，LED 灯显示“342”码。

d. 挂档有车速信号时，LED 灯显示“343”码。

3）诊断模式Ⅲ故障码的读取。

① 点火开关置于 ON 位置。

② 将诊断插接线插入端子 2。

③ 按压检查按钮 A 三次(每次大约 1s)，下列受控装置依次工作。

a. EGR 真空电磁阀。

b. TCC 电磁阀。

c. 活性炭罐电磁阀。

d. 冷却风扇中速运转 3s。

e. 冷却风扇高速运转 3s。

f. 喷油器以 13Hz 频率喷油。

g. 怠速控制阀(IAC)动作。

h. 空调继电器动作。

i. 转速表指示1250～1500r/min。

以上过程重复两次。

（3）故障码的清除

1）点火开关置于ON位置。

2）按压检查按钮A，5s后放开。

3）约3～4s后，LED灯亮。

4）再压按钮A约5s以上，LED灯熄灭，即可清除故障码。

另外，拆下蓄电池负极电缆15s以上，也可清除故障码。

（4）诊断座各端子功能　AB诊断座端子功能见表4-10。

表4-10　AB诊断座端子功能

诊断座A		诊断座B	
端子	功　能	端子	功　能
1	变速器故障诊断	1	中央空调系统诊断
2	燃油系统故障诊断	2	定速控制系统诊断
3	ABS诊断	3	——
4	蓄电池电源	4	——
5	涡轮增压系统诊断	5	SRS诊断
6	点火系统诊断	6	电动座椅诊断
7	仪表诊断	7	——

5. 通用车系故障诊断座的位置与故障码的读取

（1）诊断座位置　12孔矩形诊断座位于驾驶室仪表板下方，16孔OBD-Ⅱ诊断座位于驾驶室仪表板左下角或仪表板下方，如图4-26所示。

（2）故障码的读取

1）由诊断座读取故障码的读取程序。

① 点火开关置于ON位置。

② 将各诊断座的“诊断触发”端子搭铁。

③ 由组合仪表上的“CHECK ENGINE”或“SERVICE ENGINE SOON”灯闪烁读取故障码。

2）由空调(A/C)控制板读取故障的读取程序。凯迪拉克都市和弗利特伍德车系将发动机控制模块(ECM)和车身控制模块(BCM)的自诊断系统连接到空调(A/C)控制板和燃油资料板，从A/C板上按键执行读取功能：发动机故障码、车身控制模块故障码、开关测试码、发动机系统规格范围、车身控制模块规格范围和发动机输出循环码等功能。

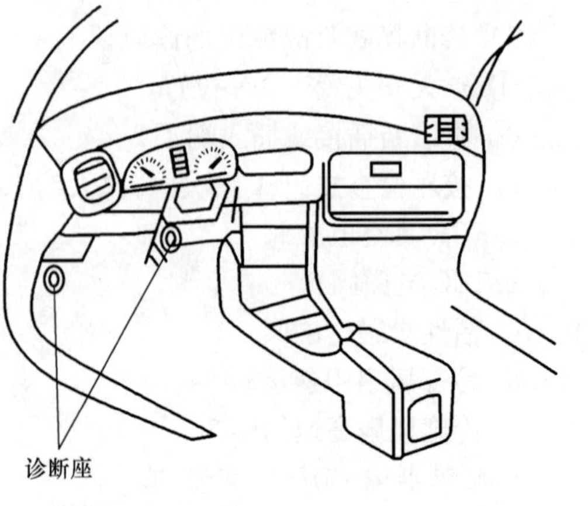

图4-26　通用车系诊断座位置

① 点火开关和定速控制开关均置于ON位置。

② 同时按住“OFF”（断开）和“WARKER”（暖风）两键。

③ 一直到A/C板上出现“-188”字样，以及燃油资料板上显示“8.8.8”后，立即放开OFF、WARMER两键。

④ 1s后，燃油资料板上显示以“E”为首的故障码，其后有两位数字。

说明：

① 第一次出现的故障码，为ECM储存的记忆故障码，包含前50次起动行驶的故障以及目前仍然存在的故障。

② 第二次出现的故障码，表示发动机系统目前的故障。若以前无故障，只在目前有故障，则显示以“E. E”字母为首的故障码。

③ 若发动机系统正常，则显示“7.0”字样。

④ 如需读取BCM故障码，在发动机系统故障显示完毕后，屏幕上自动循环显示以“F”为首的故障码，表示BCM记忆的故障。

⑤ 与发动机系统相同，第一次显示记忆故障码，第二次显示当前故障码，若只有当前故障码，则显示“F. F”字样。

3）凯迪拉克黄金国和赛维利亚车系故障码的读取程序。

将ECM、BCM、安全气囊控制模块(SIR)都连接到空调控制板、驾驶信息中心以及仪表板电路上，构成自诊断系统网路，由驾驶信息中心屏幕显示发动机系统、车身和安全气囊的故障码，以及执行输出和输入方式的测试。

① 点火开关置于ON位置。

② 同时按住A/C板上“OFF”和“WARMER”两键。

③ 此时A/C板、驾驶信息中心和仪表板均会亮起来。

④ 在驾驶信息中心屏幕上显示出“ECM?”（发动机系统）、“BCM?”（车身系统）和“SIR?”（安全气囊）等字样，这是在询问是否要读该系统故障码。

⑤ 当“ECM?”出现后按“Hi”键，表示要读取发动机系统故障码，以后便显示以“E”为首的故障码。若无故障存在，则会显示“NO ECM CODES”字样(ECM没有故障码)。

⑥ 若要读取BCM故障码，则在“ECM?”出现后按“Lo”键，屏幕显示“BCM?”，接着再按“Hi”键，则可读取以“B”为首的车身系统故障码。

⑦ 如要读取安全气囊故障码，与步骤⑥方法相同。在“ECM?”出现后按“Lo”键(否定)，选择“SIR”，再按“Hi”键(肯定)，即显示以“R”为首的SIR系统故障码(Lo=不是,Hi=是)。

⑧ 故障码后面带“C”，表示目前产生的故障；带“H”表示以前已存在的故障。

⑨ 要执行其他项目测试，可直接按驾驶信息中心的“RESET/RECALL”（重新设定）键，则会跳出诊断模式，选择其他项目测试或诊断。

4）别克与奥兹莫比尔的自诊断系统故障码的读取程序。别克的REATTA、RIVIERA车系和奥兹莫比尔的TORONATO、TROFEO车系与凯迪拉克ELDORADO、赛维利亚车系使用同一种自诊系统，只是驾驶信息中心和A/C控制板外形稍有差别，编码方向稍有出入而已。其诊断内容与操作方式一样。

① 点火开关置于 ON 位置。

② 同时按住“OFF”和“WARWER”（暖风）两键约 3s 左右，屏幕灯亮起，表示进入自诊系统。

③ 接着屏幕显示诊断项目，询问是否要执行，按风扇上的“▲”（上）键和“▼”（下）键，选择诊断项目：

ECM？发动机系统故障码；

BCM？车身系统故障码；

IPC？仪表板系统故障码；

SIR？安全气囊故障码；

CLEAR CODES？是否清除故障码。

按“▲”键（是）显示故障码，按“▼”键（不是）进入下一个诊断功能。

（3）故障码的清除

1）由诊断座读取故障码的故障码的清除。

方法一：拆下蓄电池负极电缆 15s 以上，即可清除。

方法二：

① 点火开关置于 ON 位置。

② 将诊断座“诊断触发”端子搭铁。

③ 点火开关置于 OFF 位置。

④ 从熔丝盒上拆下 ECM 熔丝。

⑤ 等待 10s 以上，便可清除故障码。

2）由空调（A/C）控制板读取故障的故障码的清除。

① 同时按住“OFF”和“Hi”（高速）两键，直到显示“E. O. O”后放开，按着显示“. 7. O”字样。

② 点火开关置于 OFF 位置 10s 以上，故障码自动清除。

③ BCM 故障码清除方法与上述相同，只是需按住“OFF”和“Lo”（低速）两键，直到显示“F. O. O”。

3）凯迪拉克黄金国和赛维利亚车系故障码的清除。

① 点火开关置于 ON 位置。

② 连续按“Lo”键，直到出现“CLEAR CODES?”字样，3s 后自动清除故障码。

4）别克与奥兹莫比尔的自诊断系统故障码的清除。选择“CLEAR CODES?”，便自动清除故障码。

6. 福特车系故障诊断座的位置与故障码的读取

（1）诊断座位置　福特轿车有美规、欧规和日规三种，其诊断座的形式和调取方法有所差异。诊断座位置位于以下几个部位，如图 4-27 所示。

1）发动机室左边或右边的叶子板侧。

2）发动机室左或右后角。

3）发动机室前壁左边或右边角。

（2）故障码的读取　福特轿车共有三种读取故障码的方法：一种是用福特公司生产的 SUPER STAR Ⅱ（超级星Ⅱ）型检测仪；另一种是用驾驶室内仪表板上的“CHECK ENGINE”

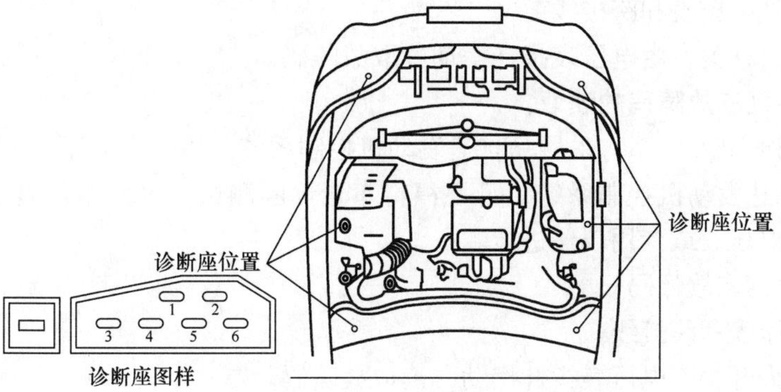

图 4-27　福特轿车诊断座位置

(发动机检查)灯；第三种方法是用模拟电压表读取。

诊断模式又分三种：即 O 模式、R 模式和 C 模式。

1）O 模式(静态测试)。静态模式缩写为 KOEO。KOEO 模式是在发动机预热至工作温度熄火后，等待 10s 后接通点火开关，在不起动发动机的情况下读取的故障码。此时千万不要踏加速踏板，以免清除原先记忆的故障码。

2）R 模式(动态测试)。动态模式缩写为 KOER。KOER 模式是为检测输入和输出系统目前工作状况是否正常，将发动机起动，并模拟发动机转速，以测试发动机目前存在的故障码。

3）C 模式(摇晃测试码)。针对特定连续期间记忆性故障，分为静态与动态摇晃测试。

① 静态摇晃测试。参阅静态读取故障码方法，将指针式电压表连接于诊断插头 STO 端子与蓄电池间，将点火开关接通，但发动机不运转。利用 STI 端子搭铁、断开，再搭铁后摇晃可疑元件的线束，或振动、轻敲可疑元件，如果此时指针表摆动，则表示怀疑部分有故障。

② 动态摇晃测试。动态摇晃测试与静态摇晃测试相同，只是测试是在发动机运转时进行的。即在发动机运转中将 STI 端子搭铁，断开再搭铁后进入摇晃测试。

诊断波形图又分为静态模式波形图和动态模式波形图。

1）静态模式波形图。读取 KOEO 码时，起动发动机，使之运转至工作温度后停机 10s 以上，接好电压表，接通点火开关，其闪码程序为快闪→短闪→KOEO 起动码→6 ~ 9s 停→间隔码→故障码。KOEO 只能测得在自诊断期间的故障，不能读出过去曾经发生过的故障。但当所有 KOEO 码全部读出后，在正常码出现后闪出间隔码的 6 ~ 9s 后开始闪动曾经发生过的 C 码。

2）动态模式波形图。读取 KOER 动态码时，必须将发动机起动，在发动机运转状态下使之转速升至 2000r/min 后，关闭点火开关，停机 10s，再次起动发动机，测试动态码。故障码闪动情况为识别码→停 6 ~ 15s→动态起动码→快闪一下→动态故障码。

不论是两位数的故障码，还是三位数的故障码，数与数之间相隔 0.5s，码与码间相隔 4s。

车型一：美规车故障码的读取

1）接好测试电压表和跨接线。

2）接通点火开关，由电压表指针摆动读取故障码。

车型二：日规车故障码的读取

福特1.6L和2.2L车系，采用马自达发动机控制系统。1991年以后，福特1.8L和2.0L车系也采用马自达发动机控制系统。日规福特车自诊断测试，可使用仪表板上的“CHECK ENGINE”灯或电压表或专用仪器进行。

使用电压表读取故障码：

1）接好电压表和跨接线。

2）接通点火开关，电压表指针摆动，读取故障码。

由仪表板“CHECK ENGINE”灯读取故障码，按马自达汽车发动机故障码的读取与清除方法进行。

车型三：欧规车故障码的读取

1）连接电压表和跨接线。

2）点火开关置于ON位置。由电压表指针摆动读取故障码。

（3）故障码的清除

1）美规车故障码的清除。点火开关置于ON位置后，在要显示故障码前立刻拆除跨接线即可。

2）日规车故障码的清除。

① 点火开关置于OFF位置。

② 拆下蓄电池负极线，并踩制动踏板20s以上即可完成清除故障码工作。

3）欧规车故障码的清除。

① 点火开关置于ON位置。

② 电压表指在12V位置，在指针尚未摆动前，立刻拆除跨接线即可。

7. 克莱斯勒车系故障诊断座的位置与故障码的读取

（1）诊断座位置　诊断座位置位于发动机室左侧中部减振器支柱旁或左上角，如图4-28所示。诊断座的形式如图4-29所示。

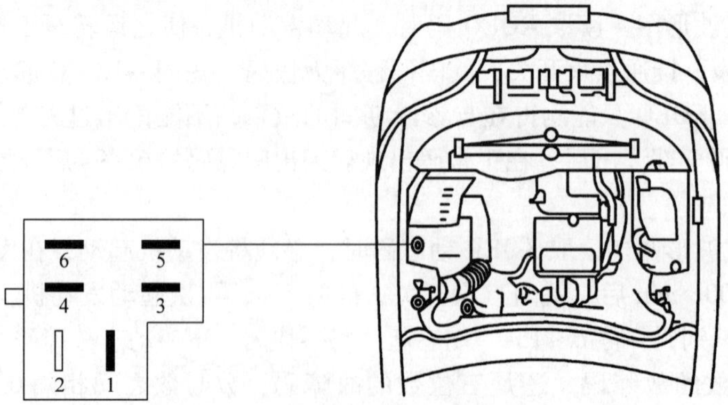

图4-28　克莱斯勒车系故障诊断座的位置

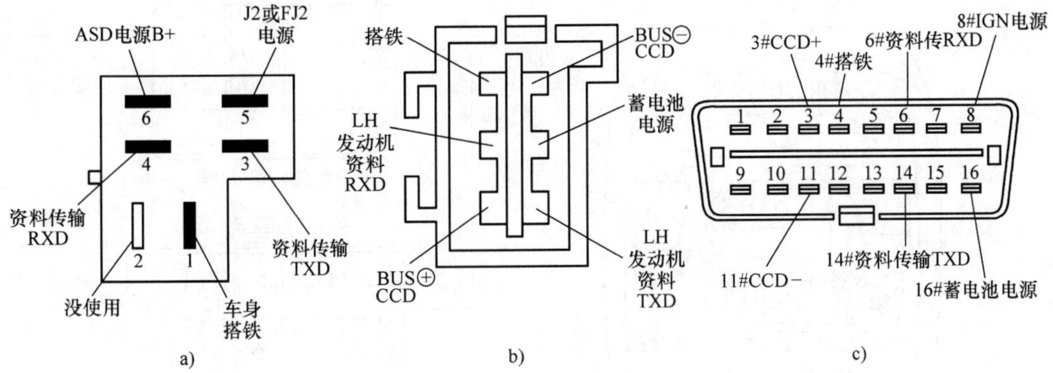

图 4-29　克莱斯勒车系故障诊断座的形式

a）SMEC 与 SBEC 诊断座　b）CCD 与 LH 诊断座　c）OBD-Ⅱ诊断座

（2）故障码的读取　利用组合仪表上“CHECK ENGINE”灯闪烁读取故障码。

1）起动发动机，将变速杆逐渐推入各档一两次，最后置于 P 位。

2）将 A/C 开关打开后，再置于 OFF 位置。

3）点火开关置于 OFF 位置，停车。

4）将点火开关 ON→OFF→ON→OFF→ON 接通三次。

5）“CHECK ENGINE”灯闪烁故障码。故障码为两位数。

6）有些后轮驱动的车，利用 ECM 上的 LED 灯读取故障码。

（3）故障码的清除　拆下蓄电池负极电缆 15s 以上即可清除故障码。再装上负极电缆，会出现故障码 12——表示曾经拆过蓄电池，当发动机起动 50 次后，会自动清除。

（4）诊断座各端子功能　诊断座端子功能见表 4-11。

表 4-11　诊断座端子功能

端子代号	功　　用	端子代号	功　　用
SMEC 诊断座		CCD 与 LH 诊断座	
1	车身搭铁	1	LH 发动机 TXD 资料传输
2	—	2	蓄电池电源
3	TXD 资料传输	3	CCD 电源负极
4	RXD 资料传输	4	CCD 电源正极
5	J2 或 FJ2 电源	5	LH 发动机 RXD 资料传输
6	ASD 电源 B +	6	搭铁

8. 丰田车系故障诊断座的位置与故障码的读取

（1）诊断座位置　丰田车系诊断座位置有两个地方：一个在发动机室内，为方形，共两种式样，如图 4-30 所示；一个在驾驶室驾驶人座仪表板左下侧，为圆形，如图 4-31 所示。丰田大霸王的诊断座位于驾驶人座椅底下。

（2）故障码的读取　丰田车系发动机故障诊断模式有四种：正常诊断模式(发动机故障

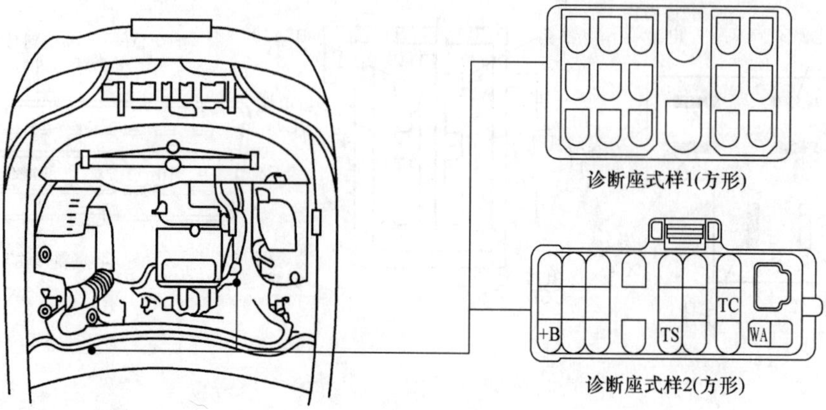

图 4-30　丰田车系方形诊断座的形式和位置

码读取）、试验诊断模式（开关信号故障码读取）、空燃比（A/F）修正模式（混合气浓/稀）和氧传感器输出信号检测模式。

1）正常诊断模式（发动机故障码读取）故障码读取程序。当下述条件都具备时，故障码按顺序从最小码到最大码，由组合仪表上的“CHECK ENGINE”（检查发动机）灯闪烁次数读出。

① 电源电压在 11V 以上。

② 节气门处于全关闭状态，怠速接点接通。

③ 变速器变速杆置于空档位置（P 位或 N 位）。

④ 切断全部用电设备。

⑤ 跨接诊断座中端子 TE1（T）与 E1。

⑥ 点火开关置于 ON 位置（接通），但发动机不起动。

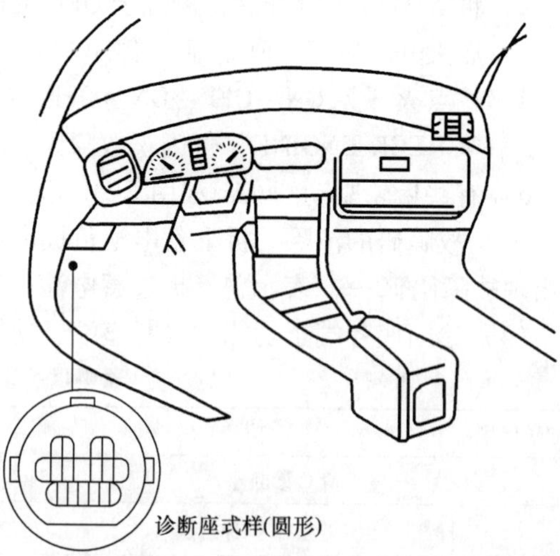

图 4-31　丰田车系圆形诊断座的形式和位置

当上述条件满足时，组合仪表上的“CHECK ENGINE”灯闪烁。如果没有故障，“CHECK ENGINE”灯将以每秒闪烁两次的频率连续闪烁。当有故障时，“CHECK ENGINE”灯闪烁频率发生变化，以 0.5s 两次的频率闪烁。闪烁的第一个数字是两位故障码的第一位数，间隔 1.5s 后，闪烁的第二个数为第二位数。如果有两个以上故障码，每个故障码之间间隔 2.5s。全部故障码显示完毕间隔 4.5s，再重复显示全部码。

2）试验诊断模式（开关信号故障码读取）。与正常诊断模式相比，试验诊断模式有较高的灵敏度。它能检测起动信号电路、No.1 和 No.2 凸轮位置传感器、节气门位置传感器怠速接点信号，空调信号和变速器空档开关等开关信号。此外，在正常模式中能够检测的项目，同样也可以用试验诊断模式检测出来。

读取故障码时应满足下述条件：

① 电源电压在 11V 以上。

② 怠速接点接通(节气门完全关闭)。

③ 变速器变速杆置于 P 位或 N 位。

④ A/C 开关置于 OFF 位置。

⑤ 必须首先跨接诊断座中 TE2 和 E1 端子，然后将点火开关置于 ON 位置，试验模式开始诊断。如果组合仪表上的“CHECK ENGINE”灯以 0.13s 的间隔闪烁，证明试验模式工作正常。试验模式是在汽车运行状态下进行的，满足上述初始条件后可以路试。

试验步骤：

① 起动发动机，在正常温度下运转，“CHECK ENGINE”灯应正常闪烁，如果不闪烁，检查端子 TE2 电路。

② 驾驶车辆在路上以 10km/h 车速行驶，此时端子 TE2 与 E1 仍然跨接，模拟用户讲述的故障状态。

③ 路试结束后，停车，跨接诊断座中端子 TE1 和 E1，而 TE2 与 E1 仍然接通。此时，如果系统正常，组合仪表上的“CEHCK ENGINE”灯闪烁两次。如果有故障，由“CHECK ENGINE”灯读出故障码。

④ 试验结束后，拆除 TE2、TE1 与 E1 的跨接线。

注意：

如果点火开关打开后再连接端 TE2 和 E1 或点火开关打开前先连接端子 TE1 和 E1，试验模式均不能投入工作。

拆除端子 TE2、TE1 与 E1 之间跨接线，然后再将 TE1 与 E1 端子跨接，此时“CHECK ENGINE”灯闪烁读出下列故障码。

17 和 18——凸轮轴位置传感器 G1 和 G2 信号没有送给 ECU，显示码 17 和 18 是正常的。

42——车速低于 5km/h 或 0km/h，正常。

43——起动信号“STA”未送给 ECU(发动机未起动)，显示码 43 是正常的。

51——A/C 开关未关闭，自动变速器档位开关不在 P 位或 N 位，节气门开关未全关(加速踏板被踩下)，显示码 51 是正常的。

3）空燃比(A/F)修正模式。空燃比(A/F)修正模式是检测混合气浓/稀，也就是 CO 和 HC 浓度的检测。

① 首先清除 ECU 中存储的故障码。

② 点火开关在 OFF 位置时，跨接诊断座中的端子 TE1 和 E1。

③ 将电压表的正、负表笔或发光二极管试灯跨接在诊断座中端子 VF(VF1)和 E1 之间。

④ 起动发动机，在 2500r/min 转速下运转 2min，预热氧传感器。进行下面观察：

a. 观察 LED 试灯是否在 10s 内闪亮 8 次或电压表在 0 ~ 5V 摆动 8 次以上。此时表示空燃比(A/F)正常。

b. LED 试灯一直亮或电压表指在 5V 处不动，则表示 A/F 过小，混合气过浓。

c. LED 灯不亮或电压表指示 0V，则表示 A/F 过大，混合气过稀。

4）氧传感器输出信号检测模式。通过检测氧传感器输出信号来判断混合气浓/稀。

① 将电压表的正、负表笔跨接在诊断座中端子 OX(OX1)或 OX2 与 E1 之间。

② 起动发动机，预热达到正常温度。

③ 在3500r/min下运转2min以上，观察电压表指示。

a. 氧传感器输出电压应在0.1～0.9V变化。

b. 若电压在0.45V以下，表示混合气过稀；若输出电压在0.45～0.90V，则表示混合气过浓。0.45V是标准值，此时混合比最佳。

（3）故障码的清除　故障排除之后，要清除ECU存储器中的故障码。

1）故障排除之后，先将点火开关置于OFF位置，再将熔断器盒内EFI熔断器拆下30s以上。

2）也可采用拆除蓄电池负极电缆的方法来清除ECU内储存的故障码，但这样做，会使时钟、收音机等的记忆系统也被清除。对于具有防盗音响系统的车型，绝对不允许采用拆蓄电池电缆的方法，否则会激活防盗系统。

3）试验模式诊断读出结束后，仍然需要清除ECU存储器中的故障码。清除方法与正常诊断模式故障码消除方法相同。

9. 日产车系故障诊断座的位置与故障码的读取

（1）诊断座位置　日产车系诊断座位于熔断器盒下面和驾驶室内仪表板下，有的位于发动机室起动机旁，如图4-32所示。诊断座形式有两种：12针诊断座、14针诊断座和OBD-Ⅱ诊断座。

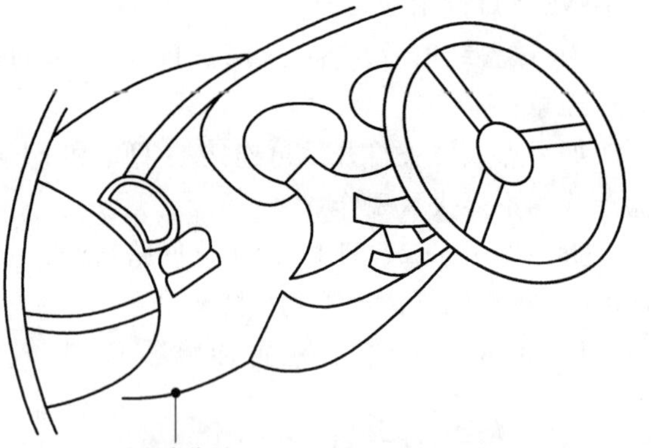

图4-32　日产车系诊断座的位置

（2）故障码的读取　日产车系发动机故障码读取比较复杂，可由组合仪表上的“CHECK ENGINE”灯和ECU侧面上的LED灯读取。

1）由ECU侧面LED灯读取故障码。由ECU侧面上的LED灯读取故障码，必须先找到ECU位置。

故障码读取根据形式不同有以下几种方法。

形式一：ECU侧面只有一个红色LED灯和一个可变电阻调节旋钮，配置一个12针诊断座

① 点火开关置于ON位置。

② 将可变电阻顺时针拧到底，2s后再逆时针拧到底。红色LED灯闪烁一个故障码。

③ 重复步骤②，又可读出另一个故障码。日产车系发动机故障码用两位数表示。第一个数（十位）闪光时间持续0.6s，第二个数（个位）闪光时间持续0.3s，中间停顿2s。

对于上述形式的诊断座，也可采用下述方法读取故障码。

① 点火开关置于ON位置。

② 跨接12针诊断座端子4和5，2～3s后再移开跨接线，便可由ECU侧面的红色LED灯闪烁读出故障码，闪亮持续时间长的（0.6s）表示十位数，闪亮持续时间短的（0.3s）表示个位数，中间停顿2s。

③ 重复步骤②，便可读出另一个故障码。故障码先从数字小的闪烁读出，按顺序从小

至大闪烁。

形式二：ECU 侧面只有一个红色 LED 灯和一个可变电阻调节旋钮，配置 14 针诊断座

① 点火开关置于 ON 位置。

② 跨接 14 针诊断座端子 6 和 7，2～3s 后再移开跨接线，便可由 ECU 侧面的红色 LED 灯闪烁读出故障码。闪亮持续时间长的(0.6s)表示十位数，闪亮持续时间短的(0.3s)表示个位数，中间停顿 2s。

③ 重复步骤②，便可读出另一个故障码。故障码先从数字小的闪烁读出，按顺序从小至大闪烁。

形式三：ECU 侧面有两个 LED 灯和一个"TEST"选择开关

① 将点火开关置于 ON 位置。

② 将"TEST"选择开关拨至 ON 位置。由 ECU 侧面两个 LED 灯读出故障码，红色 LED 灯闪烁为十位数，绿色 LED 灯闪烁为个位数。

2）由组合仪表上"CHECK ENGINE"灯读取故障码。

① 将点火开关置于 ON 位置。

② 将"TEST"开关移到 ON 位置。由 ECU 侧面的 LED 灯闪烁读取故障码，红色 LED 灯为十位数，绿色 LED 灯为个位数。

（3）故障码的清除

1）ECU 侧面只有一个红色 LED 灯和一个可变电阻调节旋钮，配置一个 12 针诊断座。

① 点火开关置于 ON 位置。

② 将可变电阻顺时针拧到底(将 12 针诊断座端子 4 和 5 跨接)，15s 后再逆时针拧到底(拆除诊断座端子 4 和 5 跨接线)。

③ 2s 后再将点火开关置于 OFF 位置，便可清除故障码。

2）ECU 侧面只有一个红色 LED 灯和一个可变电阻调节旋钮，配置 14 针诊断座。

① 将点火开关置于 ON 位置。

② 将"TEST"选择开关旋至 OFF 位置。

③ 将点火开关置于 OFF 位置，便可清除故障码。

3）由组合仪表上"CHECK ENGINE"灯消除故障码。

① 将"TEST"开关移到 OFF 位置。

② 将点火开关置于 OFF 位置，故障码便清除。

10. 本田车系故障诊断座的位置与故障码的读取

（1）诊断座位置　本田汽车公司诊断座有两种形式：两孔人工检测诊断座和三孔自动检测诊断座。诊断座位于乘客座杂物箱下面、乘客座杂物箱右侧及门柱上或仪表板下方，如图 4-33 所示。

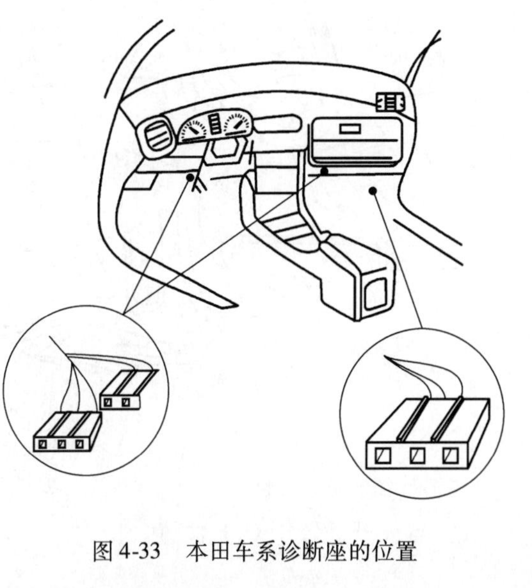

图 4-33　本田车系诊断座的位置

（2）故障码的读取　本田车系故障码的读取有两种方式：一种是由 ECU 上的 LED 灯读取；另一种是由组合仪表上的“CHECK”灯读取。

1）由 ECU 上 LED 灯读取故障码。

① 由 ECU 上一个红色 LED 灯读取故障码。有一个红色 LED 灯的 ECU 位于杂物箱下面、脚踏板上方，当系统故障已存储在 ECU 中，将点火开关置于 ON 位置后，ECU 上的红色 LED 灯以闪烁方法读出故障码。每次只能读取一个故障码。

② 由 ECU 上四个 LED 灯读取故障码。ECU 上有四个 LED 灯，位于驾驶人座椅下面。将点火开关打开后，观察四个 LED 灯哪个亮，将亮的灯代表的数字相加之和，即为故障码。每次只能读取一个码。

2）由组合仪表上“CHECK”灯读取故障码。

① ECU 位于杂物箱右下方内侧，ECU 上没有 LED 灯，但设有诊断座，位于杂物箱内右侧，必须拆下杂物箱才能找到诊断座。两针诊断座导线颜色为棕色带绿条/白色线，或者橘红带绿条/白色线。序曲跑车诊断座在发动机室侧防火墙真空控制盒旁，导线颜色为棕色带绿条/白色线。

② 故障码读取方法。

a. 找出诊断座。

b. 跨接诊断座两个端子。

c. 点火开关置于 ON 位置，但不起动发动机。

d. 由组合仪表上的“CHECK”灯闪烁读取故障码。

故障码 1 ~9 闪烁较快，故障码 10 闪烁时间较长，故障码 12 闪烁一长两短。

（3）故障码的清除　排除故障之后，必须清除 ECU 中存储的故障码。其方法是将点火开关置于 OFF 位置，拆除 BACK UP 或 CLOCK/RADIO 或 ACG 熔片，或者拆掉蓄电池负极线 10s 以上即可。但有防盗的音响系统不能采用这些方法，须使用专用仪器消除故障码。

11. 现代车系故障诊断座的位置与故障码的读取

（1）诊断座位置　现代车系发动机诊断座位于仪表板下面熔断器盒旁，如图 4-34 所示。

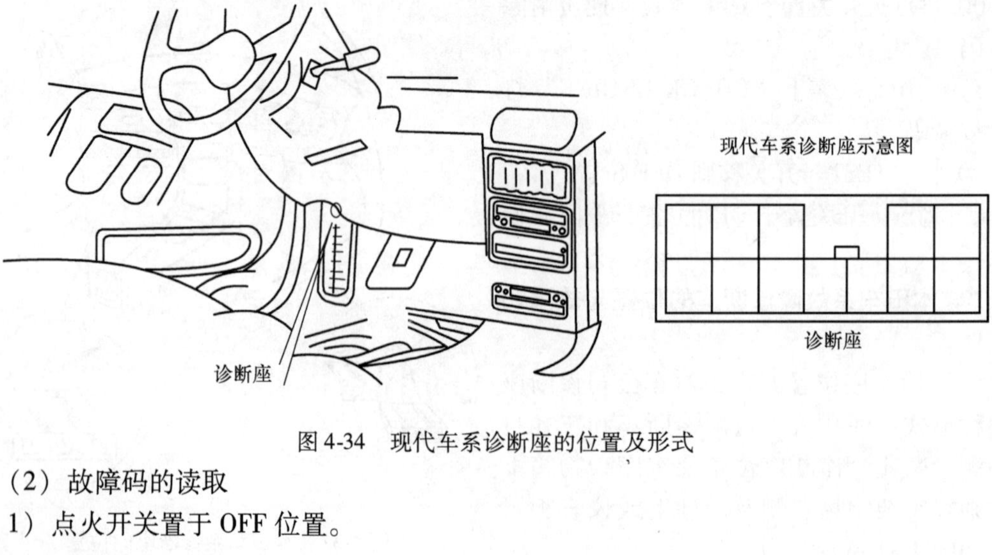

图 4-34　现代车系诊断座的位置及形式

（2）故障码的读取

1）点火开关置于 OFF 位置。

2）将 LED 灯或电压表跨接在诊断座端子 1 和 12 上。

3）点火开关置于 ON 位置，但不起动发动机。

4）由 LED 灯闪烁、电压表摆动或组合仪表（模式Ⅱ诊断座端子 10 搭铁 2.5～4s 后移开）上“CHECK ENGINE”灯闪烁读取故障码。

（3）故障码的清除　拆下蓄电池负极线 15s 以上，再装上负极线即可清除故障码。

12. 三菱车系故障诊断座的位置与故障码的读取

（1）诊断座位置　三菱车系诊断座在仪表板下面、熔丝盒下面、工具箱上方及发动机室内、前照灯旁，如图 4-35 所示。

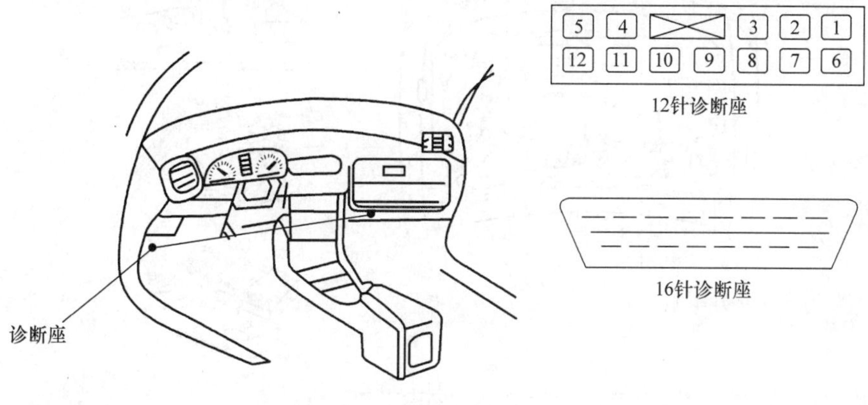

图 4-35　三菱车系诊断座的位置及形式

（2）故障码的读取　三菱车系电控系统出现故障时，仪表板上的“CHECK ENGINE”灯点亮，警告驾驶人电控系统出现故障。故障码的读取有两种模式：一种是使用 0～15V 直流电压表或 LED 灯读取；另一种是利用点火开关和“CHECK ENGINE”灯读取。

1）使用直流电压表或 LED 灯读取故障码。

① 点火开关置于 OFF 位置。

② 将电压表正表笔接在诊断座右上角（12 针）或左上角（9 针），负表笔接在左下角（12 针）或右下角（9 针）。

③ 点火开关置于 ON 位置，由电压表指针摆动或 LED 灯闪烁读取故障码。故障码为两位数，十位数闪亮 1.5s，间隔 0.5s，个位数闪亮和间隔 0.5s，十位数与个位数之间停顿 2s，两个码之间停顿 3s。正常码闪烁时间为 0.5s。

2）利用点火开关和“CHECK ENGINE”灯读取故障码。可利用点火开关 ON—OFF—ON—OFF—ON 后，由组合表上“CHECK ENGINE”灯读取故障码。

（3）故障码的清除

1）点火开关置于 OFF 位置。

2）拆下蓄电池负极电缆 15s 以上，即可清除故障码。

3）装回蓄电池负极电缆，再次读取故障码，确认故障码已被清除。如故障排除，以正常码形式输出。

13. 马自达车系故障诊断座的位置与故障码的读取

（1）诊断座位置　诊断座形式及位置如图 4-36 所示。诊断座有三种形式：美规、日规和 1992 年以后全部改为 17 + 8 针式。将 LED 灯跨接在诊断座相应端子上，可进行发动机系统故障诊断、氧传感器工作测试、开关动作状态测试、自动变速器故障诊断及防抱死制动系统、定速控制系统、安全气囊系统故障诊断及继电器测试等。测试用 LED 灯与 330Ω 电阻串联。

在 17 + 8 针诊断座中，以“T”字母开头的端子搭铁，触发系统故障码；以“F”开头的端子接 LED 检测灯检测端，LED 灯闪烁故障码。

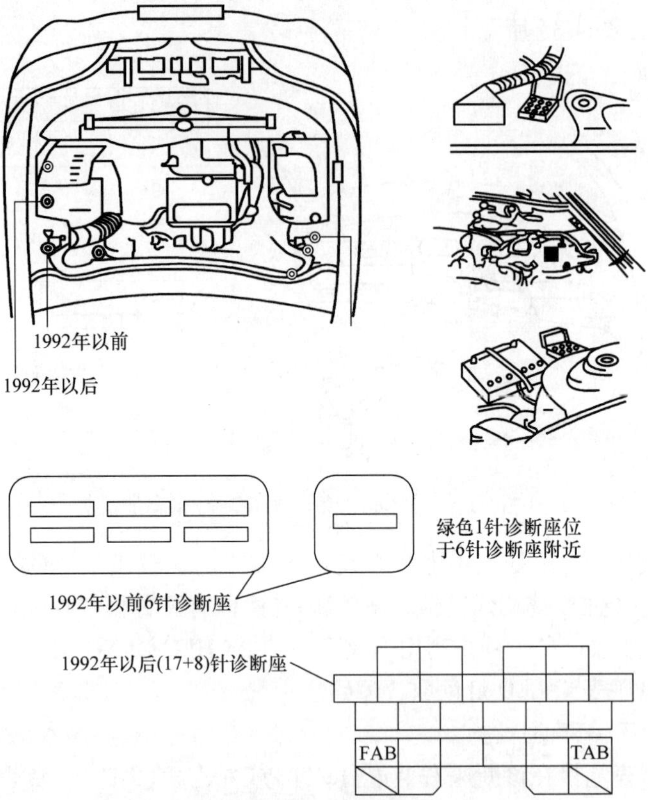

图 4-36　马自达车系诊断座的位置及形式

（2）故障码的读取

1）发动机故障码。

① 点火开关置于 OFF 位置。

② 将 LED 灯跨接在诊断座端子 + B 和 FEN(或端子 + B 或 STO)上。

③ 将端子 TEN(或端子 STI)直接搭铁。

④ 将点火开关置于 ON 位置，LED 灯闪烁读取故障码。LED 灯亮 1.2s，灭 0.4s，十位数与个位数之间停顿 1.6s，两个码之间停顿 4s。

2）各种开关动作测试。

① 将点火开关置于 OFF 位置。

② 将 LED 灯跨接在诊断座端子 + B 和 MEN 之间(或端子 + B 和 SW 之间)，将端子 TEN(或 STI)搭铁。

③ 将点火开关置于 ON 位置，检测开关动作是否正常。

注意：

当开关动作时，LED 灯有亮、灭变化，说明控制电路和 ECU 接收到开关信号。

如果 LED 灯无亮、灭变化，说明控制电路或 ECU 有故障，应修复。

3）氧传感器修正信号测试。

① 将 LED 灯跨接在诊断座 +B 和 MEN 端子(或 +B 和 SW/O_2端子)上。

② 起动发动机，暖机达到正常工作温度。

③ 使发动机加速到1500r/min，观察 LED 灯，如在 10s 内闪烁 8 次以上，表示氧传感器工作正常、供油修正信号正常，否则说明氧传感器、供油修正信号不正常，应排除故障。

（3）故障码的清除

1）点火开关置于 OFF 位置。

2）拆下蓄电池负极线。

3）踏下制动踏板 20s 以上，再装回蓄电池负极线，即可清除故障码。

14. 一汽大众/上海大众汽车故障诊断座位置

故障诊断座位置如图 4-37 所示。

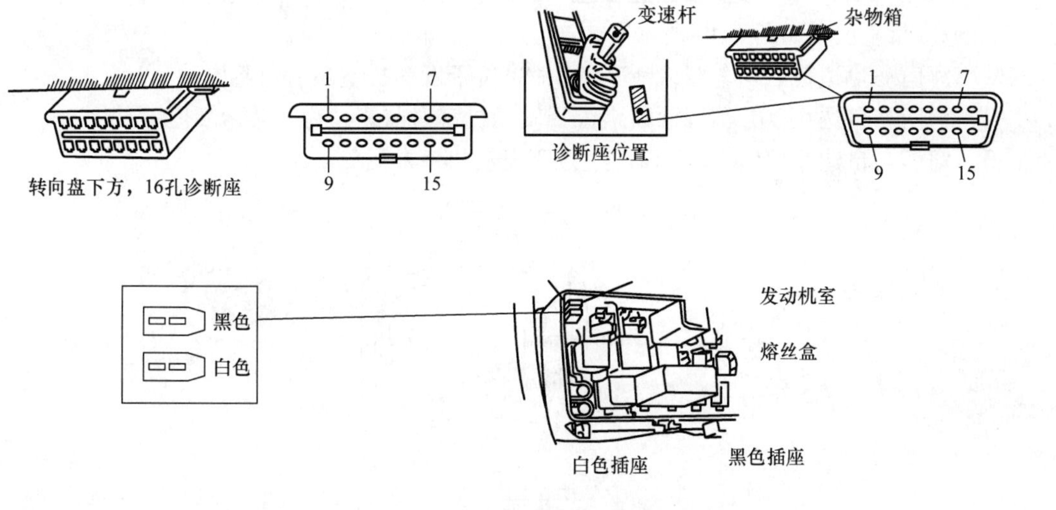

图 4-37　一汽大众/上海大众汽车故障诊断座位置

1）在转向盘下方，为 16 孔诊断座。

2）在变速杆防尘罩的下方，取下防尘罩可见 16 孔诊断座。

3）在乘客座杂物箱下方，为 16 孔诊断座。

4）在发动机室左上角的熔丝盒内，打开熔丝盒可看到黑白色的两孔诊断座。

15. 一汽红旗汽车故障诊断座位置

诊断座位于驾驶室仪表板左下方为 14 孔或 16 孔诊断座，如图 4-38 所示。

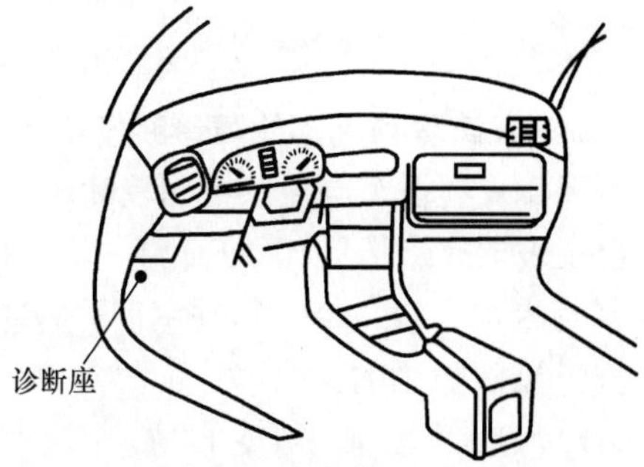

图 4-38　一汽红旗汽车故障诊断座位置

16. 神龙富康、爱丽舍汽车故障诊断座位置

故障诊断座位置如图 4-39 所示。

1）发动机室内蓄电池旁的熔丝盒内，为两孔诊断座。

2）驾驶室仪表板左下方或乘客座杂物箱下方，为 OBD-Ⅱ16 孔诊断座。

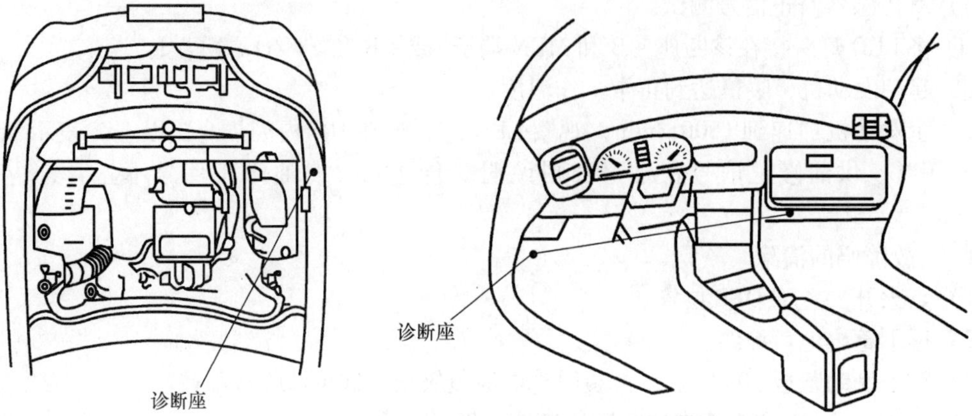

图 4-39　神龙富康、爱丽舍汽车故障诊断座位置

17. 海南马自达汽车故障诊断座位置

故障诊断座位置如图 4-40 所示。

1）海南马自达普力马车型诊断座(17 +8)位于发动机室左后角蓄电池附近。

2）海南马自达 6470L 车型诊断座位于发动机室右前侧，为三芯诊断座。

3）海南马自达 CA7130 车型诊断座位于发动机室左后侧。

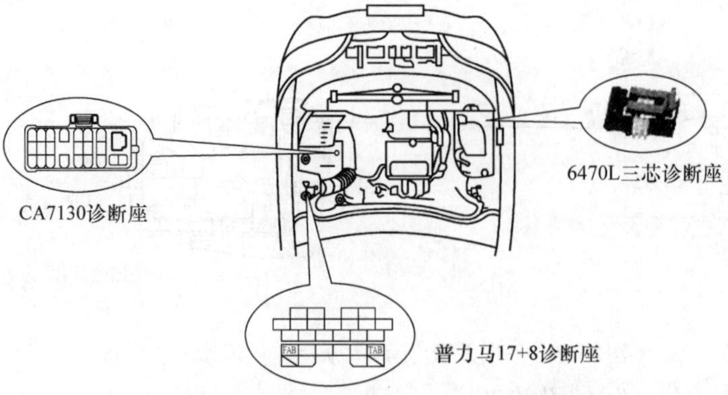

图 4-40　海南马自达汽车故障诊断座位置

18. 天津夏利汽车故障诊断座位置

天津夏利轿车电控系统比较简单，功能较少，自诊断系统设有一个诊断座，通过驾驶室组合仪表上故障指示灯(LED 灯)来读取故障码。它安装于发动机室盖下前围板的左侧，为 24 针诊断座，另一个在驾驶室仪表板左下方，为 OBD-Ⅱ16 针诊断座，如图 4-41 所示。

(1) 故障码的读取

1）点火开关置于 ON 位置。

2）用诊断线跨接诊断座端子 T 与搭铁点。

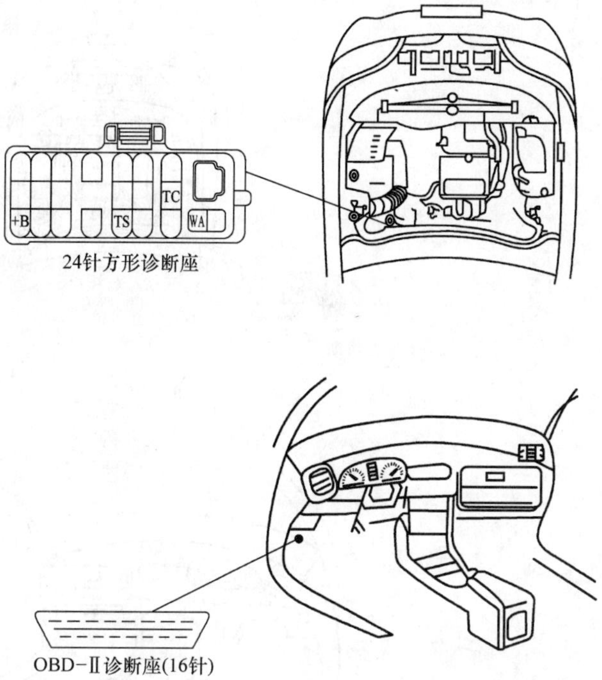

图 4-41　天津夏利汽车故障诊断座位置

3）由组合仪表上 LED 灯读取故障码：LED 灯先亮 5s，然后便输出故障码。码与码之间间隔 2.5s。

4）全部故障码显示完后，间隔 4s 后会重复显示。

（2）故障码的清除　在发动机室盖下、左前减振弹簧附近有一个继电器盒，盒内有两个熔丝，一个为 15A 的发动机熔丝；另一个为后备电源(Backup)熔丝。

1）点火开关置于 OFF 位置。

2）拔下后备电源(Backup)熔丝，约 15min 后 ECU 内存的故障码便会自动被清除。

19. 长安铃木汽车故障诊断座位置

故障诊断座位置如图 4-42 所示。

1）位于驾驶室仪表板左下方，为 OBD-Ⅱ 16 孔诊断座。

2）位于驾驶室仪表板左下方，为白色 3 孔诊断座。

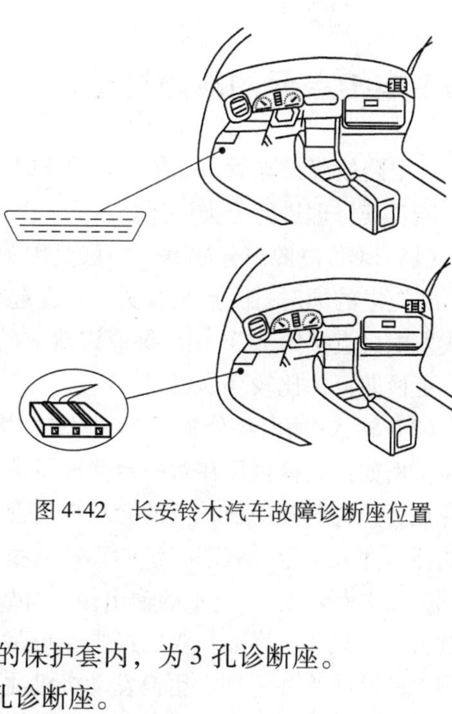

图 4-42　长安铃木汽车故障诊断座位置

20. 奇瑞汽车故障诊断座位置

故障诊断座位置如图 4-43 所示。

1）位于发动机室盖下、前围板的左侧线束旁的保护套内，为 3 孔诊断座。

2）位于驾驶室仪表板左下方，为 OBD-Ⅱ16 孔诊断座。

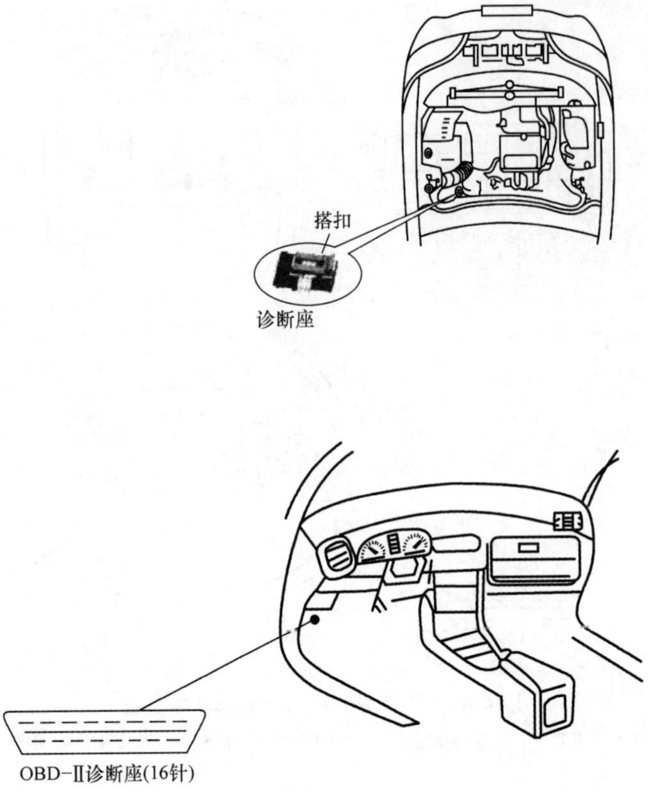

图 4-43　奇瑞汽车故障诊断座位置

4.6　电控单元的故障排除

外电路故障排除后，如果确定是 ECU 损坏，可对 ECU 进行检修。下面就实际工作中常见故障及其修理进行分类讲述。

（1）ECU 电源部分故障　一般是因为就车充电时，因充电机电压调整过高，或极性接反，或充电的同时打开点火开关，甚至起动发动机，或发动机在运转过程中，电池接头松脱造成发电机直接给 ECU 供电等原因造成的。这种情况一般会烧坏大功率稳压二极管等元器件，更换即可，比较容易修复。

（2）输入/输出部分故障　一般是放大电路元器件烧坏，有时伴随着电路板上覆钢线条烧断。例如：某修理厂在对一台美国雪佛兰轿车翻新烤漆后，发现发动机不能起动，且如果打开点火开关时间一长，汽油会从排气管、油底壳等处溢出来。打开点火开关后，发现 6 只喷油器全部处于全开状态，汽油直接从喷油器流入气缸，流满后溢出。检查外电路并未发现问题，可以断定是 ECU 中的输出控制有故障。打开 ECU 盒检查发现对喷油器的控制信号进行放大的一只大功率晶体管已经击穿短路，造成了喷油器通电即处于常开状态。更换一只相似型号的晶体管并清理、更换发动机机油后，发动机即可正常运转。这里需要注意：很多电喷车辆经过烤漆后，再起动时经常会出现各种故障，这是因为经过烤漆后在汽车内部，特别是电路设备内部积聚了高温和热量，且这些热量从内部深处散发出来比较缓慢，而电器设备在高温状态下工作极易发生故障。因此在烤漆后不要立即将车开出来，而应经过充分的冷却后方可起动，如果生产紧张需要腾出烤漆房，可以用人力将车推出来，待其充分冷却后，再行起动。

（3）存储器部分故障　存储器共有4种，对于可消除可编程存储器（EPROM或EEPROM）出现问题，可进行更换。需找一只已知良好的带有程序内容的存储器芯片，再买一只同型号的空白芯片，通过烧录器，从原片中读出程序，再写入到空白芯片中去，可复制出新的芯片，再将新的芯片装入ECU。但一般汽车厂家都规定最多只能复制3~7次，次数超过后就不能再使用了，也有的厂家通过加密手段使芯片一次也不能复制。对于大众系列的汽车，可用原厂仪器1551或深圳元征公司研制的1553仪器对ECU进行程序更换，或对空白芯片进行程序写入。

汽车ECU内部电路可以分为两部分，即包括输入、输出以及转换电路的常规电路和微处理器。常规电路大多采用通用的电子元器件，如果损坏一般是可以修复的。在实际使用过程中，汽车ECU的故障大多发生在常规电路中。如果要维修汽车ECU，首先要确定是ECU故障，以免盲目修理，造成不必要的时间浪费和引起其他电路故障。

（1）确定ECU是否损坏　确定ECU损坏的通常方法是在相关传感器信号都能正常输入ECU的情况下，ECU却不能正确输出控制信号来驱动执行器。这句话虽然简单，但这需要很多具体细致的基础检查工作。例如发动机无法起动，经过检查确定起动时喷油器插头上无频率电压，在检查相关电路正常而且起动信号可以正常输入发动机ECU，但是ECU没有输出驱动信号给喷油器，这样就可以断定发动机ECU内部故障。

（2）按照电路寻找损坏元器件　根据电路图或实际线路的走向找到与喷油器连接的相应ECU端子，然后用数字万用表的通断档从确定的ECU端子开始，沿着ECU的印刷电路查找，直至找到某个晶体管。这是因为ECU通常采用大功率晶体管放大执行信号以驱动执行器，所以此类故障的原因大多是一个起着开关作用的晶体管短路所致。

（3）测量晶体管　确定晶体管的3个极。与印刷线路对应的管脚为晶体管的集电极，旁边较细的印刷线是基极。确认方法是，将发动机ECU多孔插头插上，起动发动机，使用万用表的电压档连接到要确认的印刷线，显示5V则为基极。用万用表测试晶体管，如果发现集电极（c）与基极（b）的正反向电阻无穷大，则说明晶体管已经断路；如果发现集电极（c）与发射极（e）之间的电阻为零，则说明晶体管已经被击穿。另外，还需要测量晶体管附近相连的其他晶体管和二极管。

（4）确定替换用的晶体管　确定晶体管的型号大致有以下几个方法。

① 型号。查看晶体管上的型号，通过晶体管对应表确定与之相配的国产晶体管。

② 电阻。晶体管的基极一般都串有电阻，基极的电阻值要与原晶体管的电阻值相近，不同颜色的电阻阻值不同。因为晶体管的基极是靠电流的大小控制的，由于ECU电压值固定，因此就需要利用电阻来控制电流。如果电流过大会烧毁晶体管，电流过小则不能将其触发。

③ 测量。利用万用表的二极管测量档测量晶体管的属性。根据晶体管的特性，应该只有一个管脚相对于另外两个管脚单向导通，具备这个属性则可确定是晶体管，只有一对管脚单向导通的是场效应晶体管，相对另外两个管脚导通的管脚是晶体管的基极。

（5）将替换的晶体管焊接到电路板上　焊接时要注意焊锡要尽可能少，避免过热，焊接完成后要用万用表测量各管脚，应不相互连通。

（6）测试维修效果　将 ECU 板在裸露的情况下连接到车体线束中，起动发动机检查相应功能是否正常，同时用手触摸晶体管，有些热是正常的，如果烫手就有问题了。观察故障灯是否点亮，并进行一定里程的路试。

下面以发动机 ECU 控制的喷油器电路为例，简要说明检修发动机 ECU 的过程。

（1）喷油器电源电路　喷油器电路分为电源电路和发动机 ECU 控制电路两部分。喷油器的电源大都由燃油喷射继电器提供，即点火开关打开后，燃油喷射继电器动作，蓄电池电压到达喷油器，此时等待发动机 ECU 的控制信号，以配合发动机所需的工况。

（2）发动机 ECU 控制电路　发动机 ECU 依据负载、转速以及各种修正信号进行运算，由输出电路输出喷油器脉冲信号，并由驱动电路放大电压信号，再接到 NPN 功率晶体管的基极(b)，使晶体管执行脉冲频率的开关动作，即完成喷油器电磁线圈的通电与断开的动作。

（3）喷油器电路故障分析　执行喷油器开关动作的控制电路，是由晶体管控制喷油器线圈的搭铁回路，晶体管的集电极(c)连接喷油器，发射极（e)搭铁。如果(c)极和(e)极短路，就会出现打开点火开关后，喷油器始终喷油的故障；如果(c)极断路，就会使喷油器无法完成搭铁回路，导致喷油器不喷油。另外，与晶体管(c)极并联的保护二极管如果短路，也会出现喷油器一直喷油的现象。

（4）喷油器电路检测方法　可以使用数字万用表、示波器或 LED 测试灯等工具。严禁带电插拔线束插头，或使用指针式万用表或大功率测试灯，以免引起瞬间大电流造成发动机 ECU 内部晶体管损坏。

将 LED 测试灯连接在喷油器插头两个插孔中，打开点火开关。如果 LED 灯一直点亮，表示晶体管(c)极和(e)极短路；如果 LED 灯不亮，起动发动机，如果 LED 灯仍不亮，表示晶体管(c)极和(e)极断路。

4.7　电控单元故障案例分析

案例：一辆宝马 318i 不能热起动。

1. 故障现象

发动机不能热起动。

2. 故障检修

检查结果确认不能起动时的情况如下：

① 喷油器正常。

② 点火火花正常。

③ 检查燃料压力，不起动发动机时为 280kPa，正常怠速时基准值为 220kPa，正常。

④ 温控开关控制的冷起动喷油器动作也没有问题。至于发动机的压缩压力，冷起动时良好，起动之后运转没有问题。

从以上的检查结果看，发动机正常运转的三要素都没有问题，按理发动机应该能起动。但是，发动机不能起动是事实，三要素中一定还有哪一个要素不良。火花乃亲眼所见，不能再怀疑；压缩压力的推测有理有据，也没有怀疑的余地；只有喷油器只听到动作声，并没有亲眼看见喷射燃油，喷射时间短促的可能性很大，有必要进一步深入调查。

如果说是燃油喷射时间短，那就一定是暖机增量补偿喷射燃油的问题，理由是冷起动没问题，而且起动后暖机运转也没问题，所差的只是热起动的补偿问题。因此决定以暖机起动增量喷射补偿为中心展开调查。

检修参考的宝马公司 L 型叶特朗尼克系统配线如图 4-44 所示，控制单元有 25 个端子，端子号已标明。图 4-45 所示是控制继电器端子配置。在驱动喷油器的 12 号端子上设置示波观察仪，观看燃油喷射信号电压波形。在暖机后不能起动状态时起动发动机，实测的燃油喷射时间只有 2. 2ms。

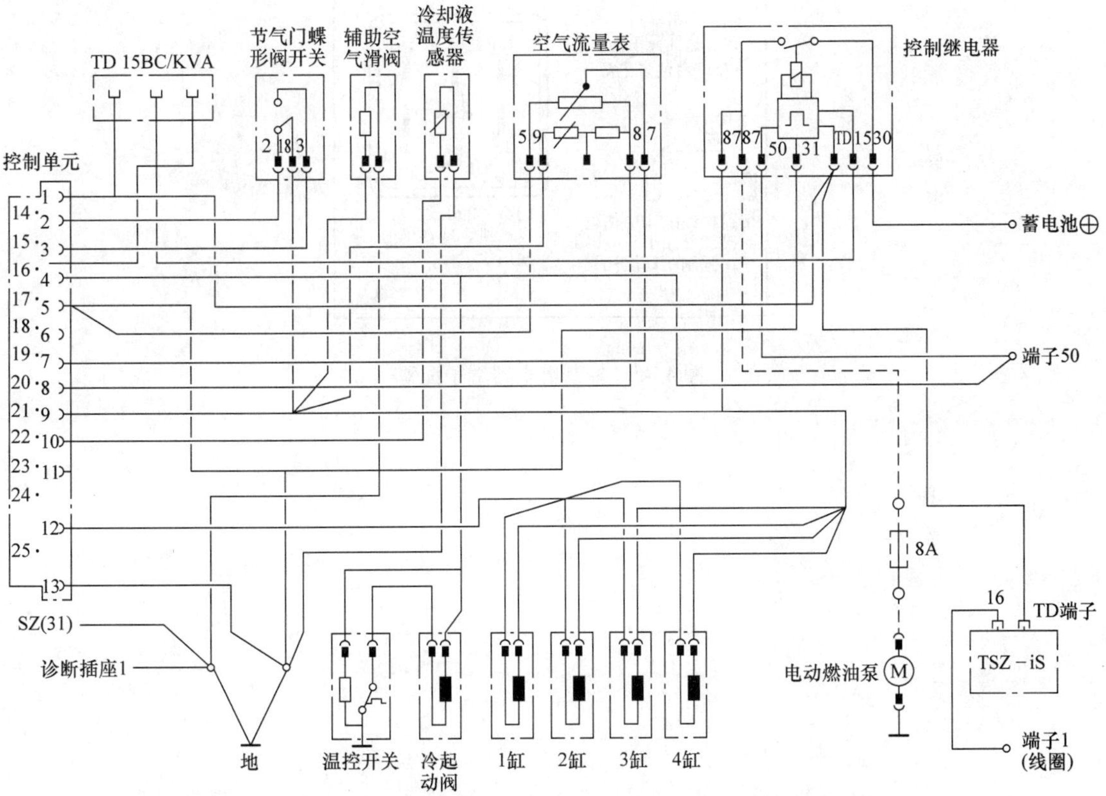

图 4-44　宝马公司 L 型叶特朗尼克系统配线

燃油喷射时间 2. 2ms，这样的燃油供给量相对较少。检视起动时 4 号端子的起动信号，起动信号确实已输入 ECU。

在冷却液温度传感器信号输入端子即 10 号端子上检测信号电压，实测为 1. 2V，电压虽说是稍稍有点高，但绝不是缩短燃油喷射时间的因素。将冷却液温度传感器插接器拔开，使冷却液温度传感器处于断路状态，起动发动机试验，这次燃油喷射时间延长到 5ms，发动机也能起动。虽然发动机已起动，但是运转非常不稳定，显然是可燃混合气过浓。再把冷却液温度插接器插回去，燃油喷射时间又缩短到 2. 2ms，发动机运转状态恢复良好。操纵加速踏板，随着发动机加速或减速，燃油喷射时间变长或变短，都没有什么问题。

从以上的检查过程和结果看，考虑是 ECU 自身不良。但是为慎重起见，又查看了其他数据，结果都在正常范围之内。更换 ECU 后，一切恢复正常。

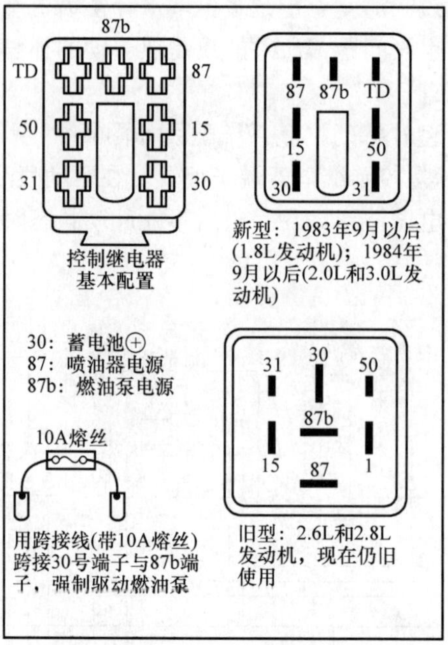

图 4-45　控制继电器端子配置

第 5 章　发动机其他综合控制系统的故障及检修

5.1　定速巡航控制系统故障检修

定速巡航控制系统按驾驶人要求的速度设定开关之后，不用踩加速踏板就能自动地保持车速，使车辆以固定的速度行驶。采用了这种装置，当在高速公路上长时间行车后，驾驶人就不用再去控制加速踏板，减轻了疲劳，同时减少了不必要的车速变化，可以节省燃料。原则上定速巡航要在高速公路或全封闭路上使用。因为在非封闭路上，复杂的路况不利于交通安全。例如在国道上，各种车辆和行人混合行驶，会给巡航车辆造成障碍；另外很多小路口又往往有车辆冲上路面，在定速巡航的情况下，容易措手不及，而在国道上反复制动也无法保持稳定的定速巡航状态，失去了定速的意义。另外，盘山路或弯路过多时一定要慎用定速巡航。因为在正常驶出弯路的情况下，要适当加油提供更大的转向力，而定速巡航状态下车辆自动维持车速恒定，节气门由行车 ECU 控制，往往给弯路行车带来危险，在这种条件下，应当适当控制车速。

5.1.1　系统故障引起的发动机表征现象

定速巡航在国外汽车上应用较多，在美国，安装率已达到 60% 以上。然而在我国，由于道路条件限制，使用率不高，即使该系统出现故障，驾驶人也不在意。另外，由于维修技术不能与汽车技术同步飞速发展，许多维修人员尚对该系统认识不足，以至于在维修过程中无意间对该系统造成干扰或损坏，无法科学分析故障现象，准确判断故障根源。定速巡航控制系统出现故障，汽车有如下表征现象。

1）无法设定定速巡航。

2）节气门失控。

3）定速巡航速度无法修改。

4）起动加速困难。

5）故障灯报警。

6）加速反应迟钝等。

5.1.2　系统的结构特征分析

目前定速巡航主要分为二大类：

机械式定速巡航器（适用于节气门控制方式采用机械式控制的车辆）。

电子智能式多功能定速巡航系统（适用于节气门控制方式采用电子式控制的车辆）。

传统的拉索式定速巡航器通过巡航控制模块给机械执行机构（真空泵或伺服电动机）发出指令，由执行机构控制节气门的开度，来实现定速巡航功能。其优势为通用型很强，大部分拉索式节气门的车都可以通用，开发成本低；其劣势为控制精确度低，易出现机械故障卡位的可能，安全性、可靠性稍差。

电子式定速巡航摒除了机械执行部分，能够完全精准地通过行车 ECU 控制节气门。其优势为安全性、可靠性得到了有效保障，完全消除了节气门失控的可能性；其劣势为通用型差，专车专用。本章重点以电子式定速巡航进行分析。

目前市场上电子式多功能定速巡航系统主要有以下几个功能。

1）定速巡航功能。车速设定、消除功能，恢复功能，速度微调下降及速度微调升高等。

2）电子节油功能。主要是通过智能优化控制节气门的开启角度与开启时间，有效屏蔽电子节气门传感器由于颠簸路段及不良驾驶习惯形成的杂乱信号，精确计算喷油量，使燃油得到最充分燃烧，以实现节油。

3）加速功能。主要是通过提高节气门响应灵敏度实现的。当系统发现驾驶人有加速意愿时，会驱动节气门尽快打开，这样就使节气门响应的敏感度得到了提高。在加速踏板被踩下时，控制器会根据踩下幅度、时间计算节气门信号的变化率，变化越快，说明加速要求越强烈，最终实现节气门响应速度更快，能够让驾驶人感觉到整车动力大大提升。

4）限速设定功能。通过控制器，根据限定的速度值，设定输出节气门信号最大值，来实现限制速度的目的。

5）制动故障报警功能。系统采用制动电路的信号，当制动电路或制动有故障时，会通过报警的方式对驾驶人进行提示。

一般汽车巡航控制系统（CCS）主要由输入装置如主（控制）开关、定速/减速开关、恢复/加速开关、清除开关、车速传感器等，控制系统 ECU，执行器三大部分组成。

1. 主控开关

巡航控制开关即驾驶人指令开关，也称主控开关，如图 5-1所示。主控开关的作用是控制巡航控制系统的起动、关闭及调节巡航工作状态，它由主开关和控制开关组成。主开关（MAIN）是巡航系统的主电源开关，采用按键式，压入（ON）则接通电源，再压入（OFF）则关闭。控制开关有五种控制功能：SET（设置）、COAST（减速）、RES（恢复）、ACC（加速）、CANCEL（取消）。SET 和 COAST 使用同一个开关，RES 和 ACC 同用另一个开关。主控开关一般是杆式开关，安装在转向柱上驾驶人易于操纵的地方。控制开关属于自动回位开关，按箭头 B、C 和 D 指示的方向操纵开关时，开关导通。手放松时，开关断开。

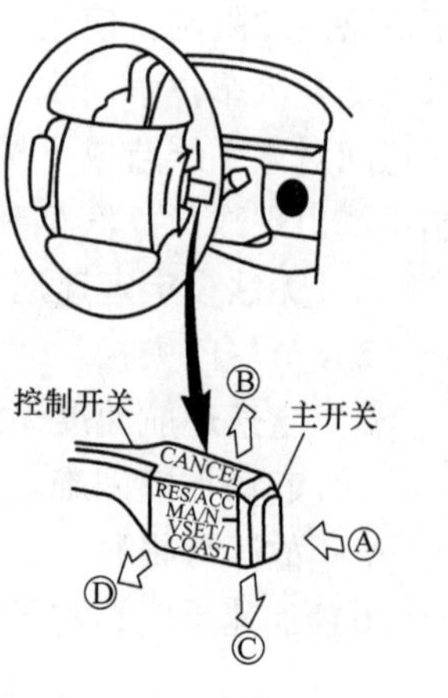

图 5-1　巡航控制系统主控开关

当巡航控制开关处于“SET/COAST（设置/滑行）”档位时，只要按下按钮开关不动，车辆就不断加速。当达到所要求的车速时，松开按钮，巡航控制系统就使汽车按松开按钮时的车速保持恒速行驶。汽车在巡航控制状态中，一般当车速低于 40km/h 时，电控单元自动将巡航控制取消，这使汽车在制动、转弯时，巡航控制不起作用；再有，当车速超出人为设定巡航车速的 6～8km/h 时，电控单元也会自动将巡航控制取消；另外，在汽车的减速度大于 2m/s 以及汽车的制动开关动作等情况时，电控单元也会自动取消巡航控制，以确保汽车的行驶安全。当巡航控制开关转换到“取消”档位时，巡航控制随即取消。“RES/ACC(恢复/加速)”档用于制动或换档断开后，使汽车重新按设定速度行驶。

有的车型把主开关和控制开关分开设置，主开关安装在指示灯的附近，它是巡行控制系统的按钮式电源开关。当按下 A-D(模-数)转换器开关后，汽车电源系统给巡行控制系统供电，此时“Power(功率)”指示灯亮；当按动设置开关时，“Memory(存储)”指示灯亮，此时的车速被存储起来。

2. 传感器

车速传感器的作用是将汽车行驶中产生的车速信号送入电子控制单元，作为汽车行驶的实际车速反馈信号，以便实现控制汽车恒速行驶的功能。

车速传感器通常和车速表驱动装置相连。如果车速表是电子式的，其信号可直接用做巡航控制 ECU 的反馈信号，而不必为巡航控制系统另设车速传感器。如果车速表是机械式的，必须专门设置用于巡航控制系统的车速传感器。专门用于巡航控制系统的车速传感器一般安装在变速器输出轴上，这是因为实际行驶车速与变速器输出轴转速成正比。

加速踏板位置传感器、节气门位置传感器、制动开关与原发动机共用。

加速踏板及传感器的结构如图 5-2 所示。

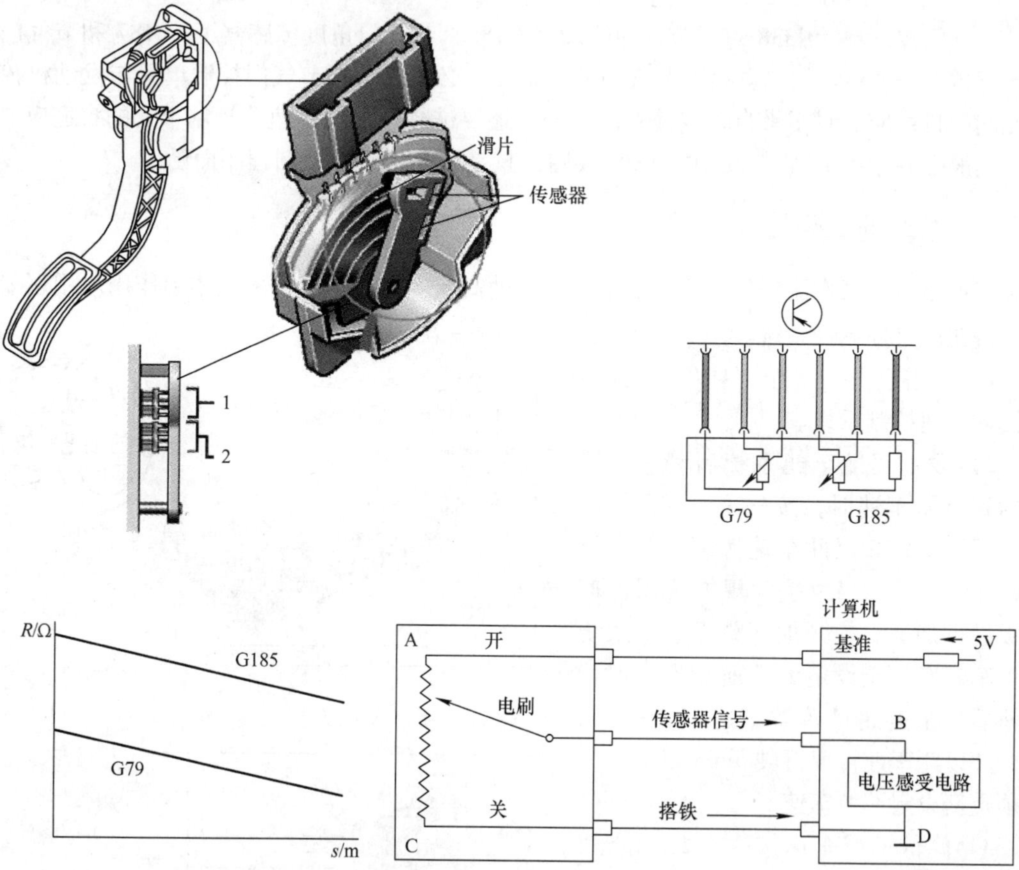

图 5-2 加速踏板及加速踏板位置传感器的结构及电路图

如果一个传感器信号失真或中断，而另一个传感器处于怠速位置，则发动机进入怠速工况；如果是负荷工况，则发动机转速上升缓慢。若两个传感器同时出现故障，则发动机高怠速(1500r/min)运转。

3. 执行元件的结构

节气门控制单元的组成及导线连接如图 5-3 所示。

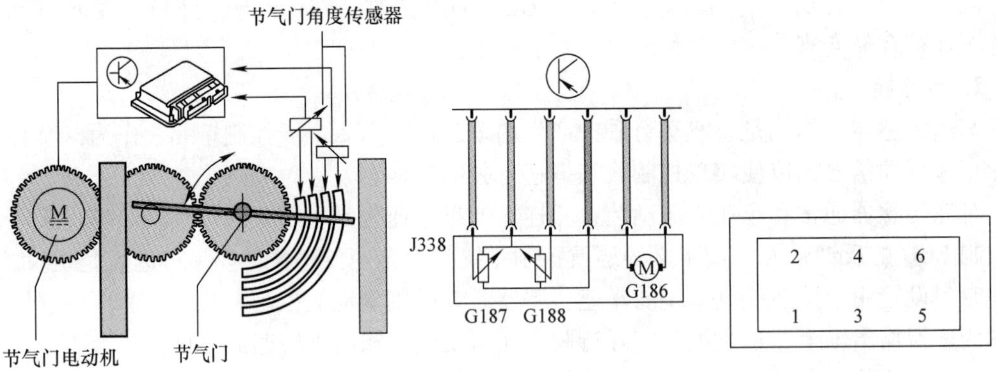

图 5-3　节气门控制单元的组成及导线连接图

1—TPS1　2—5V　3—电动机 M +　4—TPS2　5—电动机 M -　6—ECM(- -)

节气门控制单元 J338 包括节气门驱动器 G186、节气门角度传感器 1—G187 和节气门角度传感器 2—G188。如果更换了节气门控制单元，必须进行新节气门控制单元与发动机控制单元间的自适应。对于带自动变速器的车辆，还要进行与自动变速器控制单元的自适应。

巡航控制系统 ECU 与发动机 ECU 共用，只是增加相应的控制程序而已。

5.1.3　系统的工作流程

定速巡航的工作流程如图 5-4 所示，在车速高于 30km/h 时该系统才起作用。用巡航开关及按钮即可操纵该系统。

1）将滑动开关置于“ON”位置即可接通车速控制系统。

2）设定巡航车速系统启动后，轿车达到所需车速时，按一下“SET”按钮，即可使轿车以此车速持续行驶。设定巡航车速后，仍可按常规方法用加速踏板进行加速，松开加速踏板后，系统便将车速恢复至设定的巡航车速。但若加速后，车速超过巡航车速 10km/h 以上，并以此车速持续行驶 5min 以上，则必须重新设定巡航车速。

3）降低巡航车速按“SET”按钮，车速降低 1.5km/h；若按住该按钮，轿车将持续降低车速，一旦松开按钮，当时的行驶速度被储存在存储器内。若在

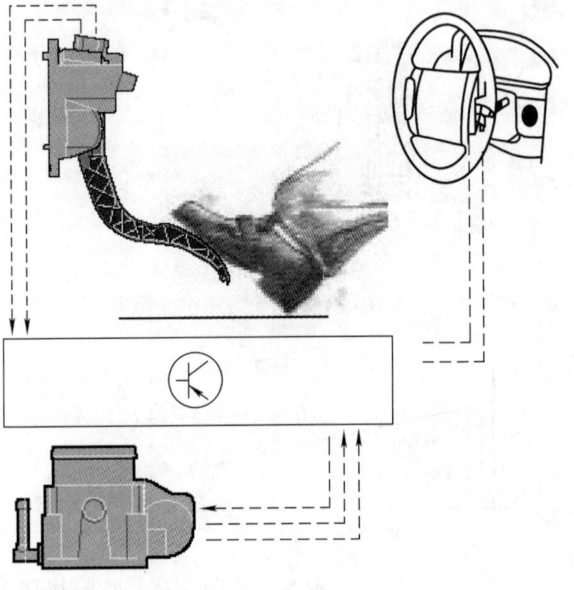

图 5-4　定速巡航的工作流程

车速低于 40km/h 时松开“SET”按钮，则存储值即被删除。必要时，可用“SET”按钮，在车速超过 40km/h 时重新设定巡航车速。

4）提高巡航车速无需踩加速踏板，按“RES”即可提高设定的巡航车速。每按一次开关“RES”，车速提高 1.5km/h；若按住开关，则轿车将持续提高车速，一旦松开开关“RES”，当时的行驶速度被储存在存储器内。

5）如需暂时关闭巡航控制系统，对于手动变速器，踩下制动踏板或离合器踏板，或将滑动开关拨至“OFF”位置，即可暂时关闭系统；对于自动变速器，踩下制动踏板或将变速杆置于 P、R、N、1 位即可暂时关闭系统。此时设定的巡航车速仍储存在存储器内。若需要恢复设定的巡航车速，松开制动踏板或离合器踏板，重新按“RES”即可。

6）安全关闭巡航控制系统。将滑动开关拨至“OFF”位置，或轿车处于静止状态时关闭点火开关，则巡航系统所存储的值被清除，系统被完全关闭。若想再次起动巡航系统，在车速高于 30km/h 的情况下，将巡航开关置于“ON”位置，并重新设定巡航车速。

7）使用注意事项。

① 在车辆密集的道路上或劣质路面上(例如滑溜路面、松散的砂石路面或暴雨后的路面)行驶时，切勿使用巡航控制系统。

② 系统打开后，车速高于 40km/h 时，切勿不踩离合踏板，即将变速杆移入空档，否则，可能使发动机超速运转，导致损坏。

③ 若与当时的交通状况相比，设定的巡航车速过高，则切不可恢复设定车速。

④ 行驶中，在下坡时巡航装置不能保持速度的恒定，因为重力会使车速不断增加，这时需要人为制动。

重要提示：自动变速器车上的巡航装置只有当变速杆处于 D、3、2 位时才能被激活。当将变速杆移到 P、N、R、1 位时，系统停止工作。

5.1.4　系统的拆装与调试

现代电子巡航主要部件是电控节气门系统，包括用于确定、调整及监控节气门位置的所有部件。它主要由加速踏板、加速踏板位置传感器、发动机控制单元、数据总线、电控节气门(EPC)指示灯和节气门控制部件(执行机构)等组成，如图 5-5 所示。

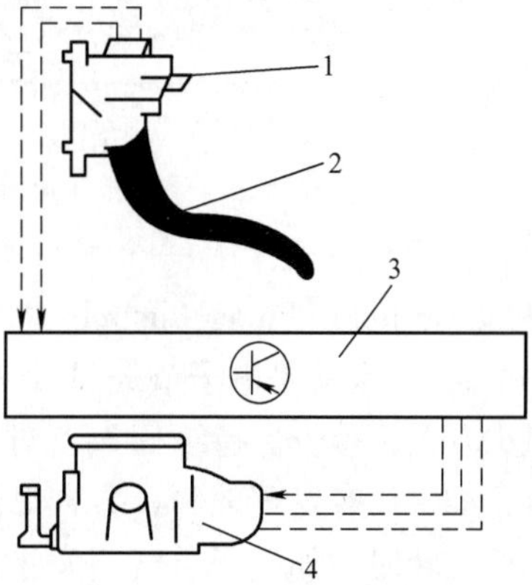

图 5-5　电控节气门示意图
1—加速踏板位置传感器　2—加速踏板
3—发动机控制单元　4—节气门控制器

节气门由节气门控制部件内的节气门驱动装置(电动机)根据发动机控制单元的指令来控制。当发动机运转时，发动机所需转矩由控制单元通过节气门开度及进气量、发动机转速等来确定，发动机控制单元可独立于加速踏板位置传感器来打开或关闭节气门。这样，即使加速踏板只踏下一半，但节气门也可能完全打开了。其优点是可避免节气门上节流损失，此外，在一定负荷状态下对有害物质的排放和油耗值将明显改善。

电控节气门的工作情况如下：

发动机不转，点火开关打开。发动机控制单元根据加速踏板位置传感器的信息来控制节气门控制器。例如，当加速踏板踏下四分之一时，节气门驱动装置以同样的尺度打开节气门，则节气门也打开到四分之一。

怠速控制。当发动机空转时，PCM 控制节气门执行器，从而保持与发动机负载相应的怠速转速。

加速控制。踩下加速器踏板时，PCM 根据加速器踏板位置(APP)传感器的信号打开节气门。

巡航控制。巡航控制系统运转时，PCM 控制节气门执行器，从而保持设定转速。节气门执行器取代了巡航控制执行器。

大众汽车称电控节气门为 E-Gas。加速踏板位置由两个加速踏板位置传感器 G79 和 G185 来检测并通知发动机控制单元。这两个传感器是可变电阻，装在一个壳体内，并与加速踏板成一体，但各自独立。加速踏板位置是发动机控制单元的一个主要输入参数。如图 5-6所示，节气门控制部件壳体内包括节气门驱动装置 G186，节气门角度传感器 G187 和 G188。节气门驱动装置 G186 是一个伺服电动机，该电动机由发动机控制单元控制，按与弹簧力相反方向打开节气门。节气门角度传感器 G187 和 G188 是两个电位计(可变电阻)，它将节气门的位置信号传送给发动机控制单元，这两个角度传感器是相互独立的。

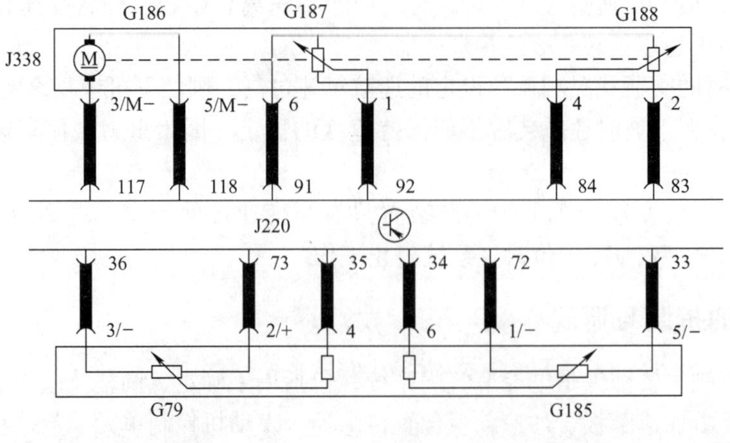

图 5-6　奥迪 A6 APS 与 ATX 发动机电控节气门系统电路图

J338—节气门控制部件　G186—节气门驱动装置　G187—节气门角度传感器 1

G188—节气门角度传感器 2　J220—发动机控制单元

G79—加速踏板位置传感器 1　G185—加速踏板位置传感器 2

在组合仪表上有一个 EPC 灯(图 5-7)，EPC(Electronic Power Control)意为“电子功率控制”，也就是电子节气门(E-Gas)。打开点火开关，警告灯持续亮 3s，对系统进行自检，如果没有发现故障，警告灯熄灭；在发动机运转时，如电子节气门发生故障，组合仪表将接通 EPC 警告灯，同时发动机控制单元的故障存储器会记录该故障。若警告灯出现故障，对发动机的正常运转没有影响。

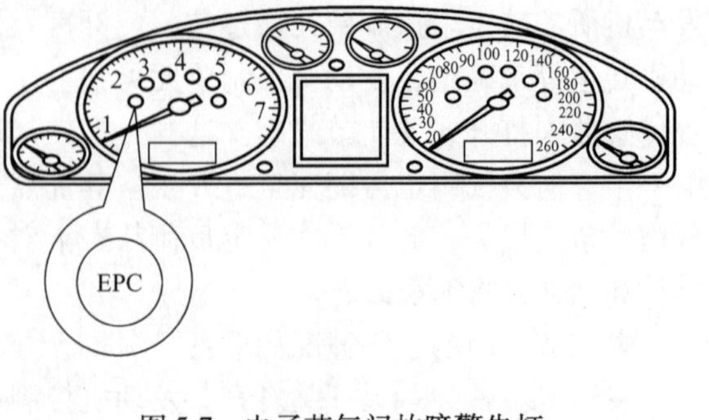

图 5-7　电子节气门故障警告灯

5.1.5　系统的检测

定速巡航系统的检测主要是电子节气门、传感器和开关的检测。传感器和开关的检测与其他系统相似，下面重点讲电子节气门的检测。

下面以大众车系为例介绍电控节气门系统的故障诊断与检测。

1. 加速踏板位置传感器的检测

检查供电电压为5V，搭铁线要良好，信号电压随踏板位置改变而改变；检查导线连接(短/断路检测)；检测传感器阻值，电阻是接近线性变化。

2. 节气门控制单元检修

用VAG1551进入读取数据流功能，输入数据号062，读取数据流。表5-1中数据应该符合标准，如不符合，根据图5-8所示的端子标定对节气门控制单元进行检修。

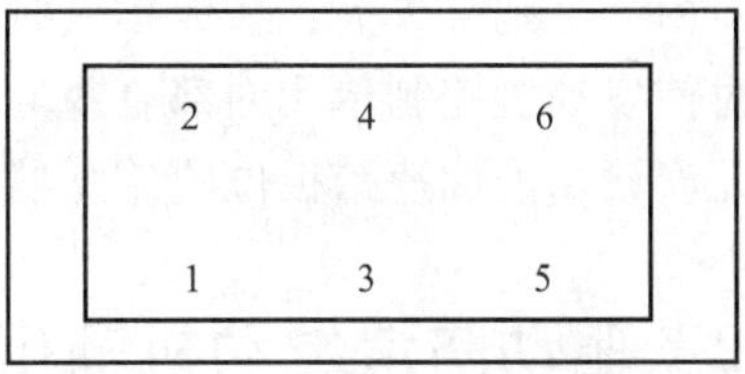

图5-8　节气门控制单元插接器

1—TPS1　2—5V　3—电动机M+　4—TPS2　5—电动机M-　6—ECM(--)

表5-1　062组数据流

显示组62：电子节气门电位计	显示区			
	1	2	3	4
显示屏	××%	××%	××%	××%
表示	节气门角度传感器1	节气门角度传感器2	加速踏板位置传感器1	加速踏板位置传感器2
工作范围	最小：0% 最大：100%	最小：0% 最大：100%	最小：0% 最大：100%	最小：0% 最大：100%
规定值	3%~93% 怠速值：8%~18%	3%~97% 怠速值：80%~90%	12%~97%	4%~49%

5.1.6　系统的故障案例分析

案例1：奥迪A6车辆行驶中仪表板上的ASR和EPC灯同时亮起，此时发动机最高转速为1200r/min。

连接VAS5051，查询存储的故障：发动机控制单元损坏、加速踏板位置传感器信号太大。

根据检测结果，初步判断是发动机控制单元损坏，更换发动机控制单元后，故障消除。该车由于发动机控制单元损坏，从而导致ASR功能被关闭，因此，当加速时，发动机转速不能提高，同时反映出电子节气门有故障。

案例2：奥迪A6行驶中出现动力不足，继续行驶后发现驻车制动手柄和变速杆下面烫手，EPC警告灯亮。

用VAG1552查询发动机控制单元，发现故障很多，其中有G79信号太大/超差、G185信号太大/超差、空气流量传感器故障、活性炭罐电磁阀故障、2/3/4缸偶见失火现象等。由于驻车制动手柄和变速杆下面烫手，可能是由于失火后个别缸不工作，燃油未经点火直接排到排气管内，产生后燃，导致排气管处温度过高造成的。空气流量传感器、活性炭罐等故障同时出现，可能是熔丝S243被烧掉。

那么熔丝被烧掉是如何引起的呢？电子节气门的故障是如何引起的呢？检查发现2/3/4

缸火花塞异常，三元催化转化器后的氧传感器 G130 线束被烤焦。4 根导线相互缠绕在一起，导致短路，S243 被烧掉。

更换 2/3/4 缸异常的火花塞、三元催化转化器、氧传感器 G130、线束和熔丝 S243 后试车。怠速转速平稳，但有时出现不踏加速踏板发动机转速自动升高到四五千转的现象，并伴随着 EPC 警告灯亮。

更换加速踏板总成，进行基本设定，故障没有排除。更换发动机控制单元，故障排除。

由于个别缸失火，造成排气侧温度异常升高，导致 G130 线束短路，不仅 S243 被烧掉，同时使发动机控制单元内部有些处理器被烧掉，导致怠速转速偶尔会升高到四五千转，控制单元误诊断为加速踏板位置传感器故障，并用 EPC 灯报警。

5.2　驱动防滑发动机输出功率控制系统故障检修

5.2.1　系统故障引起的发动机表征现象

汽车的牵引力控制可以通过减少节气门开度来降低发动机功率或者由制动器控制车轮打滑来达到目的，装有 ASR 的汽车综合这两种方法来工作，因此在分析驱动防滑控制系统时必须综合一起分析。驱动防滑系统出现故障汽车主要有如下表征现象。

1）汽车起步或急加速时驱动轮打滑。

2）ASR 指示灯常亮。

3）加速不良或加速变慢。

4）起步迟滞、抖动等。

5.2.2　系统的结构特征分析

1. 驱动防滑系统的基本组成

图 5-9 所示为一典型的具有防抱死制动和驱动防滑转功能的系统。其中防滑转系统与 ABS 共用车轮转速传感器和电子控制单元，只是在通往驱动车轮制动轮缸的制动管路中增设了一个防滑转制动压力调节器，在由加速踏板控制的主节气门上方增设了一个由步进电动机控制的副节气门，并在主、副节气门处各设置了一个节气门开度传感器。

图 5-10 所示为雷克萨斯轿车防抱死制动和驱动防滑系统主要零部件分布。

2. 驱动防滑系统的工作情况

当驱动防滑系统处于工作状态时，电子控制单元根据各车轮转速传感器检测到的转速信号，确定驱动车轮的滑转率和汽车的参考速度。当电子控制单元判定驱动车轮的滑转率超过设定的限值时，就使驱动副节气门的步进电动机转动，减小副节气门的开度。此时，即使主节气门的开度不变，发动机的进气量也会因副节气门开度变小而减少。如果驱动车轮的滑转率仍未降低到设定的控制范围内，电子控制单元又会控制防滑制动压力调节器和 ABS 制动压力调节器，对驱动车轮施加一定的制动压力，则驱动车轮上就会作用一制动力矩，从而使驱动车轮的转速降低。

驱动防滑系统可以通过调节作用于驱动轮上的驱动力矩和制动力矩，在驱动过程中防止驱动车轮发生滑转。调节作用于驱动轮上的驱动力矩，可通过控制发动机节气门的开度和点火提前角的大小来实现；调节作用于驱动轮上的制动力矩，可借助于 ABS 中的车轮转速传

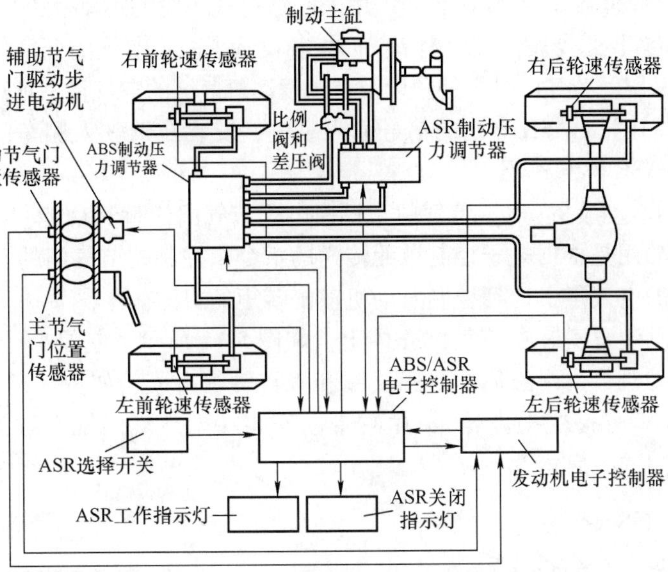

图 5-9　ABS/ASR 示意图

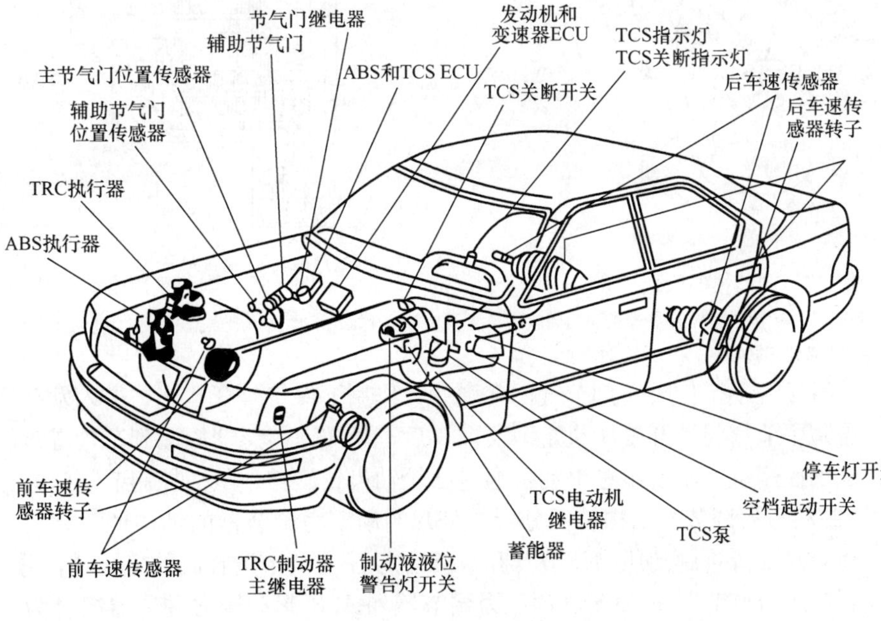

图 5-10　雷克萨斯轿车防抱死制动和驱动防滑系统

感器及制动压力调节器对驱动车轮施加一定的制动力矩来实现。一旦电子控制单元检测到一个或两个驱动车轮发生空转的情况，立即将发动机的副节气门关闭，减小发动机的输出转矩。随着发动机转矩的减小，车轮的转速下降，其滑转率降低，车轮与地面的附着系数增大。当汽车在附着系数不均匀的路面上行驶时，处于低附着系数路面的车轮可能会空转而出现车轮打滑的情况。此时电子控制单元将使滑转车轮的制动压力上升，对该轮作用一定的制动力，同时对另一个驱动车轮作用一个与制动力矩相同的发动机转矩，使空转车轮转速降低，另一车轮转矩增加，两车轮向前运动速度趋于一致。

1）车轮转速传感器。与 ABS 共享，用来跟踪每一车轮的运动状态。

2）节气门位置传感器。在主、副节气门处各设置了一个节气门开度传感器，与发动机电控系统共享，用来跟踪节气门打开的角度及进入发动机气缸的空气量，计算发动机输出转矩。

3）ASR 选择开关。ASR 专用的信号输入装置，安装在驾驶人侧车门或仪表台下。ASR 选择开关关闭时 ASR 不起作用。

4）副节气门驱动装置（电子节气门车辆由电子节气门代替其功能）结构特征分析。副节气门驱动装置的功用是根据电子控制单元传送的指令来控制副节气门的开启角度，从而控制进入发动机气缸的空气量，达到控制发动机输出转矩的目的。

副节气门驱动装置安装在节气门壳体上，如图 5-11 所示。它是一个由电子控制单元控制转动的步进电动机，由永磁体、传感线圈和旋转轴等组成，如图 5-12 所示。在旋转轴的末端安装了一个小齿轮（主动齿轮），由它带动安装在副节气门轴末端的凸轮轴齿轮旋转，以此控制副节气门的开启角度。

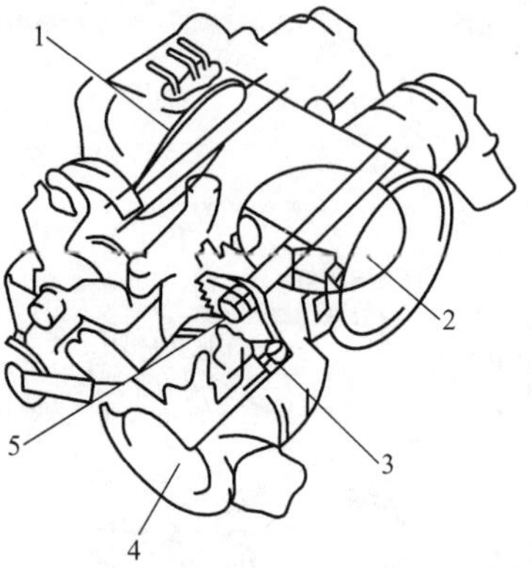

图 5-11　副节气门安装位置

1—主节气门　2—副节气门　3—主动齿轮

4—副节气门驱动装置　5—凸轮轴齿轮

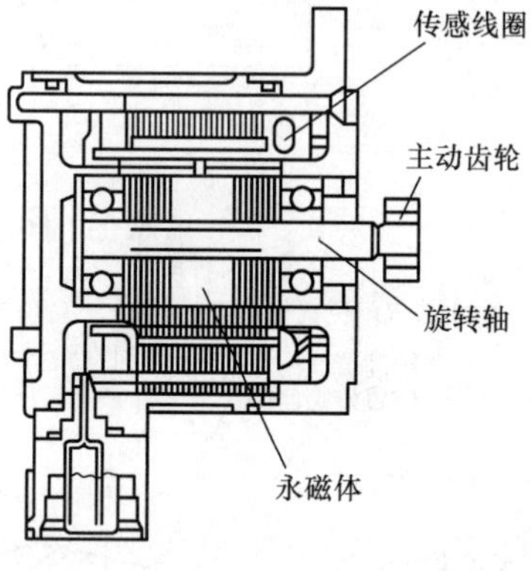

图 5-12　副节气门驱动装置

当驱动防滑系统不工作时，副节气门在弹簧力作用下保持全开状态，进入发动机的空气量由驾驶人控制主节气门的开度所决定。当前、后车轮转速传感器检测到车轮滑转需进行防滑控制时，电子控制单元驱动步进电动机通过凸轮轴齿轮旋转，从而控制节气门的开度。

5）ASR 制动压力调节器结构特征分析。ASR 制动压力调节器的结构形式有独立式和组合式两种。独立式防滑转制动压力调节器和 ABS 制动压力调节器在结构上是各自分开的。

组合式制动压力调节器将 ABS 制动压力调节器和 ASR 制动压力调节器组合为一体，如图 5-13 所示。

两种类型的 ASR 制动压力调节器在结构上虽然有所不同，但都离不开液压泵总成和电磁阀总成。

液压泵总成由一个电动机驱动的液压柱塞泵和一个蓄能器组成，如图 5-14 所示。其中电动柱塞泵的功用是从制动总泵储液箱中吸入制动液，升压后送到蓄能器。蓄能器的功用是储存高压制动液，并在系统工作时向车轮制动轮缸提供制动液压。

电磁阀总成主要有三个二位二通电磁阀，即蓄能器切断电磁阀、制动主缸切断电磁阀、储液箱切断电磁阀以及压力开关等部分组成，如图 5-15 所示。其中蓄能器切断电磁阀的功

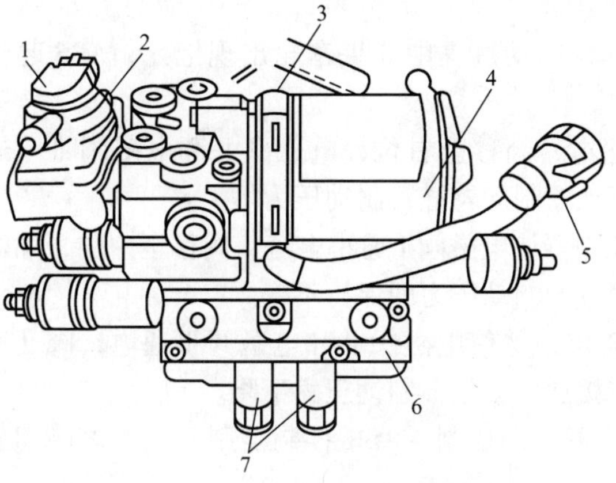

图 5-13　组合式制动压力调节器结构图

1—低液位开关　2—蓄液室　3—驾驶室　4—电动液压泵
5—电动液压泵接线端子　6—电磁阀体　7—比例阀

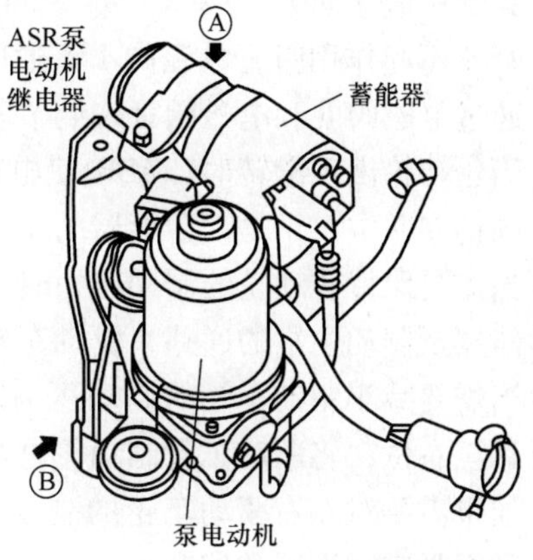

图 5-14　液压泵总成

用是在防滑系统工作时，将制动液由蓄能器传送至车轮制动轮缸；制动主缸切断电磁阀的功用是当蓄能器中的制动液压传送给车轮制动轮缸后，立即防止制动液流回制动主缸；储液箱切断电磁阀的功用是在防滑系统工作中将车轮制动轮缸中的制动液传送回制动主缸中；压力开关的作用是调节蓄能器中的压力。

以雷克萨斯 LS400 汽车为例，雷克萨斯 LS400 汽车同时具有 ABS 和 ASR 系统的功能，ABS 和 ASR 控制器组合为一个整体。其组合式制动压力调节器的液压回路如图 5-16 所示。

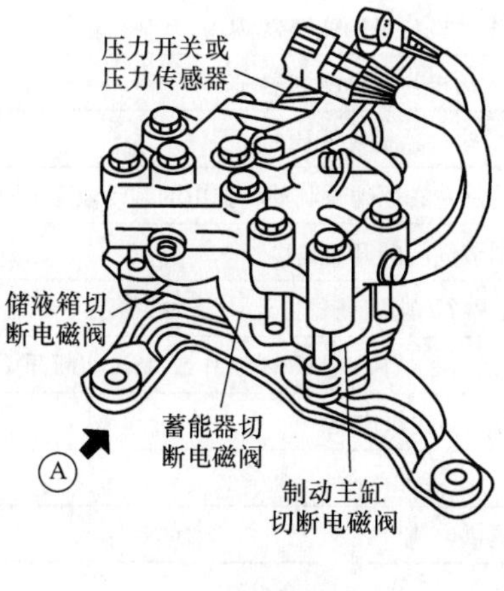

图 5-15　电磁阀总成

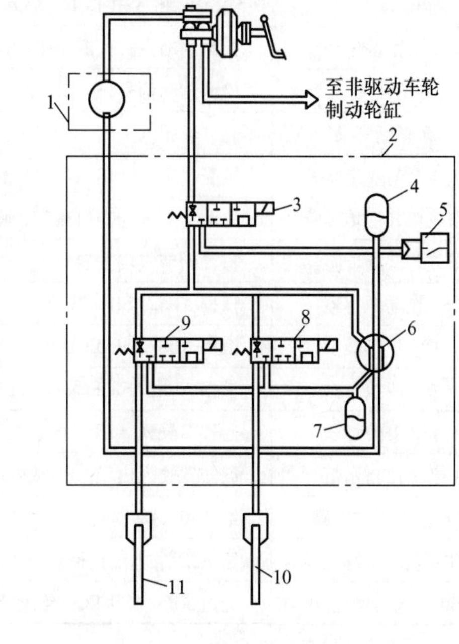

图 5-16　雷克萨斯 LS400 ABS/ASR 系统

1—输液泵　2—ABS/ASR 组合压力调节器　3—电磁阀 I
4—蓄能器　5—压力开关　6—循环泵　7—储液室
8—电磁阀 II　9—电磁阀 III　10、11—驱动轮制动器

其工作情况如下：

ASR不起作用时，电磁阀Ⅰ不通电。汽车在制动过程中如果车轮出现抱死，ABS起作用，通过电磁阀Ⅱ和电磁阀Ⅲ来调节制动压力。

当驱动轮出现滑转时，ASR使电磁阀Ⅰ通电，阀移至右位，电磁阀Ⅱ和电磁阀Ⅲ不通电，阀仍在左位，于是，蓄能器的压力进入驱动轮制动轮缸，制动压力增大。

当需要保持驱动轮的制动压力时，ASR控制器使电磁阀Ⅰ通小电流，阀移至中位，隔断了蓄能器及制动主缸的通路，驱动车轮制动轮缸的制动压力即保持不变。

当需要减小驱动车轮的制动压力时，ASR控制器使电磁阀Ⅱ和电磁阀Ⅲ通电，阀Ⅱ和阀Ⅲ移至右位，将驱动车轮制动轮缸与储液室接通，于是，制动压力下降。

如果需要对左右驱动车轮的制动压力实施不同的控制，ASR控制器则分别对电磁阀Ⅱ和电磁阀Ⅲ实行不同的控制。

ASR系统又称为索引力控制(TRC)系统，其主要装置及功能见表5-2。

表5-2 ASR系统主要装置及功能

主要装置	功能
ABS和ASR电了控制单元	根据前后轮速传感器传递的信号以及发动机与自动变速器电子控制单元中的节气门开度信号判断汽车的行驶条件，然后相应地给副节气门执行器以及ASR制动执行器传递控制信号。同时给发动机与自动变速器电控单元传递信号，使之得到ASR系统的运转信号 若ASR系统出现故障，该装置就打开ASR警告灯提醒驾驶人。 当记录故障码后，通过代码来显示各种故障
前后轮速传感器	检测车轮速度，然后将轮速信号传递给ABS/ASR ECU
空档起动开关	给ABS和ASR ECU输入变速杆位置信号
制动液面警告灯	检测制动主缸储液室中的制动液面高度，并将所得信号传送给ABS/ASR ECU
制动开关	检测制动信号(制动踏板是否踩下)，并将所得数据传送给ABS/ASR ECU
ASR切断开关	允许驾驶人关闭ASR系统
发动机与自动变速器ECU	接受主副节气门的位置信号，并将这些信号传送给ABS/ASR ECU
主节气门开度传感器	检测主节气门开启角度，将信号传送给发动机与自动变速器ECU
副节气门开度传感器	检测副节气门开启角度，将信号传送给发动机与自动变速器ECU
ASR制动执行器	根据ABS/ASR ECU传来的信号，为ABS执行器提供液压
ABS执行器	根据ABS/ASR ECU传来的信号，分别控制左右驱动轮制动轮缸中的制动液压
副节气门执行器	根据ABS/ASR ECU传来的信号，控制副节气门的开启角度
ASR警告灯	通知驾驶人ASR系统正在工作，系统出现故障则闪亮警告驾驶人
ASR关闭指示灯	通知驾驶人由于ABS或发动机控制系统出现了故障，ASR不工作或ASR切断开关已断开
ASR制动主继电器	给ASR制动执行器以及ASR泵电动机继电器提供电流
ASR泵电动机继电器	给ASR泵电动机提供电流
ASR节气门继电器	通过ABS/ASR ECU给副节气门执行器提供电流

5.2.3 系统的工作流程

(1) 发动机输出功率控制　在汽车起步、加速时，ASR控制器输出控制信号，控制发动机输出功率，以抑制驱动轮滑转。常用方法有副节气门控制、燃油喷射量控制和延迟点火控制。

（2）驱动轮制动控制　直接对发生空转的驱动轮加以制动，反应时间最短。普遍采用ASR与ABS组合的液压控制系统，在ABS中增加电磁阀和调节器，从而增加了驱动控制功能。

（3）同时控制发动机输出功率和驱动轮制动力　控制信号同时起动ASR制动压力调节器和副节气门调节器，在对驱动车轮施加制动力的同时减小发动机的输出功率，以达到理想的控制效果。

（4）防滑差速锁止(LSD)控制(图5-17)　LSD能对差速器锁止装置进行控制，使锁止范围从0～100%。当驱动轮单边滑转时，控制器输出控制信号，使差速器锁止装置和制动压力调节器动作，控制车轮的滑移率。这时非滑转车轮还有正常的驱动力，从而提高汽车在滑溜路面的起步、加速能力及行驶方向的稳定性。

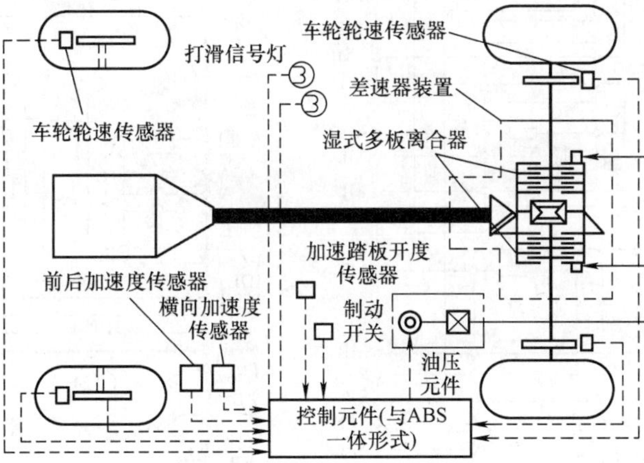

图5-17　防滑差速锁止装置

（5）差速锁止与发动机输出功率综合控制　差速锁止控制与发动机输出功率综合控制相结合的控制系统可根据发动机的状况和车轮滑转的实际情况采取相应的控制，使之达到最理想的控制效果。

汽车驱动防滑控制系统工作流程如图5-18所示。

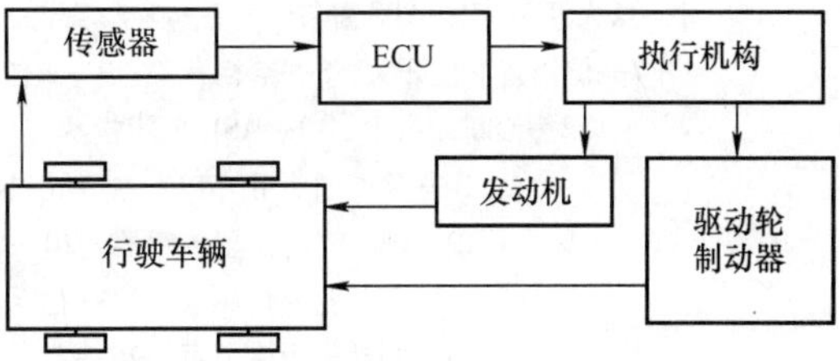

图5-18　汽车驱动防滑控制系统工作流程

ASR电子控制单元如图5-19所示。电子控制单元将防抱死控制功能和防滑转功能组合为一个整体。对于防滑转系统，它根据驱动车轮转速传感器输送的速度信号计算、判断出车轮与路面间的滑转状态，并适时地向其执行机构发出指令，以降低发动机的输出转矩和车轮的转速，从而实现防止驱动轮滑转的目的。此外，电子控制单元还具有初始检测功能、故障自诊断功能和失效保护功能。

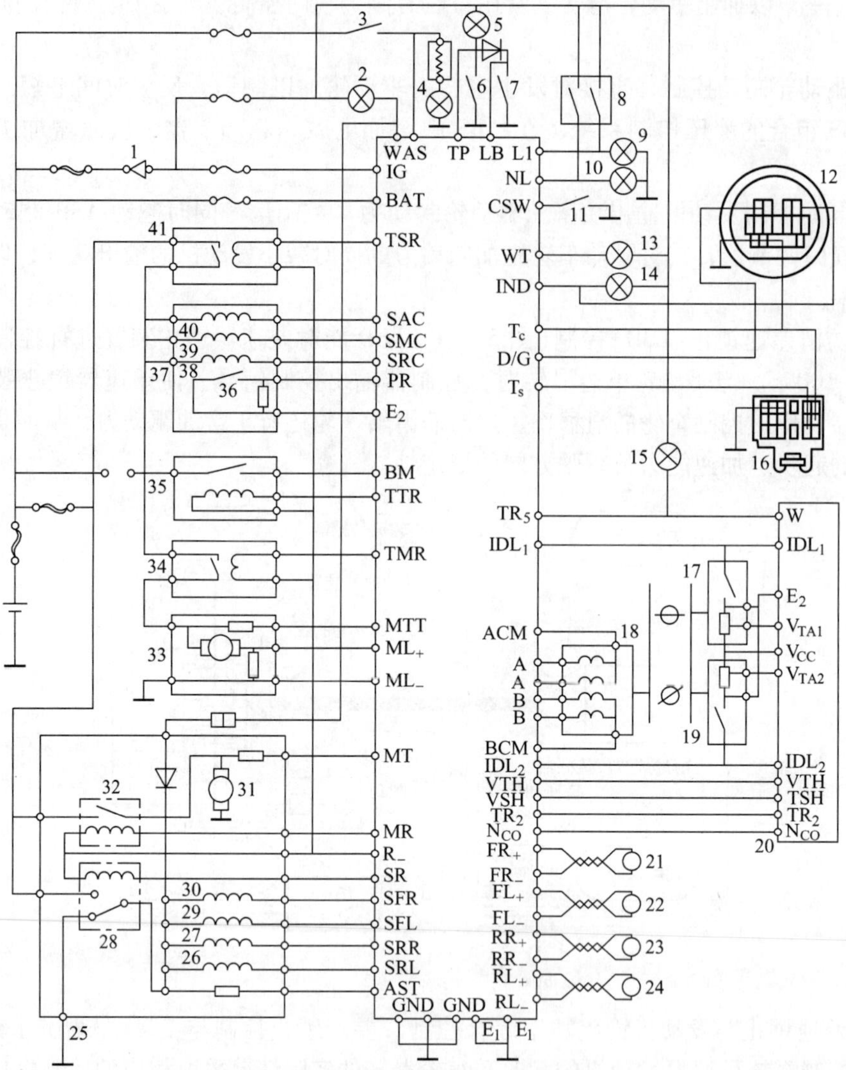

图 5-19　ASR ECU

1—点火开关　2—ABS 警告灯　3—制动灯开关　4—制动灯　5—制动警告灯　6—驻车制动开关　7—储液室液位开关　8—空档开关　9—P 位指示灯　10—N 位指示灯　11—ASR 关闭开关　12—诊断插头Ⅰ　13—ASR 关闭指示灯　14—ASR 工作指示灯　15—发动机警告灯　16—诊断插头Ⅱ　17—主节气门位置传感器　18—副节气门电动机　19—副节气门位置传感器　20—发动机 ECU　21—右前轮速传感器　22—左前轮速传感器　23—右后轮速传感器　24—左后轮速传感器　25—制动压力调节器　26—左后调压电磁阀　27—右后调压电磁阀　28—调压电磁阀继电器　29—左前调压电磁阀　30—右前调压电磁阀　31—回液泵　32—回液泵继电器　33—ASR 电动泵　34—ASR 泵继电器　35—副节气门控制电动机继电器　36—压力开关　37—ASR 隔离电磁阀　38—储液室隔离电磁阀　39—制动主缸隔离电磁阀　40—蓄能器隔离电磁阀　41—ASR 主继电器

1）车轮防滑转控制。电子控制单元不断地由驱动轮车轮转速传感器接收到速度信号并不断地计算出每个车轮的速度，同时也计算出汽车的行驶速度和车轮滑转率。当汽车在起步或突然加速过程中，若驱动轮滑转，电子控制单元立即使防滑转系统工作。当踩下加速踏板后，主节气门迅速开启，驱动轮加速。若驱动轮速度超过设定的控制速度时，控制单元即发出指令，关闭副节气门，发动机进气量立即减少，从而使发动机转矩降低。同时，控制单元发出指令接通防滑转制动压力调节器电磁阀，并将 ABS 压力调节器电磁阀置于“压力升高”状态，于是防滑转系统蓄能器的制动液压力升高，加上防滑转系统电动液压泵的压力，足以使制动轮缸中的制动液压力迅速升高，实现了对滑转驱动轮的制动。当产生制动作用后，驱动轮加速度立即减小，电子控制单元将 ABS 压力调节器的三位电磁阀置于“压力保持”状态；若驱动轮速度降低太多，电磁阀就处于“压力降低”状态，使制动轮缸中的液压力降低，驱动轮转速又恢复升高。

2）初始检测功能。当汽车处在停止状态，变速器操纵杆处在 P 或 N 位而接通点火开关时，电子控制单元即开始对副节气门驱动装置和防滑转制动压力调节器电磁阀的工作状态进行检测。

3）故障自诊断功能。当电子控制单元检测到防滑转系统出现故障时，即点亮仪表板上的 ASR 警告灯，警告驾驶人 ASR 系统已出现故障，同时将故障以代码的形式存入存储器，供诊断时重新显示出来。

4）失效保护功能。当防滑转系统不工作和电子控制单元检测到有故障时，电子控制单元立即发出指令，断开 ASR 节气门继电器、ASR 液压泵电动机继电器和 ASR 制动主继电器，从而使 ASR 系统不起作用。而发动机和制动系统仍可以按照没有采用 ASR 系统时那样工作。

5.2.4　系统的拆装与调试

ABS 的作用是在汽车制动过程中，防止被控制车轮发生制动抱死。ASR 的作用是在汽车驱动过程中，防止驱动车轮发生驱动滑转。一般无需对汽车驱动防滑控制系统进行特别的维护，但为确保汽车驱动防滑控制系统工作的可靠性和耐久性，在实际使用中，以下方面应引起特别注意。

1）拆装系统中的电气元器件和线束插头时，应将点火开关断开，否则，将损坏电子控制装置。

2）不可向电子控制装置提供过高的电压，否则容易损坏电子控制装置。所以不可用充电机直接起动发动机，也不要在蓄电池与汽车电气系统连接的情况下，对蓄电池进行充电。

3）在对汽车进行烤漆作业时，因环境温度高，为避免损坏电子控制装置，应将电子控制装置从车上拆下。在对系统中的电气元器件或线路进行维修时，也应将线束插头从电子控制装置上拆下，并注意避免电子控制装置受到碰撞和敲击，否则，极易损坏电子控制装置。

4）不要让电子控制装置，特别是其端子受到油污等污染，以免线束插头接触不良，影响系统的正常工作。不要用砂纸打磨系统中各插头的端子，否则，也易造成接触不良。

5）不要使车轮转速传感器和传感器齿圈沾上油污或其他脏物，否则，车轮转速传感器产生的轮速信号可能不够准确，影响系统的控制精度，甚至使系统无法正常工作。此外，不可敲击转速传感器，以免传感器发生消磁现象，影响系统的正常工作。

6）由于在很多具有驱动防滑功能的制动系统中，都有供给防抱死制动压力调节所需能量的蓄能器。所以，在对这类制动系统的液压系统进行维修作业时，应首先使蓄能器中的高压制动液释放，以免高压制动液喷出伤人。在释放蓄能器中的高压制动液时，应先将点火开关断开，然后反复踩下和放松制动踏板，直到制动踏板变得很硬时为止。此外，要注意在制动系统装复之前，切不可接通点火开关，以免电动泵通电运转。

7）大多数汽车驱动防滑控制系统中的车轮转速传感器、电子控制装置和制动压力调节装置都是不可修复的，如果发生损坏，应进行整体更换。

8）制动系统维修结束后，在使用过程中如发现制动踏板变软时，应按照要求的方法和顺序，对制动系统进行空气排除。在空气排除之前，须检查储液室中的液位情况，如果发现液位过低，应先向储液室补充制动液。

9）更换轮胎时，应选用汽车生产厂家推荐的轮胎。如果换用其他型号的轮胎，应该选用与原车所用轮胎的外径、附着性能和转动惯量相近的轮胎，但不能混用不同规格的轮胎，否则，将影响防滑控制系统的制动效能。

10）在防抱死警告灯持续点亮的情况下进行制动时，应注意适当控制制动强度，以免因制动防抱死系统失效而使车轮过早发生制动抱死。

5.2.5　系统的检测

1. 进行诊断检测时的要求

1）车轮和轮胎大小及型号要相同，轮胎气压正常。

2）制动系统机械/液压部件正常，液压接头和管路无泄漏（对液压单元、制动钳、制动轮缸及主缸目视检查）。

3）车轮轴承和车轮轴承间隙正常。

4）转速传感器安装正确。

5）电源供电正常（不低于10.0V）。

6）控制单元插头安装正确，定位卡爪已卡紧。

7）只有当车静止且点火开关打开（或发动机运转）时才可进行自诊断。如果车轮转速超过2.75km/h时，自诊断不能进行。车速超过20km/h时，自诊断中断。

8）检测ABS/ASR系统时，须保证汽车电气系统不受电磁干扰，因而应使车远离电流消耗大的设备，如电焊机。

2. 进行ABS/ASR故障诊断时的注意事项

1）ABS/ASR是一种汽车安全系统，从事该项检修诊断工作要求具备该系统的相关知识。

2）在对ABS/ASR装置进行检修之前原则上要查询故障码。

3）在拔下ABS/ASR控制单元插头的情况下不要驾车。

4）ABS/ASR装置的元器件插头只有在关闭点火开关时才可拔下或插上。

5）不允许松开液压单元的螺栓。在更换回油泵继电器和电磁阀时，继电器罩盖螺栓除外。

6）在涉及与制动液有关的作业时，要注意采取有效的安全防范措施。

7）指示灯亮说明在ABS/ASR系统中有故障。因为某些故障有可能在行驶时才被识别出，因此必须在修理工作结束后进行试车。在试车时车速应不低于 60km/h，且行驶时间应超过 30s。

3. 警告灯故障诊断功能检测

如果自诊断查出系统有故障，那么在打开点火开关时，正常情况下，丰田车系(图 5-20a)仪表板上的 TRC 警告灯应变亮并持续 3s 后熄灭，表示系统正常，如果不亮，应对警告灯系统进行检查。如果电子控制单元检测到 TRC 系统出现了故障，它就使仪表板上的 TRC 警告灯闪烁并存储故障码。如果制动系统功能不正常，但 ABS 警告灯和红色的制动警告符号不亮，这说明故障出在制动系统的机械和液压部件上。

（1）故障码的读取

1）接通点火开关，用故障诊断专用检查线或普通导线(应确保连接可靠)将如图 5-20b 或图 5-20c 所示的故障诊断仪通信线接口或故障诊断接口中的 TC 和 E1 连接起来。

2）此时仪表板上的 TRC 警告灯将显示故障码。当 TRC 系统同时出现 2 个或 2 个以上故障时，故障码将会按照由低到高的顺序显示出来。

3）故障码读取完毕后，将故障诊断专用检查线从 TC 和 E1 接口上取下，开始检查与排除故障。

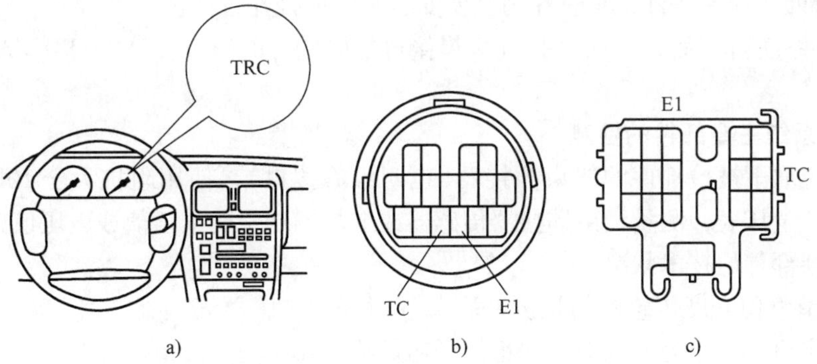

图 5-20　故障诊断仪通信线接口

（2）清除故障

1）同读取故障码步骤 1)。

2）在 3s 内踏下制动踏板 8 次以上，即可清除存储在电子控制单元中的故障码。

3）查看 TRC 警告灯是否显示正常码。若仍显示故障码，则表明故障没有排除掉，应继续排除故障。

4）从故障诊断仪通信或故障诊断接口中取下故障诊断专用检查线。

有些故障只能在车行驶时才能查到，因此可在试车时检查。将车开到 60km/h，持续 30s。确认安全后，用力踏下制动踏板以启动 ABS 功能(可感到制动踏板上振动)。

这时制动系统的功能已受到影响，因为此时电子制动力分配功能已不再控制后轮制动压力。如果制动力过大，会出现甩尾现象。如有故障，按下述步骤进行故障查寻。

1）先打开点火开关，观察警告灯。

2）用故障解码仪查询故障码，如存有故障，记下故障码后清除，结束输出。

3）按故障码排除故障。再次查询并清除故障码。

4）须保证所有插头都已接好的情况下，路试。路试时，警告灯应不亮，如亮了，重复上述故障查询过程。

如果在试车过程中，拔下某一控制单元的插头，那么会导致另一个控制单元故障存储器内存储一个根本不存在的故障，制动系统的功能就会受到影响。故障诊断排除时应注意以下几点。

1）拆装部件前，应关闭点火开关。查取收录机防盗码并断开蓄电池搭铁线。

2）重新接上蓄电池后，应再次起动收录机和电动玻璃单触功能。时钟也须重调。

3）如果显示某部件有故障，只有在确定该部件导线无故障时，才可更换该部件。该部件导线应能传递信号，检查导线有无插头和搭铁点锈蚀或触点松动。如插头触点弯曲、折断或锈蚀，可先修理；检查导线有无断路或对正极或地短路。

4）更换控制单元时，型号不要弄错。先查询控制单元版本号。接好故障解码仪后，显示屏上就会出现版本号，或用功能“查询控制单元版本号”来查询。也可从位于备胎坑内的汽车数据标签上获取车上的装备情况。1AC 表示防抱死制动系统；1AH 表示带电子差速锁(EDS)的防抱死制动系统；1AJ 表示带电子差速锁(EDS)和驱动防滑调节装置(ASR)的防抱死制动系统。

5）检修液压单元时，必须保证清洁。仔细清洗液压管接头及其周围区域。不可使用腐蚀性清洁剂。拆下的部件要放在干净表面并盖好，不要使用带绒毛的抹布。

6）只可使用原装备件，只有在马上要安装时才可打开备件包装。

7）制动系统打开后，要对其排气。焊接可能影响 ABS/EDS、ABS/EDS/ASR 功能，应尽量避免。

4. 电控系统主要部件的检测

检测时应取下被检部件的线束插接器(也叫维修接口)，使用阻抗大于 10kΩ/V 的万用表或电阻表、电压表，测量线束插接器传感器或继电器端子的电阻值或电压值并与标准值比较，从而判断部件的技术状况。

(1）副节气门开度传感器的检测　副节气门开度传感器安装在节气门轴上，作用是将副节气门开启角度转换为电压信号并将信号输送给 TRC 电子控制单元。

1）取下副节气门位置传感器线束插接器。接线端子如图 5-21 所示。

2）用电阻表测量 E2 端子与 VC、VTA、IDL 端子的电阻值，应符合规定值。

(2）TRC 切断开关的检测

1）取下 TRC 切断开关线束插接器。

2）用万用表测量 3、4 端子的导通性，如图 5-22 所示。

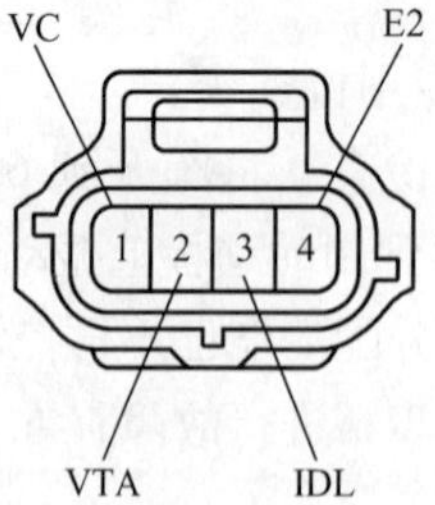

图 5-21　副节气门位置传感器线束插接器

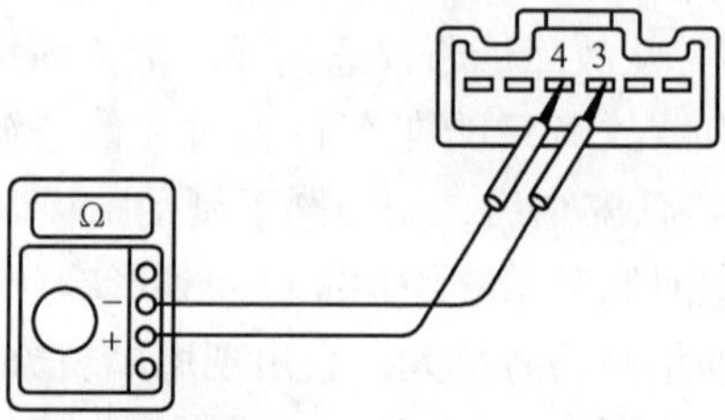

图 5-22　用万用表测量

3）当 TRC 切断开关接通时，应导通。TRC 切断开关断开时，应不通。

(3）TRC 制动主继电器的检测

1）取下 TRC 制动主继电器的插接器。

2）用万用表测量，1、2 两端子应不导通，3、4 端子应导通。

3）如图 5-23 所示，在端子 3、4 之间施加 12V 电压，测量 1、2 两端子时应导通。

（4）TRC 节气门继电器的检测

1）取下 TRC 节气门继电器线束插接器。

2）用万用表测量，1、2 端子应不导通，3、4 端子应导通。

3）如图 5-24 所示，在 3、4 端子之间施加 12V 电压，测量 1、2 两端子时应导通。

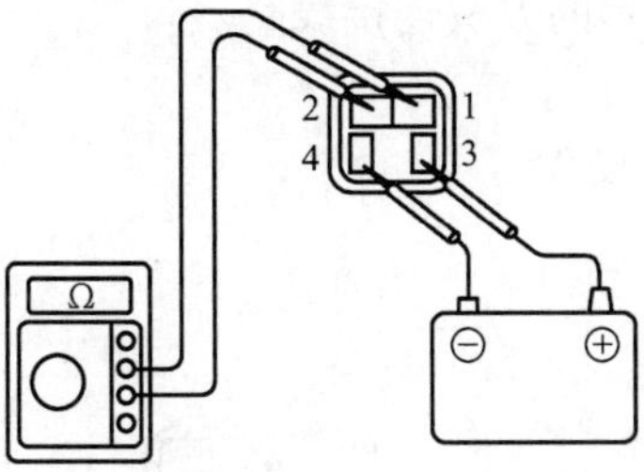

图 5-23　TRC 制动主继电器的检测

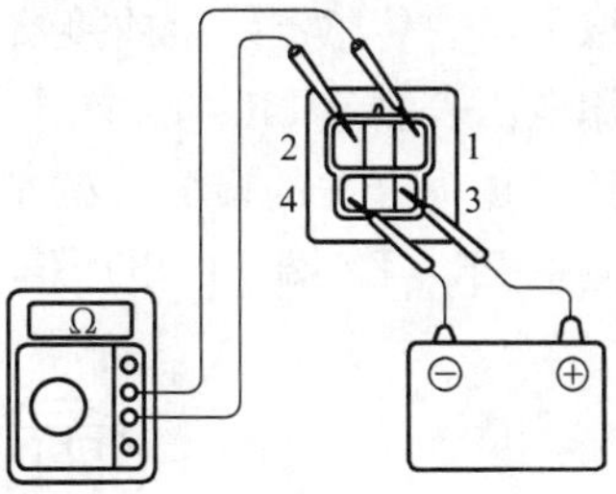

图 5-24　TRC 节气门继电器的检测

（5）TRC 制动执行器的检测

1）取下 TRC 制动执行器线束插接器。

2）如图 5-25 所示，用万用表检测，BSR、SRC 两端子应导通，BSM、SMC 两端子应导通，BSA、SAC 两端子也应导通。

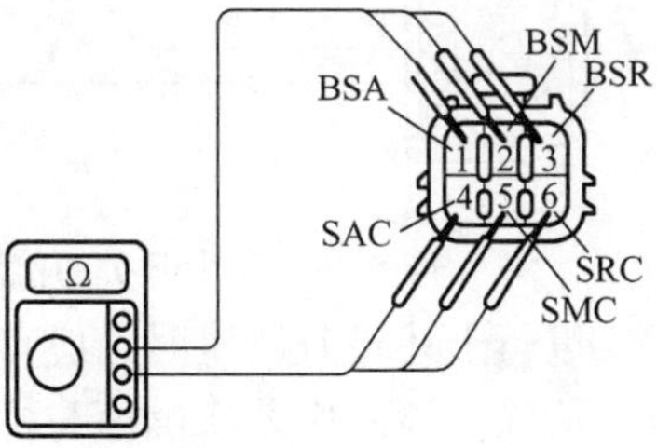

图 5-25　TRC 制动执行器的检测

（6）副节气门执行器的检测

1）取下副节气门执行器线束插接器。

2）如图 5-26 所示，用万用表测量，端子 1—2—3 间应导通，端子 4—5—6 间也应导通。

（7）TRC 泵电动机的检测

1）取下 TRC 泵电动机线束插接器。

2）如图 5-27 所示，用万用表测量 BTM、MTT 两端子的电阻值，应为 4. 5 ~5. 5Ω。

3）如图 5-28 所示，在端子 BTM—E2 间施加 12V 电压（通电不超过 3s）进行运转试验，TRC 泵电动机应运转。

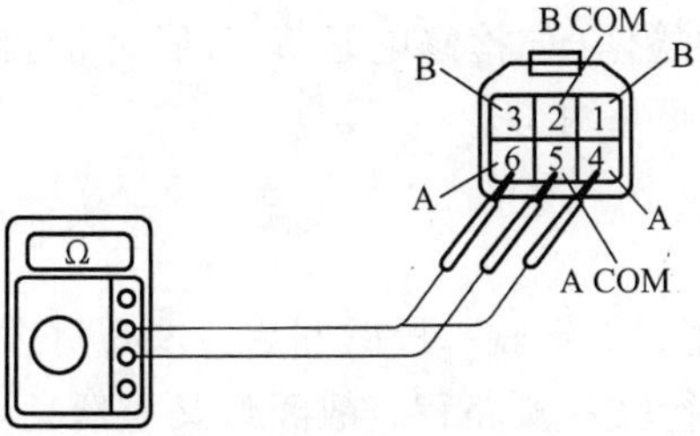

图 5-26　副节气门执行器的检测

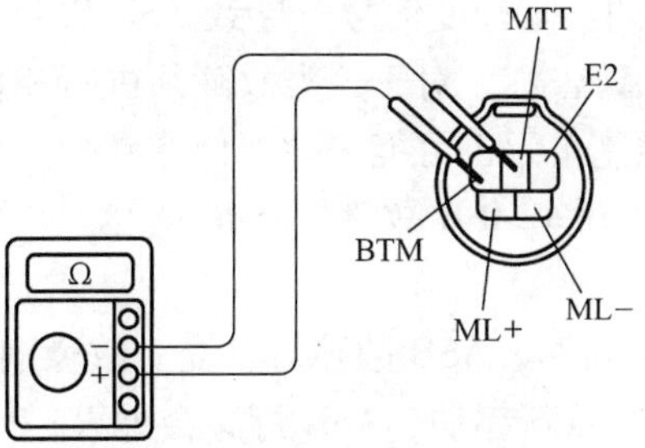

图 5-27　TRC 泵电动机的检测（1）

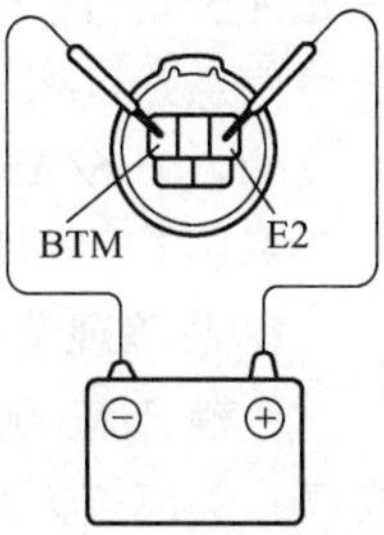

图 5-28　TRC 泵电动机的检测（2）

（8）压力开关的检测

1）取下压力开关线束插接器。

2）如图 5-29 所示，用万用表测量 PR、E2 端子，应导通。

3）起动发动机并怠速工作 30s（提高 TRC 执行器的液压）。

4）将发动机熄火，接通点火开关。

5）测量 PR、E2 端子的电阻值，应为 1.5kΩ 左右。

（9）压力传感器的检测

1）取下压力传感器线束插接器并严格按图 5-30 所示的方法连接线路。

2）用电压表测量 PR、E2 端子间的电压，应为 5V 左右。

3）按“压力开关的检测”的“3）、4）”两项进行操作。

4）测量 PR、E2 端子的电压值，应约为 2.5V。

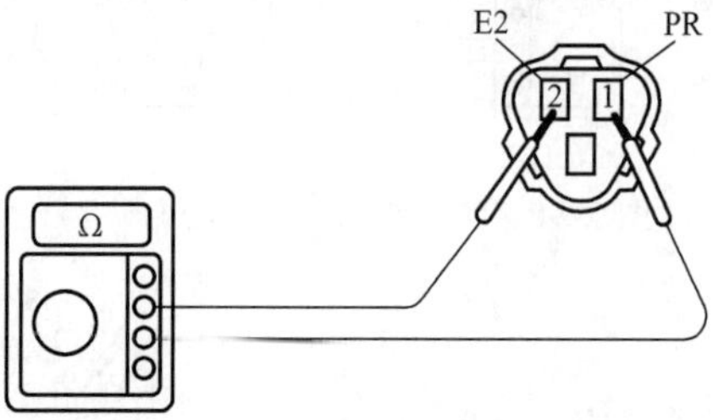

图 5-29　压力开关的检测

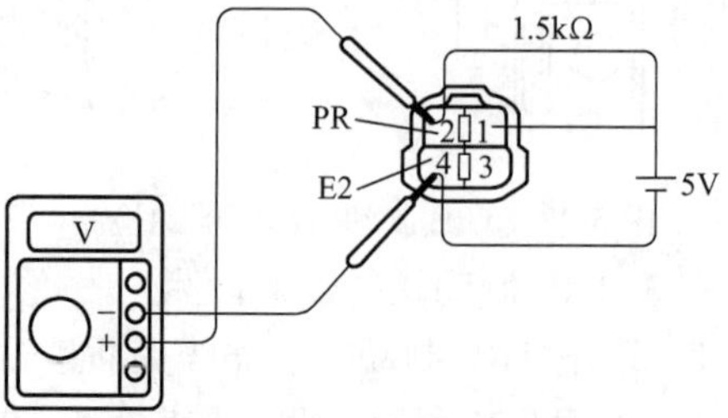

图 5-30　压力传感器的检测

进行上述检查测量时，应首先仔细查看线束插接器的线路导通状况，若有氧化、锈蚀等应予清除。检测中若实测值与标准值不符，应在确保线路完好无损的情况下，方可确认为元器件（开关、传感器或继电器）损坏。TRC 系统元器件损坏，通常应予更换。

5.2.6　系统的故障案例分析

ABS/ASR 的失效会直接影响汽车的动力输出和行驶安全。ABS/ASR 故障通常可分为两类，一类是由 ABS/ASR 的元器件（如轮速传感器，制动灯开关或液压控制元件等）失常引起的，对这类故障只要先查询故障信息，然后做针对性的检修工作即可排除故障；另一类是 ABS/ASR 以外的元器件失常引发的。最典型的就是节气门的性能不良，导致 ABS/ASR 控制单元无法获得节气门的实际开度信号，导致 ASR 失效，ABS/ASR 控制单元储存通信失败的故障信息并点亮 ASR 警告灯。对于这类故障须进行相应的检修（如检修电子节气门）才能排除故障。ABS/ASR 控制单元也可能失效，但非常少见，应慎重对待。

案例 1：一辆奔驰轿车 ASR 故障灯常亮。

1. 故障现象

一辆奔驰 600SEL 轿车，ASR 故障灯常亮。故障刚出现时，行驶一段时间后，ASR 灯才会亮；关掉点火开关，重新起动，ASR 灯又会熄灭；但再行驶一段路程，故障灯又重新亮。车主把车开到一家修理厂，经过一段时间的修理，ASR 灯变成了常亮。

2. 检修过程

首先对 ASR 系统从自诊断座提取故障码，故障码显示：ASR ECU 与电子节气门控制系统 ECU 信号传输有问题，对 E-Gas 系统提取故障码，但提取不出任何信息，可能 E-Gas ECU 不工作，从而输不出任何信息，怀疑其电路存在故障，检查后没有发现问题。打开E-Gas ECU，发现 ECU 里面有个集成块烧毁。更换 E-Gas ECU 后一着车，ASR 灯不亮，但路试一段距离，ASR 灯又亮了。再对 ASR 系统提取故障码，故障码显示：怠速触点电路不良(刚开始时因 ASR 系统与 E-Gas 系统信号传输不良,所以故障码没有了)。检查触点电路(奔驰车怠速触点装在加速踏板下)，发现电路有一个线插断开。把线插接上，试车，ASR 灯不亮，故障彻底排除。

3. 故障总结分析

该车一开始故障出在触点上。车辆行驶一段时间后，ASR ECU 没有收到怠速信号，ASR 灯亮。关掉发动机，重新起动，ASR 灯又熄灭。由于车辆在行驶期间，ASR ECU 需要接收怠速触点信号，因为收不到信号，所以车辆在行驶一段距离后，ASR 灯又重新亮起。但车辆在一家修理厂进行维修时，估计修理工在测试电子节气门时，把 E-Gas ECU 烧毁，使得 ASR ECU 与 E-Gas ECU 没有信号传输。所以一起动发动机，ASR 灯就亮。

案例 2：帕萨特 B5 正常行驶中 ASR 灯亮。

1. 故障现象

一辆 2003 款装备了 ABS、EDS 以及 ASR 的帕萨特 B5，在正常行驶过程中仪表板上的 ASR 灯会突然亮起。在这种情况下按 ASR 灯开关无效，只有关闭点火开关重新起动发动机后 ASR 灯才能恢复正常。

2. 检修过程

接车后先用检测仪对 ABS 读取故障码。故障码为 00761：在发动机控制器中的故障。按照维修手册，对 00761 的排除方法是先检查发动机系统是否有故障码，若有故障码先排除发动机故障。再用检测仪读取发动机故障码，故障码为 16486，即空气流量传感器信号值过小。

接着又用万用表对空气流量传感器进行检测(图 5-31)。空气流量传感器共有 4 根导线，其中的 4 号端子为信号线，5 号端子为电源电压(11 ~ 15V)。2 号端子与车身搭铁电阻为 0.8Ω，5 号端子为蓄电池电压。怠速时测量 4 号端子电压为 1.4V，急加速时信号电压上升到 3.2V，当加速至 4000r/min 时，信号电压上升至 3.5V，此时节气门开度为 75°。

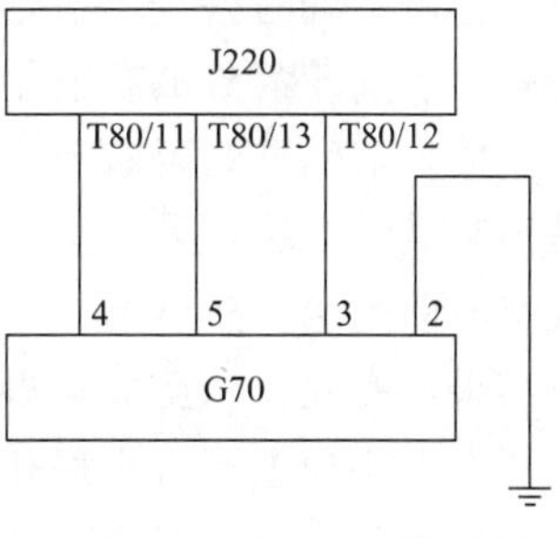

图 5-31　空气流量传感器

同样用万用表测量另一部同年同款车的空气流量传感器信号电压，发现怠速时信号电压接近，但加速至 4000r/min 时发现该车信号电压为 3.6V，节气门开度为 68°。为了先排除空气流量传感器故障的可能性，把两车的空气流量传感器对换，再试空气流量传感器信号电压，发现另外一部车的空气流量传感器装在此车上与该车原信号值一样，而且节气门开度也一样；再测另外一辆车的相关数据，与它原数据也一样。于是，装上另外一部车的空气流量传感器出去试车，当经过几次急加速和发动机高速运转一段时间后，再进行急加速时 ASR 灯又亮了，读取故障码依旧是此前的两个故障码。

通过以上检测与试车，发现该车在正常运行过程中确实存在空气流量传感器信号过弱的问题，同样的两部车检测时发现该车除了发动机节气门开度值偏大之外，其余数据均正常。由以上分析，此故障怀疑是节气门体过脏所致。因为在发动机控制单元的程序中空气流量传感器测量是根据发动机的转速、节气门的开度等条件来确定的。当发动机转速升高，节气门开度增加时，计算出来理论的空气流量传感器信号电压就会升高，对应的信号电压值有一定的活动范围。当测得的实际信号电压超出这个范围就会有空气流量传感器的相关故障记录。当节气门体过脏时，由于节气门的开度值偏大，而实际进气量并没有增加，从而导致空气流量传感器信号与节气门开度不匹配，使发动机控制单元的计算值偏离理论范围。当节气门开度信号和空气流量信号出现上述偏差后（节气门大开度，空气流量传感器测得的实际进气量小于规定值），从而导致控制系统认为驱动防滑控制系统失效，ABS 控制单元便点亮 ASR 灯。拆下节气门体进行彻底清洗，并换回原车空气流量传感器，再测量其数据与另外一部车的数据一样。再经过长时间试车，故障没有出现。

3. 故障总结分析

由此可见该车 ASR 灯亮的故障是由节气门体过脏引起的。

案例 3：奔驰轿车 ASR 警告灯间歇亮。

1. 故障现象

一款奔驰轿车，在行驶过程中 ASR 警告灯有时会间歇性亮，并且一旦该灯常亮，就会感觉到转向盘操纵沉重。

2. 检修过程

首先进行路试，故障症状与车主反映的情况完全相符。用故障检测仪查得的故障信息为右前轮速传感器信号不真实，故障性质为当前存在。清除故障信息后进行路试，大约 10min 后 ASR 灯亮。再次查询故障信息，其内容依旧。将轿车举升起后点击 STAR 故障检测仪的“Actual Values”功能，以便观察各轮速传感器的输出信号。首先用手转动右前轮，STAR 故障检测仪一直显示 0km/h；接着转动其他 3 只车轮，则均显示相应的轮速。由此说明 ABS/ASR 控制单元确实未收到右前轮速传感器的信号。测量右前轮速传感器电阻，约为 1.0kΩ，符合标准；同时检查了该轮速传感器与 ABS/ASR 控制单元之间的连接状况，正常。随后又检查了右前轮毂处的右前轮速传感器信号齿圈的状况，发现除了有些污垢外，没有其他的不良迹象。清洁并装复右前轮速传感器信号齿圈后试车，故障依旧。为了判定右前轮速传感器是否有故障，决定采用信号替代方法进行检查，即在脱开右前轮速传感器插接器后用 2 根导线将右前轮速传感器导线侧插接器上的导线并联到左前轮速传感器的导线上，然后试车。试车结果没有变化，至此怀疑 ABS/ASR 控制单元有故障。打开 ABS/ASR 控制单元外壳进行检查，电路板上没有断路和烧蚀的迹象。考虑到 ABS/ASR 控制单元的价格不低，用另一台同型号轿车的 ABS/ASR 控制单元作替换试验，故障症状消失；将被怀疑有故障的 ABS/ASR 控制单元装到其他轿车上，ASR 警告灯也间歇性亮。由此证明该 ABS/ASR 控制单元确实有故障，更换 ABS/ASR 控制单元后故障彻底排除。

3. 故障总结分析

根据 ABS/ASR 的工作原理可知，当 ABS/ASR 出现故障时，轮速信号的传输会中断，其他需要轮速信号才能正常工作的电控系统同时会受到影响，因此只要排除了 ASR 的故障，转向盘操纵沉重问题会随之消失。奔驰轿车所采用的轮速传感器为磁感应式的，这种轮速传感器常见的故障就是低转速下不灵敏，如果只测量其电阻，则无法判定其性能的好坏，因为故障的根源可能是传感器的永久磁铁有问题，而非线圈损坏。所以在检修这类故障时应特别注意。考虑到 ABS/ASR 控制单元的价格不低，不要轻易怀疑 ABS/ASR 控制单元，一定要有相应的测试，否则会造成被动局面，这在中小维修企业非常常见。

5.3　汽车局域网故障检修

5.3.1　局域网故障引起的发动机表征现象

随着汽车技术的发展，在汽车上采用的计算机微处理芯片数量越来越多，多个处理器之间相互连接、协调工作并共享信息构成了汽车车载网络系统。网络系统出现问题汽车会有如下表征现象。

1）发动机无法起动。

2）发动机加速无力。

3）汽车部分其他功能丧失。

4）故障灯常亮。

5）汽车同时出现多个不相干的故障等。

5.3.2　局域网的结构特征分析

在汽车内部采用基于总线的网络结构，可以达到信息共享、减少布线、降低成本以及提高总体可靠性的目的。目前主要的汽车网络互连规范有德国博世最早开发推出的欧洲规范 CAN、美国汽车工程师协会(SAE)开发的美国规范 J1850。其他的总线类型(如 VAN、TTP 等)在汽车内部网络也有使用，不过 CAN 和 J1850 基本上已经成为事实上的标准。CAN 是 Controller Area Network(控制器局域网络)的英文缩写，是国际上应用最为广泛的现场总线之一。以下以宝来动力 CAN 数据传输系统、宝来舒适 CAN 数据传输系统、宝马 CAN 技术为例进行分析。其基本结构如图 5-32 和图 5-33 所示。

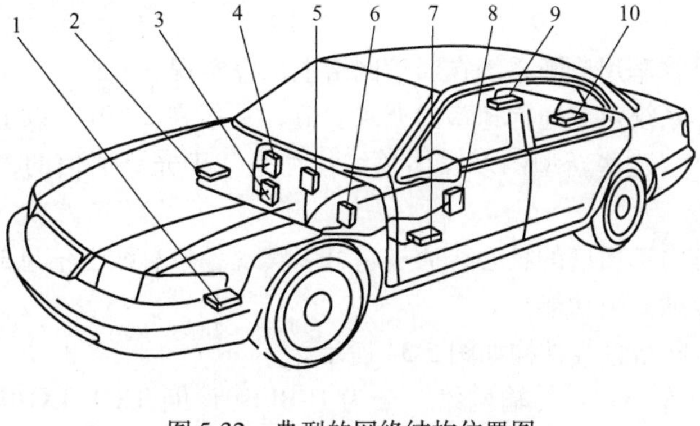

图 5-32　典型的网络结构位置图

1—ABS 模块　2—动力系统控制模块(PCM)　3—电子自动温度控制(EATC)　4—集成控制板(ICP)　5—虚像组合仪表　6—照明控制模块(LCM)　7—驾驶人座椅模块(DSM)　8—驾驶人车门模块(DDM)　9—移动电话模块　10—汽车动态模块

车身系统的控制单元多为低速电动机和开关器件，对实时性要求低而数量众多。使用低速的总线连接这些电控单元，将这部分电控单元与汽车的驱动系统分开，有利于保证驱动系统通信的实时性。此外，采用低速总线还可增加传输距离、提高抗干扰能力以及降低硬件成本。

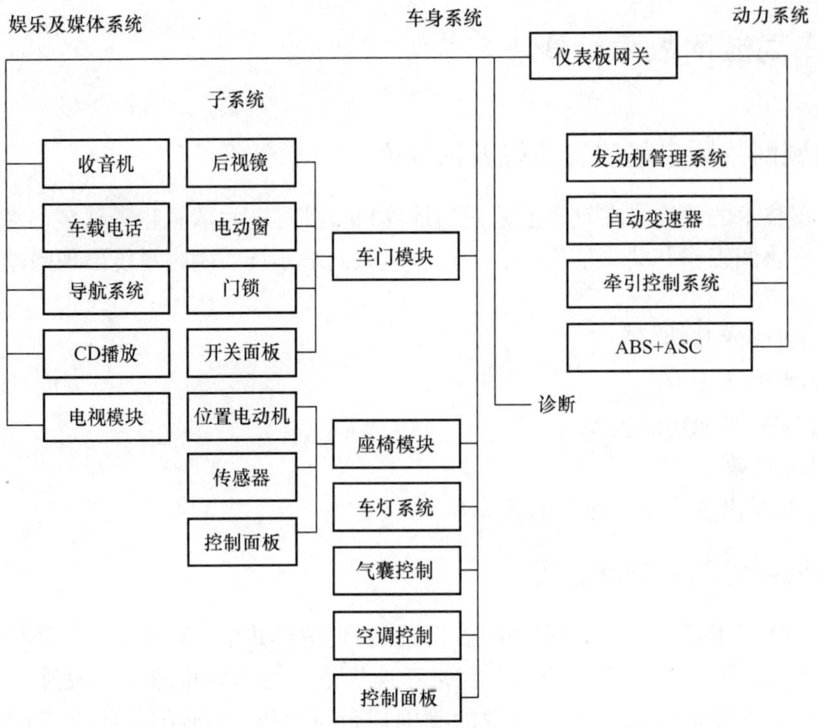

图 5-33 汽车电子网络结构示意图

动力与传动系统的受控对象直接关系汽车的行驶状态，对通信实时性有较高的要求。因此使用高速的总线连接动力与传动系统。传感器组的各种状态信息以广播的形式在高速总线上发布，各节点可以在同一时刻根据自己的需要获取信息。这种方式最大限度地提高了通信的实时性。

故障诊断系统是将车用诊断系统在通信网络上加以实现。

信息与车载媒体系统对于通信速率的要求更高，一般在 2 Mb/s 以上。采用新型的多媒体总线连接车载媒体。这些新型的多媒体总线往往是基于光纤通信的，从而可以充分保证带宽。

网关是电控汽车内部通信的核心，通过它可以实现各条总线上信息的共享以及实现汽车内部的网络管理和故障诊断功能。

宝马(E38/E39)网络总线结构如图 5-34 所示。

宝马汽车采用全车 BMW 传输网络，分为 D-BUS(诊断 TXD、TXDII)、K-BUS、I-BUS、P-BUS、M-BUS 等传输网络，仪表 ECU 为 D-BUS、K-BUS、I-BUS 网络服务器。2002 年新生产宝马 745i(E65)采用光纤网络。

D-BUS：诊断 BUS 网络，连接诊断 ECU、诊断座及发动机变速器、ABS/ASC/DSCECU、仪表板、防盗 EWS、气囊 ECU。

K-BUS：连接仪表、空调车身 ECU。

I-BUS：连接仪表、多功能转向盘、收音机、信息显示 MID、放大器、电话、电视、Command 管理中心等。

P-BUS：车身 BUS 网络，连接 K-BUS 及左前门 ECU、右前门 ECU、座椅 ECU、天窗 ECU、遥控接收器等。

M-BUS：空调 ECU 与风门分配电动机，连接 BUS 线路。

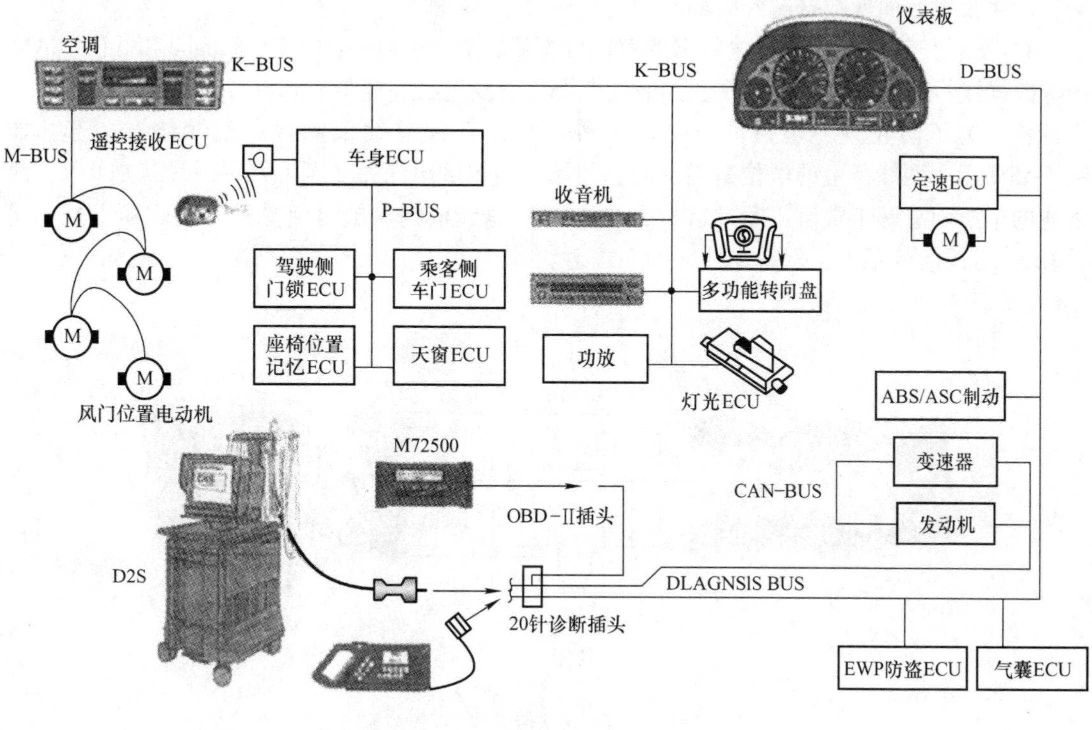

图 5-34　宝马 E38/E39 网络总线结构

5.3.3　局域网系统的工作流程

1. CAN 总线的结构特点

数据总线与其模块部件组合在一起成为数据传输系统。CAN 数据传输系统的优点是：

1）将传感器信号线减至最少，使更多的传感器信号能进行高速数据传递。

2）电控单元和电控单元插脚最小化应用，节省电控单元的有限空间。

3）如果系统需要增加新的功能，仅需软件升级即可。

4）各电控单元对所连接的 CAN 总线进行实时监测，如出现故障该电控单元会存储故障码。

5）CAN 数据总线符合国际标准，便于一辆车上不同厂家的电控单元间进行数据交换。

2. CAN 总线的组成

CAN 数据总线由一个控制器、一个收发器、两个数据传输终端以及两条数据传输线组成。除数据传输线以外，其他元件都位于控制单元内部。

1）CAN 控制器的作用是接收控制单元中微处理器发出的数据，处理数据并传给 CAN 收发器。同时 CAN 控制器也接收由收发器传来的数据，对这些数据进行处理并将其传给控制单元中的微处理器。

2）CAN 收发器将 CAN 控制器传来的数据转化为电信号并将其送入数据传输线。它也为 CAN 控制器接收和转发数据。

3）数据传输终端实际上是一个电阻器，其作用是避免数据在数据传输线终端被反射回来，产生反射波而使数据遭到破坏。

4）数据传输线是用以传输数据的双向数据线，分为 CAN 高位(CAN-high)和低位(CAN-low)数据线。数据设有指定接收器，通过数据总线发送给各控制单元，各控制单元接收后进行计算。为了防止外界电磁波干扰和向外辐射，CAN 总线采用两条线缠绕在一起，如图 5-35所示。两线条上的电位是相反的，如果一条线的电压是 5 V，另一条线就是 0 V，两条线的电压和总等于常值。通过这种办法，CAN 总线得到保护而免受外界电磁场干扰，同时 CAN 总线向外辐射也保持中性，即无辐射。

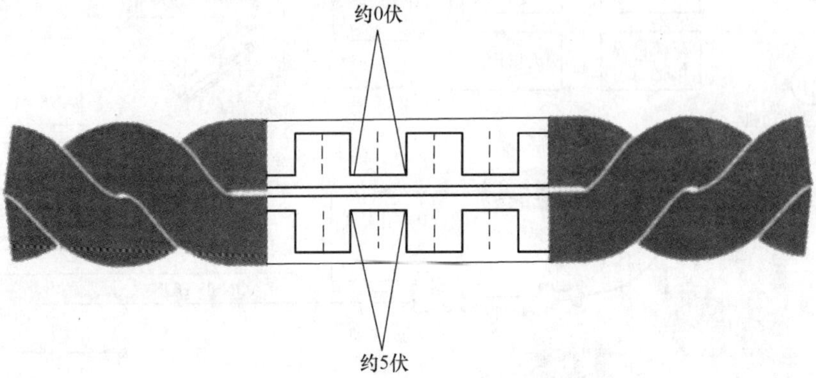

图 5-35　CAN 数据传输线(双绞线)

3. CAN 数据总线的传输过程

CAN 数据总线的传输过程如图 5-36 所示。

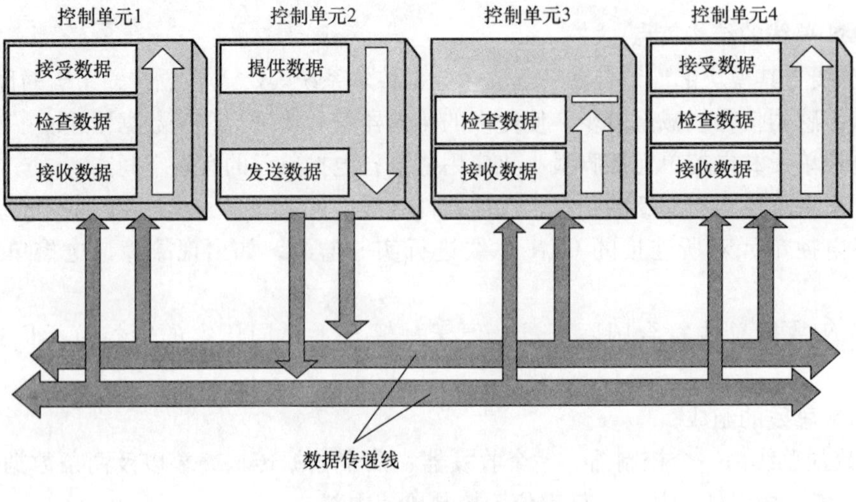

图 5-36　数据的传输过程

1）提供数据。控制单元向 CAN 控制器提供数据用于传输。

2）发送数据。CAN 收发器从 CAN 控制器处接收数据，并将其转化为二进制电信号发送出去。这些数据以数据列的形式进行传输，数据列是由一长串二进制(高电平与低电平)数字组成的。

3）接收数据。CAN 网络系统所有的控制单元的收发器都接收数据。

4）检验数据。控制单元对接收到的数据进行检测，看此数据是否是其功能所需要。

5）认可数据。如果接收到的数据是有用的，将被认可及处理，反之将其忽略。

5.3.4　局域网系统的拆装与调试

1. 宝来动力 CAN 数据传输系统

动力 CAN 数据总线连接 3 块 ECU，它们是发动机、ABS/EDL 及自动变速器 ECU(动力 CAN 数据总线实际可以连接安全气囊、四轮驱动与组合仪表等 ECU)。总线可以同时传递 10 组数据，发动机 ECU 5 组、ABS/EDL ECU 3 组和自动变速器 ECU 2 组。数据总线以 500kbit/s 速率传递数据，每一数据组传递大约需要 0.25ms，每一电控单元每 7 ~ 20ms 发送一次数据。宝来动力 CAN 数据传输系统如图 5-37 所示。

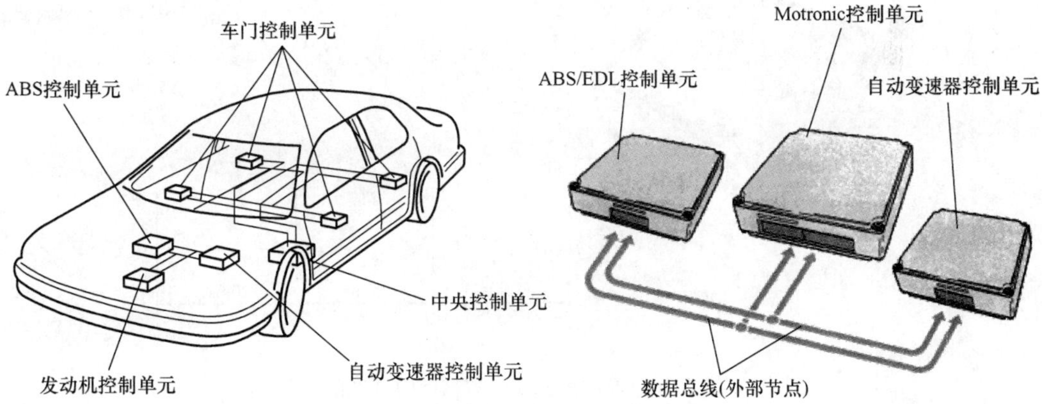

图 5-37　宝来动力 CAN 数据传输系统

在动力传动系统中，数据传递应尽可能快速，以便及时利用数据，所以需要一个高性能的发送器，高速发送器会加快点火系统间的数据传递，这样使接收到的数据立即应用到下一个点火脉冲中去。CAN 数据总线连接点通常置于控制单元外部的线束中，在特殊情况下，连接点也可能设在发动机控制单元内部。

2. 大众 CAN 数据传输的优先权

如果两个或多个控制单元同时发出其数据列，则存在一个优先权的问题。为了保证重点，优先级较高的数据列先传输(由控制单元的程序设置好的)。动力 CAN 数据传输的优先权顺序为 ABS/EDL 控制单元、发动机控制单元、自动变速器控制单元，见表 5-3。

表 5-3　大众 CAN 数据传输的优先权

优先权	控制单元	传递信息	优先权	控制单元	传递信息
1	ABS/EDL 控制 ECU	发动机制动 巡迹控制要求	3	发动机 ECU 数据 2	冷却液温度 车速
2	发动机 ECU 数据 1	发动机转速 节气门位置 强制降档	4	自动变速器 ECU	档位 变速器是否处于紧急运转 行驶范围改变

3. 宝来舒适 CAN 数据传输系统

舒适 CAN 数据总线连接五块控制单元，包括中央控制单元及四个车门的控制单元。舒适 CAN 数据传递有五个功能：中央门锁、电动窗、照明开关、后视镜加热及自诊断功能。控制单元的各条传输线以星状汇聚一点，这样做的好处是，如果一个控制单元发生故障，其他控制单元仍可发送各自的数据。该系统使经过车门的导线数量减少，线路简单。如果线路中某处出现对地短路，对正极短路或线路间短路，CAN 系统会立即转入应急模式运行或转为单线模式运行。四个车门控制单元都是由中央控制单元控制，只需要较少的自诊断线。

车身数据总线以 62.5 kbit/s 速率传递数据，每一组数据传递大约需要 1 ms，每个控制单元每 20ms 发送一次数据，如图 5-38 所示。舒适 CAN 数据传输的优先权顺序为中央控制单元、驾驶人侧车门控制单元、前排乘客侧车门控制单元、左后车门控制单元、右后车门控制单元。由于舒适系统中的数据可以用较低的速率传递，所以发送器性能比动力传动系统发送器的性能低。

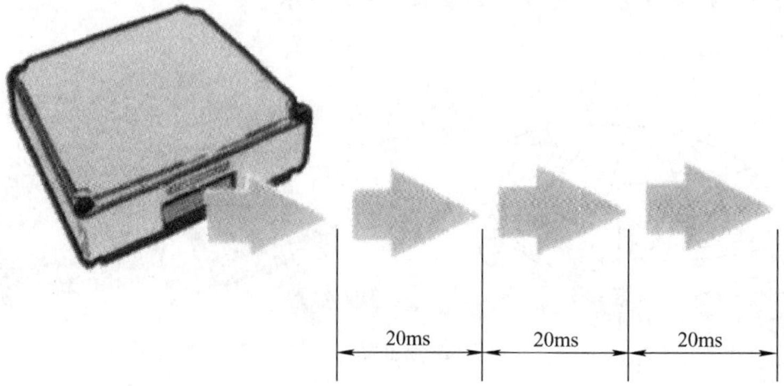

图 5-38　控制单元发送数据的时间间隔

5.3.5　局域网系统的检测

1. 大众 CAN 数据传输系统的故障码查询

使用 VAG1551、VAG1552 或 VAS5051 诊断仪，分别进入 01、02、03 地址码，对发动机、ABS/EDL 和自动变速器控制单元进行自诊断，再进入功能码 02，查询三个控制单元是否存储 CAN 数据传输故障码。

举例：宝来 1.8T 车 AUM 发动机控制单元 CAN 数据传输故障码

① SAE 码 P1626、VAG 码 18034——数据总线缺少来自自动变速器控制单元的信息。

② SAE 码 P1636、VAG 码 18004——数据总线缺少来自安全气囊控制单元的信息。

③ SAE 码 P1648、VAG 码 18056——数据总线损坏。

④ SAE 码 P1649、VAG 码 18057——数据总线缺少来自 ABS/EDL 控制单元的信息。

⑤ SAE 码 P1650、VAG 码 18058——数据总线缺少来自组合仪表控制单元的信息。

⑥ SAE 码 P1682、VAG 码 18090——数据总线中来自 ABS/EDL 控制单元的信号不可靠。

⑦ SAE 码 P1683、VAG 码 18091——数据总线中来自安全气囊控制单元的信号不可靠。

⑧ SAE 码 P1683、VAG 码 18261——数据总线中来自 ABS/EDL 控制单元的信号

不可靠。

2. 大众 CAN 数据传输系统的故障诊断

当查询出 CAN 数据总线有故障码时，应该对该系统进行诊断。需要使用的工具和仪表有检测盒 VAG1598/31、万用表 VAG1526、成套辅助接线 VAG1594 和电路图。关闭点火开关，拔下发动机控制单元插头，将检测盒 VAG1598/31 插到控制单元上，此时不要连接线束插头。使用万用表测量 58 端子与 60 端子之间的电阻，这是数据传输终端的电阻，规定值为 60 ~ 72Ω，如不符合规定应更换发动机控制单元，如果符合规定应按照电路图测量数据总线的故障点。

3. 舒适 CAN 数据传输系统故障码查询

使用 VAG1551、VAG1552 或 VAS5051 诊断仪，进入地址码 46，对舒适系统控制单元进行自诊断，再进入功能码 02 查询舒适系统中央控制单元是否存储故障码。

举例：宝来舒适系统中央控制单元 CAN 数据传输故障码

① VAG 码 01328——舒适系统数据总线或控制单元存在故障。

② VAG 码 01329——舒适系统数据总线处于紧急模式

4. 舒适 CAN 数据传输系统故障诊断

按电路图使用万用表测量数据总线的故障点。如果没有查出故障，先清除故障码，再拔下所有车门的插头后并依次插好恢复原状，同时读取数据块 012 组的显区 1，视情况更换某一个控制单元后再检查。

5.3.6　局域网系统的故障排除

1. 宝马(BMW E38/E39)网络总线故障检查

(1) 宝马 CAN 故障现象

断路：总线上无电压。

对正极短路：总线上无电压变化，总线电压 U = U 蓄电池电压。

对地短路：总线上无电压变化，总线电压 U = 0V

原因可能为：

① 导线中断。

② 导线局部磨损。

③ 插头连接损坏，触头损坏、污垢、锈蚀。

④ 控制单元损坏。

⑤ 控制单元供电故障。

⑥ 导线烧毁。

(2) 检查干扰总线系统的控制单元　该故障原因可能由于软件引起。

症状：由电磁干扰而导致的功能无法执行或功能异常。

措施：确定干扰总线系统的控制单元。

1) 依次取下每根总线上连接的控制单元熔丝。

2) 每脱开一个控制单元后，重复总线测试。

3) 如果在脱开某个控制单元后数据传送恢复正常，表明该控制单元干扰了数据交换。

4) 更换相关的控制单元。

2. 宝来轿车 CAN 数据总线系统故障自诊断

宝来轿车 CAN 数据总线系统故障码见表 5-4。

表 5-4　宝来轿车 CAN 数据总线系统故障码

VAG1551 打印信息	可能的故障原因	可能的影响	故障排除方法
00778 转向角度传感器 G85 无法通信	转向角度传感器 G85 通过数据总线的数据接收不正常	与数据总线相连的系统功能不正常	—检查数据总线自诊断接口的编码 —查询 ABS 控制单元故障存储器并排除故障 —按照电路图检查连接转向角度传感器 G85 的数据总线
01044 控制单元编码错误	—与数据总线相连的某控制单元编码错误 —与数据总线相连的某控制单元损坏	行驶性能不良(自动变速器换档冲击，符合变化冲击)无形式动力控制	—读取测量数据块 —查询与数据总线相连的所有控制单元故障存储器，并排除故障 —检查并改正控制单元编码，如果需要，更换控制单元
01312 数据总线损坏	—数据总线有故障 —数据总线在“BUS-OFF”状态	行驶性能不良(自动变速器换档冲击，符合变化冲击)无形式动力控制	—读取测量数据块 —检查控制单元编码 —按照电路图检查数据总线 —更换损坏的控制单元
01314 发动机控制单元无法通信	发动机控制单元通过数据总线的数据接收不正常	行驶性能不良(自动变速器换档冲击，符合变化冲击)无形式动力控制	—读取测量数据块 —查询变速器控制单元故障存储器，并排除故障 —按照电路图检查变速器控制单元数据总线
01315 变速器控制单元无法通信	变速器控制单元通过数据总线的数据接收不正常	行驶性能不良(自动变速器换档冲击，符合变化冲击)无形式动力控制	—读取测量数据块 —查询发动机控制单元故障存储器，并排除故障 —按照电路图检查发动机控制单元数据总线
01316 制动控制单元无法通信	制动控制单元通过数据总线的数据接收不正常	行驶性能不良(自动变速器换档冲击，符合变化冲击)无形式动力控制	—读取测量数据块 —查询 ABS 控制单元故障存储器，并排除故障 —按照电路图检查 ABS 控制单元数据总线
01317 组合仪表内控制单元 J285 无法通信	—组合仪表内控制单元 J285 数据总线有故障 —组合仪表内控制单元 J285 损坏	行驶性能不良(自动变速器换档冲击，符合变化冲击)无形式动力控制	—读取 J553 的测量数据块 —查询与数据线相连的所有控制单元故障存储器，并排除故障 —按照电路图检查数据总线
01321 安全气囊控制单元 J234 无法通信	安全气囊控制单元通过数据总线的数据接收不正常	安全气囊警告灯亮	—读取测量数据块 —查询安全气囊控制单元故障存储器，并排除故障 —按照电路图检查安全气囊控制单元数据总线
01324 四轮驱动控制单元 J492 无法通信	四轮驱动控制单元通过数据总线的数据接收不正常	行驶性能不良(自动变速器换档冲击，符合变化冲击)无形式动力控制	—读取测量数据块 —查询四轮驱动控制单元故障存储器，并排除故障 —按照电路图检查四轮驱动控制单元数据总线

5.3.7　局域网系统故障案例分析

案例 1： 奔驰 S320 发动机转速低。

1. 故障现象

一辆奔驰 S320 当踏下加速踏板时，发动机的最高转速只能在 1000 ~ 2000 r/min 的范围内波动。

2. 故障检测与诊断

此款发动机采用的是德国博世公司生产的 Motronic3. 4. 1 控制系统。用 KTS—300 读取故障码，发现有两个故障码出现。一个是安全燃油切断功能起作用，另一个是没有收到从电子节气门控制单元通过 CAN 数据线传送给发动机控制单元的电子节气门信号。根据以上两个故障码和发动机控制线路的分析得知，发动机在正常工作期间，电子节气门控制单元要传输一个电压信号到发动机控制单元的 4 号端子，这个电压信号的正常范围应在 2 ~ 11V 之间变化。如果控制系统发现故障时，则安全燃油切断装置将提供一个搭铁的信号给发动机控制单元，发动机控制单元收到这个信号以后，安全燃油切断功能将起作用，并限制发动机的转速只能在 1000 ~ 2000r/min 的范围内变化。

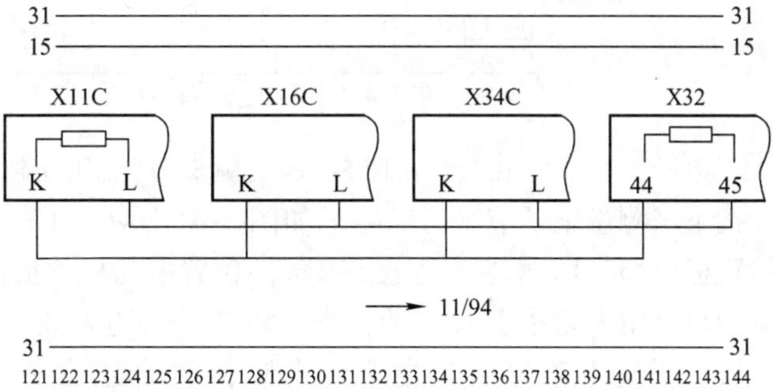

图 5-39　奔驰 S320 节气门控制电路图

根据这个原理，首先取下发动机控制单元，打开点火开关，用万用表测量发动机控制单元的 4 号端子，测量结果是在 4 号端子并没有 2 ~ 11V 变化的电压。该结果可能有两种原因，第一种原因可能是 CAN 传输有问题，另一种原因是电子节气门的控制有问题。首先取下发动机控制单元和电子节气门控制单元分别测量，根据电路图（图 5-39）可知，发动机的 K 线与 L 线分别与电子节气门控制单元的 44 和 45 号端子相连接。用万用表测量 K 与 44 号端子和 L 与 45 号端子，两条电路电阻均为 0 Ω，而且这两条电路与蓄电池的正极和负极没有短路，这说明通信线路应该没有问题。接下来又分别在发动机控制单元的 L 和 K 及电子节气门的 44 和 45 号两个端子分别测量传输电阻，经测量两端的传输电阻均为 121 Ω，符合传输电阻 115 ~ 125 Ω 的规定值。这样就可以基本断定 CAN 数据传输基本没有问题。

这样，问题可能是出现在电子节气门控制方面。此款车的控制单元为 VDO 控制系统，首先用检测仪器在诊断插头的 7 号端子进行故障读取，结果发现不能通信，用奔驰专用仪器 HHT 进行故障读取，情形也一样。故决定根据控制电路（图 5-40）进行测量，首先测量控制单元的供电情况，此控制单元的 51 和 52 号端子由基本模组的 6 号和 5 号端子提供电源。经测量 51 和 52 号端子在点火开关打开时均有 12 V 的供电电压。后用试灯再次进行测量，证实此两端子的供电没有问题。接着又对控制单元的 3 和 4 号端子进行测量，3 和 4 号端子为控制单元的搭铁线，经测量搭铁线也没有问题，证明问题不是由于供电引起的。看来问题可能是出现在控制单元的外部（包括组件、电路及通信电路）及控制单元本身。于是决定按照电路图对控制单元的外部进行测量。首先测量巡航系统的供电情况，然后又进行了状态测量(控制单元端的48、49、11、50及7号端子)。当点火开关打开至ON时，在开关的供电端有12V的电压，后又分别对巡航开关的5种状态，即加速、减速、记忆、清除及停止进行测量，在以上的控制单元相对应的端子处，分别有12 V电压。状态变化反映开关的状态信号正常，表明巡航开关的电路及供电基本是正常的。后又对制动灯的电路、供电和开关进行测量，也没有问题。

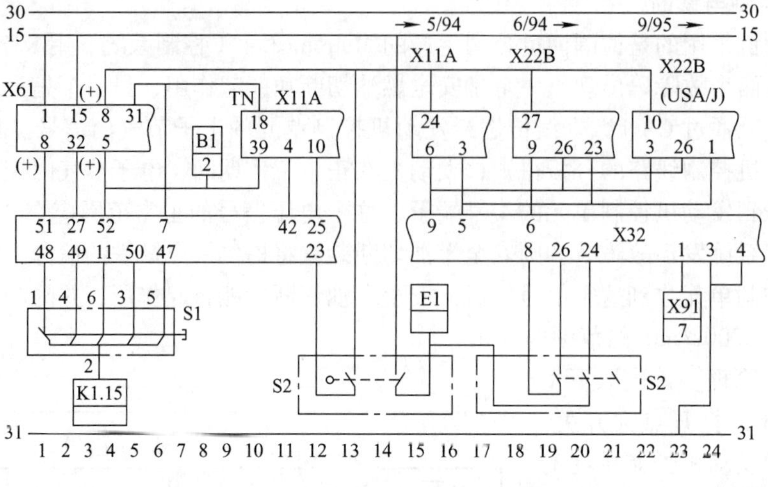

图5-40 奔驰S320控制单元测量电路

接下来测量电子节气门线路。如图5-41所示，17与18号端子为电子节气门位置电动机的正极，15、16号端子为电子节气门位置电动机的负极，在这两端测量电阻为2.1 Ω，符合电动机绕组电阻小于10Ω的标准。56端子为电磁离合器的搭铁线，34端子为电磁离合器的正极。测量电磁离合器电阻，电阻值符合正常标准。电子节气门传感器的电阻为2.237 kΩ，位置电动机传感器的电阻为2.277 kΩ，属正常范围。20端子为怠速触点及安全连接的正极，37端子为怠速触点信号。测量20与37端子，发现电阻为0 Ω，说明怠速触点位置正确，并能够接通。59端子为安全连接的搭铁信号，测量20与59端子电阻为1.35 kΩ，也属正常。后又分别对电子节气门的11根接线分别测量，也没有发现彼此有短路的现象(断开电子节气门的插头,取下电子节气门控制单元)。这说明电子节气门及电路应该没有太大的问题。断开电子节气门的插头，分别测量每个端子的电压，发现各端子的电压均为0 V，这样故障可能就集中在控制单元本身。更换一个新的同版本的控制单元后，在不着车的情况下，断开电子节气门与控制单元的插头，用仪器读取故障码。打开点火开关发现能够和电子节气门控制单元通信，并且发现有一个控制单元故障的相关代码。当时认为可能是控制单元的版本及设定的问题，也没有太在意，从原来的没有通信到现在通信正常，可以证明以上的判断基本正确。接上电子节气门的插头起动试车，起动以后，发现发动机的转速还是不能提升(踏下加速踏板时)，只能在1000～2000 r/min的范围内变化，和以前没有任何区别。停车后，对发动机进行自诊断，发现又不能正常通信。

而这种现象非常像是新控制单元装上以后又被烧坏的情形。分析控制单元的外围电路，一部分为电源提供及各种控制状态信号的输入，经过以上的测量应该没有什么问题。另一部分就是对电子节气门的驱动及电子节气门的反馈信号，而电子节气门的驱动回路出问题的可

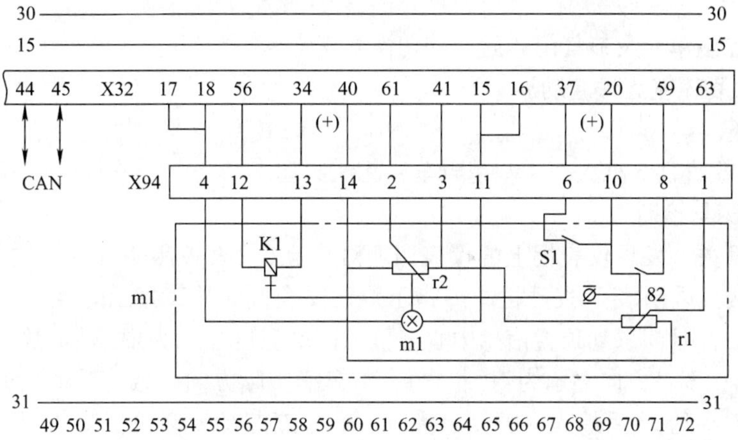

图 5-41　奔驰 S320 电子节气门线路

能性最大。接下来又重复测量了一次，结果发现 15 和 16 端子与电子节气门的外壳短路。断开电子节气门的插头，打开点火开关分别在插头处测量电压，发现在此插头处没有一个接线有电压，由此判定控制单元一定是又被损坏了。仔细测量和分析，发现电子节气门的 15 和 16 端子与外壳之间短路，看来电子节气门也可能有问题。正好库中有一个同样的电子节气门，分别测量各个端子之间的电阻，并与旧的电子节气门进行比较（测量的结果见表 5-5）。从测量的结果看有两点不同：第一是电动机的电阻，新的为 4.6 Ω，而旧的只有 1.9 Ω；新的 11 端子与外壳之间不短路，旧的与外壳短路。这说明旧的电子节气门有问题，于是取下旧的电子节气门，打开以后发现内部的 11 条电路的绝缘皮全部损坏，而电子节气门的内部引线和电子节气门的外壳间隙又非常小，这样在发动机抖动时便导致瞬间的短路，造成电路电流过大把控制单元烧坏。电子节气门的引线外皮剥落造成电路与电子节气门的外壳搭铁，电流过大使控制单元损坏，才是本车的真正故障原因。

表 5-5　电子节气门端子电阻和引线电压

电子节气门端子电阻			电子节气门引线电压	
端子	新/Ω	旧/Ω	端子	电压/V
4 与 11	4.6	1.9	1	1.045
12 与 13	4.7	4.7	2	0.000
14 与 3	1180	1180	3	0.000
14 与 2	670	660	4	0.000
2 与 3	1530	1540	6	0.000
3 与 1	1510	1530	8	0.000
1 与 14	640	660	10	0.000
6 与 10	0	0	11	0.000
			12	0.000
10 与 8	1360	1360	13	12.000
			14	8.400

3. 故障排除

更换新的控制单元及节气门体后，一切恢复正常。

案例 2：大切诺基无法起动。

1. 故障现象

一辆 2002 款直列 6 缸大切诺基越野车，无法起动。

2. 故障检测与诊断

打开点火开关，发现仪表板上的仪表照明灯全亮(仪表板照明灯的开关并未打开)，仪表板上的 ABS 故障指示灯、发动机故障指示灯、安全气囊故障指示灯及点火钥匙防盗指示灯均长亮不熄；并且注意到顶置信息中心屏幕上面的温度显示为虚线(正常情况下应该显示车外实际温度)；罗盘方向显示为 N(北方)，与车辆实际方向一致。转动点火钥匙，起动发动机，发动机起动约 2s 后熄火，关闭点火开关，重新起动发动机情况依旧。分析认为，虽然上述故障指示灯均点亮，但这些系统同时均有故障的可能性非常小。

用 DRB Ⅲ故障诊断仪对车载电控系统进行检测，DRB Ⅲ故障诊断仪可以和动力控制模块(PCM)进行通信联络，并显示两个故障码：故障码 1766—未收到 SKIM 总线信息；故障码 1767—未收到机械仪表总线信息。但当用 DRB Ⅲ故障诊断仪测试其他电控系统时却发现，DRB Ⅲ故障诊断仪与点火钥匙防盗(SKIM)、电子机械仪表(EMIC)、顶置信息中心(CVI)、制动防抱死(ABS)、安全气囊(SRS)、红外自动空调模块(AZC)及车身控制模块(BCM)等均无法进行数据交换和通信联络。

对于这种现代车辆电子系统大面积出现故障的现象，基本上可以确定是车载网络系统的故障。2002 款大切诺基越野车车载网络系统的基本构成如图 5-42 所示。该车装置有 PCI 和 SCI 两套相互独立的网络通信系统，PCI 系统为单线制主工作系统，SCI 系统为双线制辅助系统。

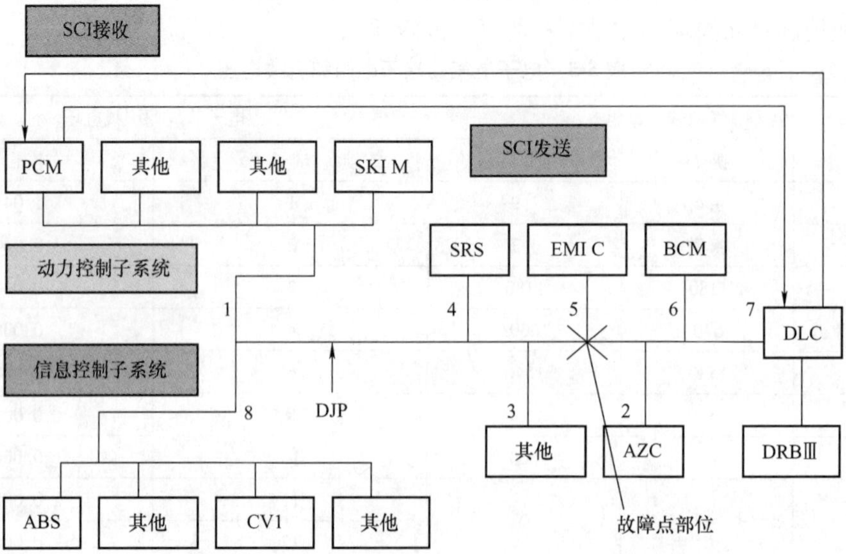

图 5-42　2002 款大切诺基越野车通信网络系统示意图

经询问车主车辆发生故障前后的情况得知，该车故障发生前曾经拆过仪表板，再结合发动机起动 2s 后就熄火的现象看，此车的故障应该是与 SKIM 有关。用 DRB Ⅲ故障诊断仪从 PCM 中读得的故障码 1766（未收到 SKIM 总线信息）也显示与 SKIM 有关，PCM 中的故障码 1767（未收到机械仪表总线信息）显示与 EMIC 通信中断，因此决定从检查仪表板、防盗 SKIM 和总线系统开始进行故障排查。

按照上述思路，首先检查了 SKIM 的电源线和搭铁线，均没有发现问题，在检查 SKIM 的 PCI 通信线到 16 针数据诊断插接器（DLC）间的电路时出现问题。拆卸 SKIM 模块的线束插接器，用万用表检查线束中的 PCI 通信线路（黄紫色线），发现该线有搭铁现象。拆下仪表板左侧支架，发现该线束中的两条电线居然被支架压扁，其中 SKIM 模块的 PCI 通信线（黄紫色线）的绝缘层已经被仪表板左侧支架压破，使该线路与铝制仪表板左侧支架搭铁，也正是由于该线的搭铁造成了 PCI 通信网络系统整体失效。

3. 故障排除

用绝缘胶布包扎好被仪表板左侧支架压扁的两条线路，重新装好 SKIM 模块线束及仪表板左侧支架后，用 DRB Ⅲ故障诊断仪清除故障码后重新起动车辆，一切正常，故障排除。

4. 故障原因分析

在本故障中由于 SKIM 通信线路的搭铁导致 PCI 通信网络系统整体失效，最终造成 DRB Ⅲ故障诊断仪与除动力控制模块以外的其他各个控制模块的通信联络均中断（因为这些控制模块均只用 PCI 系统进行通信联络）。而当各个控制模块自诊断出各自系统出现故障后，都使各自系统仪表板上的故障指示灯长亮，并造成车辆多系统出现异常故障。由于 PCM 未收到 SKIM 的点火钥匙确认的反馈信息，所以在发动机起动时，车辆的点火防盗系统程序启动，这种情况下系统只允许发动机运转 2s。由于 SCI 通信系统并无故障，所以 DRB Ⅲ故障诊断仪可以通过 SCI 通信系统与 PCM 进行数据交换，因此，用 DRB Ⅲ故障诊断仪可以从 DLC 读到动力控制模块内存储的故障码信息。

案例 3：别克轿车仪表无指示。

1. 故障现象

一辆上海别克轿车，在车辆行驶过程中，时常出现转速表、里程表、燃油表和冷却液温度表指示为零的现象。

2. 故障检测与诊断

用 TECH2 扫描工具（微机故障诊断仪）读取故障码，发现各个电控模块均没有当前故障码，而在历史故障码中出现多个故障码。

其中安全气囊控制模块中出现：

U1040—失去与 ABS 控制模块的对话；

U1000——二级功能失效；

U1064——失去多重对话；

U1016——失去与 PCM 的对话。

仪表控制模块中出现：

U1016——失去与 PCM 的对话。

车身控制模块中出现：

U1000——二级功能失效。

经过故障码的读取可以知道，该车的多路信息传输系统存在故障，因为 OBD-Ⅱ规定 U

字头的故障码为汽车多路信息传输系统的故障码。上海别克轿车控制电路如图 5-43 所示。

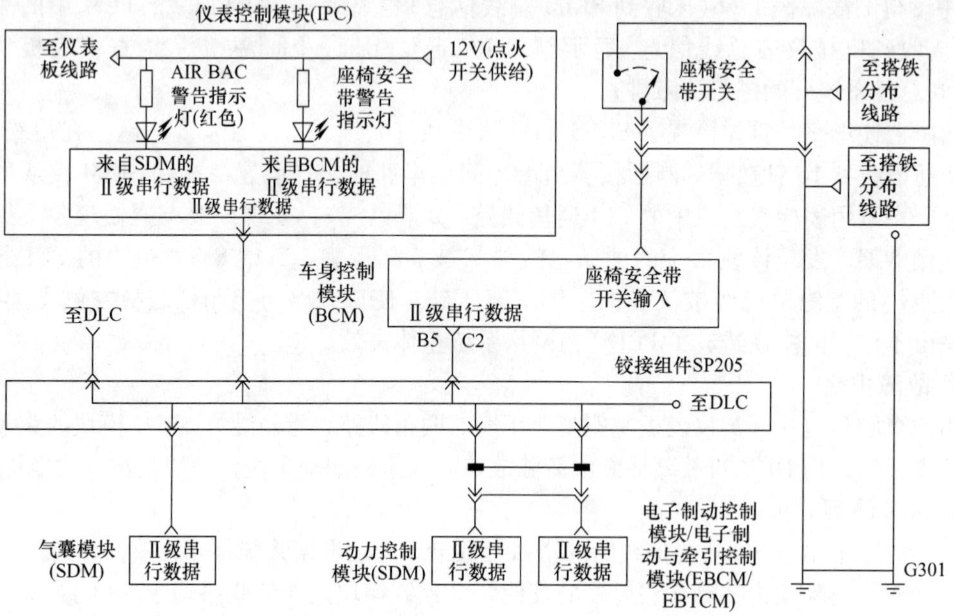

图 5-43　上海别克轿车控制电路图

电控模块共用一根电源线，并且通过前围板。由于故障码为间歇性的，初步断定可能是这根电源线发生间歇性断路故障，经检查发现，此根电源线由于磨损导致接触不良。

3. 故障排除

对该导线清洁、焊接、包扎处理后故障排除。

参 考 文 献

[1] 曹晓华，崔淑华．汽车运用基础[M]．北京：高等教育出版社，2004.

[2] 廖发良．汽车典型电控系统的结构与维修[M]．北京：电子工业出版社，2007.

[3] 刘仲国．丰田凌志轿车故障诊断与维修手册[M]．北京：机械工业出版社，2003.

[4] 李东江．广州本田雅阁系列轿车维修手册[M]．北京：北京理工大学出版社，2001.

[5] 张春华．广州本田飞度轿车维修手册[M]．北京：机械工业出版社，2005.

[6] 王运朋．丰田汽车维修手册[M]．广州：广东科技出版社，2000.

[7] 李宪民，阎岩．现代汽车电子控制系统故障诊断与检修[M]．北京：人民邮电出版社，2005.

[8] 董克发．电控发动机疑难故障分析排除精华[M]．北京：机械工业出版社，2007.

[9] 杨维俊．怎样维修汽车车载网络系统[M]．北京：机械工业出版社，2006.

[10] 闵永军，万茂松，周良．汽车故障诊断与维修技术[M]．北京：高等教育出版社，2004.

[11] 麻友良，丁卫东．汽车电器与电子控制系统[M]．北京：机械工业出版社，2003.

[12] 宁海春．汽车电脑原理与维修精华[M]．北京：机械工业出版社，2007.